諮商理論與技術

呂　　勝　　瑛 編著

五南圖書出版公司 印行

序

從民國六十九年九月回國在國立政治大學服務之後，三年多來有許多朋友和我共同研討有關「諮商理論與技術」的課程，有心想把各派理論做一個淺明的介紹，同時也加入一些與諮商有關的行為科學的新理論，所以就共同蒐集資料，而寫成此書。這本書代表著下列這些好友與我共同努力的成果：林清財、李靜如、陳屏英、鍾娟兒、李錦旭、江淑惠、蔡淑娥、王文中、陳滿樺、張裕隆。

全書的統整工作由我個人員責，如有欠妥之處，尚請學界先進不吝指正。

教育是百年事業，透過薪火相傳，才使得知識的傳遞能夠世代不絕並且發揚光大。謹以此書獻給教我諮商與心理治療的三位教授：柯永河博士、鄭心雄博士、劉焜輝博士。

呂勝瑛

民國七十三年五月三日於木柵

諮商理論與技術

目　次

第3章　理性情緒治療法

第4章　溝通分析治療法

第5章　個人中心治療法

第6章　完形治療法

第7章　意義治療法

第8章　行為治療法

第9章　家族治療

緒　論

誠如 Corey 所說「沒有任何一種諮商的方法，是適用於所有的當事人」。在衆說紛云的諮商理論中，如何摘取各家之長，融成自己的一套諮商方法，是每個從事諮商工作的人都會面臨的問題。十二年前當我剛開始接觸諮商理論時，鄭心雄教授曾經說過一則趣事：「一位住在紐約的心理學家，常常叫他的當事人站到臨街的窗口，看馬路上人車往來熙攘的情況，而後問當事人的感想，往往使得當事人產生敏悟，而對自身的問題，不再鑽牛角尖。這個心理學家戲稱自己發明的這一套諮商方法爲『窗前治療法』。」

初次接觸諮商理論的人，也很容易被許多理論及技巧所迷惑，而忘了本身基本的目標何在，以及在運用這些理論及技巧時應達到何種目的的自覺，所以在介紹各家理論之前，我們先來討論有關諮商的目標。

一、諮商目標

綜合各家的說法諮商約有下列五個主要的目標，而這五個目標之間並不互相排斥，只是各理論所強調者有所不同而已：

㈠促成行爲改變

幾乎各種理論都指出使當事人過一種更豐富、更滿足的生活是諮

商目標之一。也就是需要促使當事人的行爲做某種程度的改變，所不同的只是各理論對促使行爲改變的方法各有見解。Rogers（1961）認爲雖然在諮商過程中並未強調特定的行爲改變，但是行爲改變仍是諮商過程的必然產物。而 Dustin 和 George（1977）則恰恰相反，他們認爲諮商員必須設下一定的目標，方能使諮商員與當事人更清楚地認識所欲改變的行爲。

㈡增進因應技巧

Blackham（1977）指出在極嚴厲管教的家庭中生長的小孩很容易以拘謹的行爲來適應環境。表現出服從與退讓而無法堅持己見。只要社會或職業上的要求適合他們的行爲特質時，他們可以適應得很好。但是一旦要他們表現有主見、能自恃時，他們就會顯出焦慮而不能有效的負起責任，並且會表現出心理和生理上的症狀如頭疼、結巴、失眠。所以增進因應技巧，使個人能更適當地應付新的要求和新的情況是諮商的重要目標之一。

㈢加強做決定的能力

Corsini（1979）認爲諮商的目標是使當事人能自己做重要而關鍵的決定。當事人應該做何種決定或選擇何種行動，並非諮商員的工作。當事人必須知道如何做決定，並且學習如何估量可能的後果，以及個人在時間、金錢、精力等方面可能的犧牲。所以諮商的目標是要幫助個人學習整個做決定的過程，並進而使個人能自己做決定，這樣才能使當事人獨立而不再依賴諮商員。

㈣增進人際關係（Improving relationship）

我們生命的大部分時間都花在與社會上其他人的互動上。然而有很多人在與其他人的關係上有了問題，這問題可以說是當事人不良的自我形象的結果，也可以說是缺乏社交技巧的結果。不論怎樣看這問

題，諮商員的責任就是要和當事人共同努力來改善人際關係的品質。
這些問題可以是婚姻的、家庭的或是朋友之間的。諮商員的目的就在
於幫助當事人有效地處理人際關係，以改善當事人自己的生活品質。

㈤助長個人潛能的發揮

Blocher（1966）認爲：「諮商的目的在促使個人的能力發揮
至最大限度，並且使個人在能力與環境的限制內盡力的增進個人的自
由。」

Krumboltz 和 Thoresen（1976）說：「諮商員的目標就是要
幫助當事人學習如何克服吸煙、酗酒，重視身體的健康，克服害羞、
挫折感、抑鬱、恐懼、焦慮、人際問題，以及發展個人學習和做決定
的技巧。」

上述的目標並不能窮盡所有諮商之可能目的。它們之間並不相互
排斥，而且對每一個當事人而言，它們的重要性並不彼此相同。即
使對同一個當事人而言，這些目標在不同的時期的重要性也不相同。
Byrne（1963）把諮商目標分成三個類別：終極目標、中介目標和立
即目標。終極目標似乎不是我們能期待諮商帶來的結果，而是含有一
種哲學意味的理想情況。這些終極目標，例如使個人了解自己全部的
潛能，或使個人完全的「自我實現」。這些都是個人可能達到或想像
得到的自我形象，但是却很少能眞正達到的。

中介的目標通常與尋求諮商的理由有關，而且通常需要經過好幾
次的諮商會談才能達成。上述的前四個目標是屬於中介目標，也就是
說這些目標可以從有效的諮商中達到。例如「協助個人維持充分的發
展」、「協助個人成爲一個有建設性、適應良好、快樂、心理健康的
人」以及「協助個人發展他的潛能」。

至於立即的目標則是暫時性而且時常都會不同的諮商目標，例如

「鼓勵當事人說出積壓在心中的感覺」。

在這些不同的諮商目標之間有下列的一些共同性存在:

1.都是由諮商員與當事人共同決定，要達成那些諮商目標以及如何達成，而不是由諮商員單方面決定。

2.不同的諮商理論都具有如下的高層次目標: 「使當事人能充分發揮他們的潛能，對自己覺得更爲滿意。」

3.在個人及社會限制內，使個人的能力發揮到滿意的程度。

因此 Corsini (1979) 認爲許多諮商目標的不同，可簡單的歸納到只是對諮商員效果的評價標準之不同而已。

二、文化差異的影響

此外，Corsini (1979) 指出諮商目標的不同乃是由於諮商員協助當事人的方式之不同。很多學者注意到諮商方式的不同相當受到文化的影響。例如日本最流行的心理治療方法有兩種（見 1983 年 8 月 1 日時代雜誌）。一種叫內省法: 是以直接沉思爲主，在一週的治療時間內，使當事人盡量回憶父母親、師長及重要他人對當事人所做的一切奉獻與犧牲。這個啓導是使病人遠離抽象的評論與抱怨。這種反省的結果往往使得當事人自覺自己是個極端忘恩負義的人而痛哭流涕，甚至想要自殺。這時候諮商員則對當事人加以開導，鼓勵當事人以行動來報答家人及社會。這種諮商的效果往往使得當事人積極進取，重新歸入社會的主流。這種內省法的程序，在監獄、學校以及各種辦公室中普遍使用。許多公司要求從主管到新進人員都要接受這種「治療」。

另一種諮商方法叫做森田法: 在爲時三週的治療期間，第一週使當事人生活在與外界隔絕的小屋內，病人被限制在床上，沒有報紙、

書籍、電視及訪客，病人被迫沈溺於自己的思考中。經過一週的時間，當事人往往會覺悟行動勝過於無止盡的空思。第二週開始讓當事人從事兩週的戶外體力勞動，由輕到重，頗有我國少林寺鍛鍊的味道。這期間並且由諮商員與當事人討論做人的責任與義務，絕對禁止當事人說到「自我」。森田法視「自我」為一切心理問題的根源。避免考慮「自我」乃是去除心理問題的必要手段，所有的過程充滿了一種認命式的逆來順受的感覺，他們所能做的就是盡力而為之。以森田法治癒的比率，據報導高達百分之九十。西方的心理學家則視這種日本式的諮商方法為「洗腦」。但是，如果考慮到日本文化中以「人際關係的和諧」為最高的價值標準，在日本的治療者是以牧羊人將迷失的羊隻趕回羊羣中的姿態來進行，以「與團體相處良好」為判斷個人心理健康的標準，則不會對這種日本式的諮商方法感到詫異。同樣的，即使在同一個社會，一個諮商理論是否被接納也受到時代變遷的影響。例如，西方式的自我諮商理論強調個人的自我實現，在美國也遭受到嚴厲的批評。有人 (Etazioni, 1982) 視「自我理論」的強調自我實現，助長了個人中心主義的盛行，使得許多人假自我實現之名行自私自利之實，是造成美國治安紊亂，社會道德敗壞的禍首。可見對於諮商理論及方法的選擇需要具有時代及文化的意識。

三、學術進步的衝擊

學術的進步一日千里，很多生物科學或行為科學上的新發現或新見解，使得心理學上往日的金科玉律成為今日的謬論，現在再也沒有人對梅毒菌侵入腦部所引起的精神錯亂，施以心理治療。還有Freud認為童年健忘症使我們忘却童年時那些邪惡的、亂倫的、暴力的願望，使我們能安然度過戀母情結的年紀。Freud對於童年健忘症的看法，

已經受到現代心理學家的挑戰。根據現代認知心理學家的解釋，成人之所以無法回憶童年的事情，並非由於壓抑作用，而是因爲成人和兒童的思考方式不同；例如幼兒沒有充分學會語言文字的思考方式，其記憶的事物大都是感性的，如驚駭或快樂的事情，而成人已學會語言文字的邏輯思考，其記憶大都是理性的，所以長大以後我們很難得到任何有助於回憶童年往事的線索。

此外，也有證據證明抑制憤怒不見得有碍健康（如 Frend 所言），反而是有怒氣就爆發，對健康非常不利。

總之，對於諮商理論與技術的研究，不能忽略時代的意義、文化的差異以及學術的進步，時時考慮去蕪存菁，則心理諮商才可能在這片土地上生根、茁壯、開花、結果。

【參考書目】

1.Blackham, G. J. , *Counseling: theory, process and practice* Belmont, Calif: Woodsworth, 1977

2.Blocher, D. H. *Developmental Counseling* New York Ronald press, 1966

3.Burks, H. M. and Stefflre, E. L. , *Theories of Counseling* (3rd ed.) New York:McGraw-Hill, 1979

4.Corsini, Raymond. *Current Psychotherapies* Peacock Publishers Inc. 1979

5.Dustin & George, R. , *Action Counseling for Behavior Change* (2nd ed.) Evanston, RI: Carroll press, 1977

6.Etazioni Amitai : *An immodest agenda : Rebuilding America before 21st centry* McGraw-Hill Book Co. , 1982

第 1 章

精神分析治療法

壹、前言

弗洛依德的精神分析理論是心理學上的一個重要派別。這派理論的重點是人格的結構、人格的發展、對人性的看法和心理治療的方法。在心理學史上三大學派中，精神分析是最早興起的。弗洛依德首創動力心理學，賦予心理學新的面貌和發現新的視野，掀起了無數的爭論和探究的風潮，也奠下了許多後期學說的基石。

精神分析的理論與實施，有下列五項重要的貢獻：

1.個體的精神生活可被瞭解，洞察人性可減輕人類的痛苦。

2.人類的行為常受潛意識的控制。

3.兒童早期的發展對於成人人格功能有深遠的影響。

4.提供了一種有意義的架構，以瞭解個體企圖抵抗焦慮和免為焦慮所苦，而使用的種種防衛機轉。

5.透過夢的解析、抗拒作用和轉移等方法來挖掘潛意識。

貳、基本概念

一、人格的結構

弗洛依德將人格分爲本我、自我和超我三個系統，動力心理學就是談論精神能的分配和處理，即本我、自我和超我三個系統如何工作，如何彼此間並與環境之間互相影響。事實上，人格的功能應視爲整體的而非三個不相連貫的片斷。本我是生物性的我，自我是心理性的我，超我是社會性的我。

㈠本　我

本我是人格的原始基礎；是生下來時的心理情形。它完全隱沒在潛意識裏，是精神生活的主要泉源和本能的所在地。它是散漫無組織的、盲目的、需求的和勢在必得的。它的功能在立時卸下緊張而恢復到平靜的狀態，受唯樂原則的支配，以減少緊張、避免痛苦和得到快樂。它對現實是陌生的，唯一的興趣就是不惜一切代價以滿足本身的需要，沒有道德觀念，也缺少邏輯的推理。在態度上，本我可喻爲特別暴躁的嬰兒，完全不開化，非常貪婪，只對自己的需要或慾望感興趣，具有一股桀驁不馴的力量，一點兒也不聽從理性。本我的需要是相當違反社會的，它始終設法在生活中表現出來，讓人們感覺到它，對個人的生活和人格有很大的影響，而人們可能全然不曉得它的存在和力量。

㈡自　我

自我不是與生俱來，而是個體與環境互動發展出來的。它是部份屬於潛意識而部份屬於意識的，在意識上，它盡力使我們變成一個有

道德的人；在潛意識上，它壓抑了它認為不道德的某些性格。它是智慧和理性的所在地。它是管理、控制和規範人格的執行者，它的主要工作是完成本能和外界環境二者間的協調。受現實原則的支配，自我所做所為符合現實，能做合理的思考，而且有系統地計劃諸種滿足需求的活動。自我與本我的關係如何呢？依弗洛依德自己的印象，他以為本我產生衝動的力量，而自我則像個方向盤一樣，控制着慾望目標的達成。它們好像一對年齡差距較大的兄弟，對家庭事務的處理採取截然不同的看法。哥哥（自我）了解所有事務的執行程序而較為保守；弟弟（本我）則勇敢、性急，不考慮一般應注意的事項。他想用暴虎馮河的衝動去做任何一件事，做哥哥的只好盡力設法去管弟弟，不使他闖禍。在每個人的心理上，本我的慾望和自我的道德觀念永遠在做劇烈的衝突，它們以我們肉眼看不到的戰鬥方式僵持着。

㈢超　我

　　超我是從自我分化而出，代表從父母傳給孩子的一套傳統價值和社會的理想。它是一個特殊的機構，告訴我們什麼是合乎道德的，什麼是不道德的，它像一個監督者或警戒者，設法引導自我走向更高尚的途徑。它是人格中道德的或公正的部份，它代表理想而非現實，力爭完美而非快樂。它的功能是管制本我的衝動，誘導自我走向合於現實社會的道德規範目標，力求達到十全十美的人，當自我對本我的要求過於輕易地屈服時，它會懲罰自我，所以當我們做錯事時感到有罪，這就是一般人所謂的良心的責罰。超我是在父母的教誨和社會文化的陶冶下，經獎勵和懲罰的學習歷程而建立的。獎勵建立了兒童的自我理想，使其有榮譽感與自愛感；懲罰建立了兒童的良心，使其有罪惡感和劣等感。

　　弗洛依德的動力心理學即指整個人格中能的分配之變動，或三系

統的交互作用,人格中可變的能的總量是不變的,某一系統的能增加時,其他一系統或二系統將同時損失能,一個人是什麼樣的人,會做什麼事情,全視人格中能的分配方式而定,因此心能決定了個體的行為。

二、對人性的看法

弗洛依德對人性的看法是悲觀的、 決定論的、 機械論的和負面的。他認為不合理的意志、潛意識的動機、生物性的本能需求和驅迫力,及出生後最初五年性的發展對個體的行為具有決定的力量。

弗洛依德對人性提出了六點假設:

1.心理決定論: 人所有的思想與行動都有其前因。

2.潛意識的心理歷程控制人的動機: 此一假設與前一假設合併即構成精神分析論對人性的基本觀點;所有行為皆有其原因,此原因往往可在潛意識中發掘。

3.兩性觀: 每個個體均有傾向異性的特性,這種特性引起的罪惡感與焦慮感均存在於潛意識中。

4.情緒的衝突性: 正向的感受往往伴隨着一些負向的感受,反之亦然;不過在個體反應時,其中一種反應型態通常被壓抑在潛意識中,因此個體僅覺察其情緒反應中的一面。

5.轉換作用: 卽是整體所代表的部份和部份所代表的整體之間的關係,譬如: 獲自某個權威者的不愉快感覺可能被類化,以至於對所有代表權威的人均有不愉快的感受。

6.昇華作用: 將性的本能導向能滿足社會與個人贊許的非性之活動,弗洛依德相信昇華乃是促進文明發展的原動力。

三、意識、前意識和潛意識

弗洛依德將心分爲三個區域:

㈠**意　識**

它是由當時個人所知曉的心理內容組成的,它與另二種意識內容比起來是很小的,而它含有的材料是不斷在改變的,有些意識是從外部世界得來的,而大多數是從底層升上來的。

㈡**前意識**

前意識的內容可由觀念的聯想帶至意識,它是通常記憶的所在地,而整個講起來它更像意識而不像潛意識,可是前意識的觀念變成意識的難度不同,它一方面由於聯想歷程的強度,而另一方面要看檢查者將阻止多少成份的痛苦的潛意識觀念進入。

㈢**潛意識**

潛意識層是弗洛依德理論中最著名的觀念,也可說是弗洛依德針對緊接在他之前,時代的主知論者之意識心理學的缺陷的囘答。潛意識的歷程包含了心的最大部份,個人雖不知曉,但對他的思想和行動有極大的影響,潛意識的材料是不能用語言來表示或像意識內容一般作理論的安排的,它是不完整、幼稚和原始的。其主要來源有二:其一是由意識所壓入的,另一爲從未意識過的。潛意識無法直接取來觀察研究,而是從行爲推斷出來的。由下列方法可尋求潛意識的概念:

1.夢,是無法意識的需要、願望和衝突之象徵的存在。

2.失言和遺忘熟悉的名字。

3.受催眠後的種種暗示。

4.從自由聯想獲得的資料。

5.從投射法獲得的資料。

對弗洛依德而言，人類的精神有如浮於海上的冰山，藏在水中部份比浮在海面的部份大得多，同樣的，人類的精神在意識層的背後也有潛意識的世界，無法意識的潛意識，儲藏大量的經驗、記憶和壓抑的資料，大部份的心理機能存於潛意識的範疇中，因此，精神分析的目的，在使潛意識的動機意識化，使其在個體意識到的層面接受選擇運用，所以治療的方法在於不隱瞞病徵的含意，行為的原因和會干擾健全機能的壓抑經驗。

四、焦　慮

焦慮是一種特殊的恐懼或憂慮，是一種激發個體去做某種事的緊張狀態。它的功能是預告危險之將臨，向自我發出信號，除非採取適當措施，否則危險勢必增加到自我毀滅為止。當自我無法以合理而坦白的方法處理焦慮時，它就會改用一種不實際的方法——即是自我防衛機轉。

焦慮的種類有三：

㈠**現實的焦慮**

又稱客觀的焦慮。此種焦慮導因於擔憂外界環境的危險，焦慮的程度和現實威脅的程度成正比。

㈡**神經性的焦慮**

此焦慮所怕的對象是一種起源於本能的危機，那就是他害怕他的自我無法阻止本能，以致本能將自求發洩，而造成某些有害於他的衝動和思想。

㈢**道德的焦慮**

此焦慮是由良心所知覺到的危險而喚起的，一個具有良好道德訓練的良心者，當他的處事違反道德律時則會自覺有罪。

五、　自我防衛機轉

自我防衛機轉幫助個體克服焦慮和保護受到傷害的自我，它們並非必然是病態的，　假如它們不會成爲逃避現實生活方式的話，　仍有相當價值，個人所採取的自衞，視個人身心發展的情況和焦慮的情況而定。通常防衞機轉有兩種特性：它們否定或歪曲現實和在潛意識層活動。下列是一些常見的自我防衞：

㈠否　認

以緊閉雙眼不正視現實威脅的存在來防衞焦慮，拒絕去眞實地接受引起焦慮的現實。悲劇事件發生時，人常有不願面對現實的傾向，因爲現實過於痛若讓人無法承受。

㈡投　射

將自己無法接受的思想、感受、行動推到別人身上，專在別人身上挑剔自己不喜歡的而又無法接受的事實，藉此，他責備他人是充滿罪惡的行爲而否認掉自己邪惡的衝動。一個人爲了擺脫認識自己邪惡衝動的痛苦，常會將自己與現實隔離。

㈢內　射

投射是將不屬於自我的心理資料從自我體系排出，但內射則是將使自我舒服的外在刺激吸收。狹義說，內射不是眞正防衞方法，因爲有機體利用它來加強自我強度，而不是排除不利條件。但廣義來說，內射不失爲防衞方法之一，藉着吸收時對該事物施以審核、分化、吸收或排除的過程，將不屬於自我的成分排出自我系統之外。

㈣固　着

停滯在某一個較早的發展階段上，因爲進一步將滿是焦慮。過份依賴的孩子卽是以固着來防衞自我的典型例子。

(五)退　回

退回到先前跨越過的沒有太多要求的發展階段。有固着經驗的人，遇到挫折時，容易使用退回的防衞方法，通常的退回現象有兩種：其一為從成人性行為型態退回小兒性行為型態；其二為有機體的心態退回至自戀時期。

(六)合理化

編造動聽的理由解釋以掩飾受傷害的自我，自欺則不致於受到現實失望的重大打擊，於是尋找各種理由來撫慰受到傷害的自我。

(七)昇　華

用一種較高尚和較為社會所接受的方式來疏導其原始的衝動，例如：用社會贊同的競技活動來代替侵略性的衝動，使個體找到滿足侵略感的方式，而且往往因體育項目的優越表現而得到更多的好處。

(八)遷　怒

當原物或人無法令其稱心如意時，遂將其精力轉向其他的物或人。原想踢他父母洩恨的憤怒的男孩，　會踢對他較不具威脅的對象出氣——他的小妹妹、貓或其他東西。

(九)壓　抑

遺忘創傷心靈或引起焦慮的生活內容。將無法接受的現實面壓入潛意識，讓痛苦的意念永遠摒棄於意識之外。是許多別的自我防衞和神經失常的發祥地。

(十)反其道而行

行使一種和潛意識的期待完全相反的行為，當個體受到內在情緒的威脅而想否定之時，就會使用與本身態度相反的行為去防止其出現。例如一個排拒子女的母親，可能會因為她的罪惡感而採取過度保護或溺愛子女的極端相反行為。

㈡**認　同**

　　幫助我們在態度上模仿我們仰慕的人，它是一種撫慰達不到的慾望的便利方法。許多人都毫不痛苦地接受他們偶而喜歡的人所表現的意見與社會態度。而認同的對象可以是任何種類的人，從聲名狼藉的匪徒到當代的聖者不等。

六、人格發展

　　精神分析的巨大貢獻之一是有關個體從嬰兒期到成年期社會心理和性心理之發展的描述，它提供諮商員概念做爲瞭解的工具，瞭解人格發展的趨勢，各生長期的特徵，個人和社會的正常與不正常的功能，需欲的滿足或挫折，人格發展錯誤導致後期失調現象的癥結，心理健全地和心理不健全地使用自我防衞機轉。

　　諮商員想探究當事人內心深處的話，必須要瞭解精神分析的發展學說。在個別諮商或團體諮商的情境中，發現下列一些典型的症狀：

　　　1.不能相信自己和別人，不敢愛和建立親密的人際關係和卑微的自尊。

　　　2.不能認識和表達敵對的、憤怒的、憎恨的情緒，否認人之爲人的權力和缺乏自治的能力。

　　　3.不能充分的接受自己的性能力、性慾，及性別。

　　依照弗洛依德的看法，這三方面有關個人和社會的發展全是建立於出生後的五年的基礎上，以後的人格發展就奠基於這個發展上，現將各階段的發展及其人格徵候分述於下：

　　㈠**口腔期**

　　弗洛依德相信嬰兒的吸吮，不僅是爲了滿足饑餓，而且也得到了快感，通常從出生到一歲的期間是口腔期，這個時期口唇一帶成爲性

感中心，嬰兒從吸吮經驗到性的快感。

口腔期主要的任務在培養信賴感——相信別人、世界和自己。愛是防止懼怕、不穩定和不能適應的最佳保障。得到他人之愛的孩子能毫無困難地接受自我，如果孩子感到不爲人需要、不爲人接受和不爲人所愛，那麼自我的接受就會產生困難。因此在此時期嬰兒與母親的關係是相當重要的。假如嬰兒認同母親，他會由愛自己而愛別人，但兩極端的發展是危險的。與母親的關係太舒服，孩子會變成過份依賴而且固着於此階段，養成成人過份依賴的人格；與母親的關係太差，將會引起孩子很多的焦慮和不安全感，在此情況下滋長的成人人格，將使人生觀發生偏向猜忌、怕與人交往、拒絕關懷，不敢愛和信任別人、極自卑、孤獨、退縮和無法建立或維持濃厚的人際關係。

（二）肛門期

口腔期強調人需經驗一種健全的信賴感，肛門期却顯示了個體發展的另一階段。這期主要任務是培養獨立感，個人能力和學習如何認識並處理否定的情感。

從二歲到三歲孩子身體快感的區域已轉移至肛門一帶，此時期排便的訓練是非常重要的，父母的訓練方法對兒童的態度、情緒及反應，對人格特徵的形成有很大的影響。此時期的性格特徵有潔癖、吝嗇和頑強等三種，潔癖是嚴格排便訓練引起的反向作用的防衞方式，而形成過份整齊、清潔、儉樸、強迫性守規律等行爲；吝嗇是由於幼兒延緩排便以享受忍便的快感，又重視排泄物的價值，於是爲了減少某些損失便會變成一個過份節儉的吝嗇人，但也可能由於反向作用而以輕率的態度和爛賭的方式花掉他所擁有的一切；頑強則是由於嚴格的排便訓練且屢加懲罰，兒童以故意弄髒自己來報復，長大以後甚至

於不整潔、不負責、浪費、放肆來報復使他受挫的上司。

在肛門期，兒童勢必經驗如敵對、破壞、生氣、憤怒和憎恨等所謂否定的情感。讓兒童明白這些情感可被接受是很重要的。有些人學不會敢對他們所愛的人表示憤怒或憎恨，因為他們總是直接或間接的被教導說這些情緒是不好的，因此兒童便容易壓抑這些情緒，所以比較無法接受自己的真實情緒。

此時兒童開始擁有能力感、獨立感和自主感，也是很重要的。此時期兒童需要嘗試錯誤，在錯誤下仍感到心情愉快，同時認識自己有與象不同的能力。

㈡**性器期**

一歲至三歲的兒童逐漸摒棄嬰兒的方式，而繼續主動地另創一種不同方式，此期走路，說話，思考和控制肛門的能力迅速發展。隨着體能的增加，知覺力開始發展，個體內在生理機能亦不例外，兒童從被動的、接受控制的時期邁入了主動控制的時期。

從三歲到五、六歲是性器發展期，此期兒童透過自我操作而獲得快樂，而其注意力大多集中在性器官上，此時期性活動變得更強烈了。

兒童從本時期開始窺探他們的身體，他們想仔細地察看身體以發現兩性的差異，兒童的摸索是尋常的，因為許多對性的看法起始於性器期，因此對性的瞭解和性衝動的處理是很重要的。這是良心發展的時候，也是兒童學習道德規範的時候，最危險的是父母灌輸嚴厲而不真實的道德標準，以致形成超我的過分控制，如果父母教導他們的孩子說所有的衝動是邪惡的，兒童即學會對天生的衝動產生罪惡感，甚且此罪惡感會延伸到成年，阻礙他們去享受與別人相親相愛的情趣。

此期中容易產生閹割焦慮、陽具妒和有名的戀母情結。所謂閹割

焦慮起自於男孩子擔心他會失去陽具，尤其是當男孩子看到女孩子沒有陽具時，他會認為他將會遭遇和她相同的處罰而產生焦慮。女孩子則觀察到她缺少陽具時，她會覺得因為她做錯了某些事而被除去陽具，因此她既羨慕且嫉妒男孩有陽具，此即是陽具妒，而此情況可能會影響人格的發展。在性器期最後的發展是戀母或戀父情結，戀母情結是男孩想擁有母親而除去父親，而戀父情結則是女孩想擁有父親而除去母親。戀母情結因閹割焦慮和對父母的模擬作用產生超我而消失，戀父情結則因成熟及對父母的摹擬作用產生超我而抑制了此種衝動。因此兒童需要學習把性的感覺看成為正常的事，他們需要適當的模式做為性別角色的認同，他們正在識別什麼是男性和什麼是女性，他們正在尋找男女彼此融洽相處的方法，他們正在確定自己是男孩或女孩的感覺。

性器期對治療者在治療成人患者時具有重要的含義，許多當事人可能從來沒有改變他們自己的性觀念，可能對性別角色的認同有極惶惑的感覺，因此在進行治療時，諮商員應協助當事人去意識性器期的童年經驗，甚至藉幻想重新體驗，當他們再體驗和再感覺許多埋葬掉的感覺時，他們會逐漸意識到自己有能力創造新的終點，去結束孩童時所做的夢。他們會瞭解，雖然他們現在的態度和行為確實為過去的經驗所影響，但是他們並非註定成為過去的犧牲品。

㈣潛伏期

此期約從六歲到青春期，為生殖前期到生殖期間的過渡階段，此時嬰兒期的性慾已為社會勢力所壓制，性的衝動已昇華到其他方面，此時愛的對象為年齡相若的同性別者，並有排斥異性的傾向，因此此期又稱為同性戀期。

㈤生殖期

　　這是性本能發展的最後階段，這時青年人已互相吸引，而打算成家立業了，此期愛的對象爲不同性別者，因此此期又稱爲異性戀期。

　　以上各期的轉變，並不是前者自動的消滅或後者突然的產生，每個時期不但重疊很大，而且每個時期的發展方式都影響最後的生殖期。由於弗洛依德相信出生後的五年是決定人格發展最重要的期間，因此談性本能的發展往往只重視前三期而不談後二期。

參、治療過程

一、治療目標

　　精神分析治療的主要目標是藉臨床治療使潛意識意識化，把壓抑住的引起個體焦慮的衝動帶到意識區域，以減輕當事人的焦慮感，統整並加強個體的自我，使產生更合理、更有組織、更有方向的思想、行爲和感覺，並節省其能源以用之於發展最高的潛力。治療過程的重心在於再體驗兒童的經驗，將舊的經驗加以重組、討論、分析和解釋，以使個體的人格獲得重建。精神分析治療強調要去覺察潛意識的情緒內容，雖然領悟和智能的了解是重要的，但是與自我瞭解相聯結的感覺和記憶也是極重要的。

二、治療者的功能和角色

　　精神分析的治療者在治療時，很少加入他自己的感覺和經驗，因此當事人對治療者產生投射，這種投射是可分析和解釋的。

　　治療者主要的功能在協助當事人達到自我覺知、誠實、更有效的個人關係、以實際的方法處理焦慮和能控制衝動和不合理的行爲。治

療者首先對當事人建立一個工作關係，然後傾聽和適時提出解釋，以瞭解潛意識的資料，並從人格結構和動力心理學觀點來組織治療過程，明確地陳述當事人的問題所在。同時向當事人說明這些過程的意義，使當事人能領悟自己的問題，增加他對改變方式的覺知和對他的生活獲得更合理的控制。

三、當事人在治療中的經驗

當事人必須同意參加一個密集且長期的治療過程，通常要三至五年的期間，每週數次，每次一小時的活動。在數次面對面的活動之後，當事人躺在椅子上做自由聯想。當事人必須繳費、定期參加活動，而且要有適當的語言表達能力。在分析期間不必急着改變自己的生活方式。在治療期間，透過以下某些特定階段，當事人可望獲得進步，如與治療者發展出一種有助於成長的關係、領悟他的過去或潛意識、了解和治療者的轉移關係、經歷深度的治療、對於自己抗拒的表現產生領悟、以及終結治療。

四、治療者與當事人的關係

當事人很容易把治療者當爲投射和轉移的對象，此種現象在治療過程中是非邏輯的，可是對當事人是有益的，因此，治療者要保持冷靜而客觀，才能繼續引導當事人藉着經驗強烈的、長期的分析和自由聯想，來揭發被覆蓋的衝突，使當事人獲得頓悟。治療者亦可用教導和解釋，使當事人了解其現在行爲之意義與過去的關係。最後治療者常藉啓發、誘導與當事人維持互動模式，以此模式來提昇當事人對自我的了解。

肆、治療的技術

爲了達到治療的目標，通常使用的技術有自由聯想、解釋、夢的解析、抗拒和轉移等五種方法。

一、自由聯想

我們多半有說溜了嘴的經驗，有時也會無意中洩漏了我們寧願保密的話，這些都是在生活中常有的自由聯想的簡單的例子。

自由聯想在日常生活中並沒有什麼目的，反而可能製造煩惱，而在分析過程中，由於很多人不知道有潛意識的動機，自由聯想就成了挖掘潛意識心理的一種最有用的工具。

當事人在分析的時候只是不停的談話，他談及每件剛想的事，而不論它們多麼鹵莽或荒謬。在此種漫談情況下，當事人自由地從一句話聯想到另一句話。此時潛意識的感覺不斷地進入思想，因此當事人會說許多不同於尋常的話，而這些話通常給治療者帶來有意義的線索，以發覺當事人潛藏的問題。

二、解 釋

解釋是一個最基本的程序，在自由聯想、夢的解析、抗拒和轉移中都必須使用。解釋是治療者對當事人提供關係和行爲意義的假設，使當事人仔細思考他自己的病因。解釋具有澄清問題和反映情感的功用，必須在兩者間建立相當關係後使用才有效力。解釋通常要有充分的資料爲依據，要有深度、有組織而且須適當的解釋才有效果。解釋

的時間是一個很重要的因素，否則當事人會反對。好的解釋要注意以下三個原則：

1.接近當事人意識覺知的現象時，必須提出解釋。換句話說：提出解釋的材料是當事人自己未發現，而他自己能容忍和接受的。

2.解釋總是從表面開始，隨着當事人能忍受的情緒情境逐漸加深。

3.在解釋情緒和衝突以前，先指出隱藏在它們背後的抗拒和防衞。

三、夢的解析

我們的祖先往往認為夢帶有一些奇蹟性的啓示。了解它們便可以預測更多的事情，精神分析承認祖先們這種智慧的看法。弗洛依德認為夢是到潛意識的最佳途徑，因此夢的解析是精神分析的基本工具，它開啓了無數秘密之門。當治療者與當事人合作揭開某個夢的秘密時，它真正的意義是引導當事人更進一步地走向自我了解。

弗洛依德說：「當睡覺的時候，我們脫去道德的外衣，而僅在早晨來臨時再穿上它。」人一旦進入熟睡，原來深藏在潛意識裏的願望、恐懼和希求便容易在夢中顯現。夢裏的事物和夢的性質有時候很明晰且合乎邏輯；但往往較為神秘且不連貫；有時候夢的意義似乎很清楚，其實却常包着另一個完全不同的真正意義。而此看似明顯的意義，不過是真正意義的偽裝而已。而治療者的工作是藉着研究在清晰夢中的各種表徵來揭露偽裝的真正意義，因此在分析時治療者會要求當事人去聯想在清晰夢中的各方面，以期獲得其潛在的真正意義。

四、抗拒的分析

在弗洛依德的著作裏，曾經提到抗拒是任何干擾分析過程的事物。抗拒是潛意識的傑作，它在治療半途中不斷地建立起各種障碍。面對着分析的深掘，潛意識使出一切力量來抵抗治療，這些力量的種類和強度是值得考慮的。抗拒有意識和潛意識兩方面：意識方面是指情況對當事人的威脅；潛意識方面是防衛體系的活動。產生抗拒的原因有內在和外在兩種：內在原因是人格結構的體系對某種情況的刺激而產生；外在原因是治療中的設備、治療者的態度、錯誤技巧等影響了當事人。

抗拒在分析過程中時常出現，又不容易查覺，因此必須時常檢查抗拒的潛意識企圖，才會減低抗拒的力量。有時也可直接處理抗拒。治療者要指出抗拒，而當事人必須面對它，假如他想真正處理衝突的話，治療者必須使當事人瞭解抗拒的感情，或向其解釋抗拒的行為，雖然抗拒不一定是要全部克服，但能使對抗抗拒的戰鬥獲勝時，分析也接近尾聲了。

五、轉移作用

轉移如同抗拒一樣，也是精神分析的核心。沒有它，分析不能成功。轉移是當事人把他與治療者的關係視為他過去與重要他人間未完成的事件，把治療者當做他自己生活中重要他人的替代。這種情況對當事人是有益的。

轉移是分析程序中的重要因素，當事人將他的衝突與矛盾，轉移到治療關係中，使原來的心理狀態在治療互動中重新出現，使治療者清楚地發現當事人的心理困擾的核心，以及他如何認知和處理他所遇

到的問題，也使當事人重新體驗他的過去，領悟影響他現在固着和情緒成長遲緩的原因，使當事人能為現在的生活做新的決定，改變自己人格的深度和廣度。

伍、評　價

前面扼要地說明精神分析的基本概念、治療過程、治療技術，接着來探討其優缺點，以為運用時之參考。

一、優　點

1.由於每個人都有被潛意識引發動機的時候，所以精神分析學派的諮商方式能協助當事人深入探討其焦慮的性質與原因。

2.使諮商員避免使用說教式的批判性敍述。

3.使諮商員自己了解能力有限，遇特殊個案時能够將其轉介。

4.使當事人不再使用病態的防衞行為的治療方法。

5.使當事人勇敢地面對他原來不敢面對的經驗。

二、缺　點

1.挖掘過多不必要的被壓抑的資料，使當事人無法承受。

2.過份強調性及早期的經驗。

3.費時極多，且僅適用於某些型態的當事人。

4.獲得資料不易量化和統計，且對於健康難有客觀的標準。

陸、結　論

　　弗洛依德創立了精神分析理論，爲瞭解人的心理和行爲開創了一個途徑，雖然它不斷地被批評、考驗、修正、更改及發展，但從歷史的眼光看來，精神分析的重要貢獻乃在開拓了探討潛意識的途徑，主張從過去瞭解現在，強調早期經驗的重要性，闡明行爲的因果性，並爲人格心理學的研究開闢了新的領域，這些均是無可否認的輝煌貢獻。

　　近年來，精神分析的創始者弗洛依德遭受到很多嚴厲的批評。他的檔案管理人（見一九八一年十一月三十日的美國新聞週刊）從清理檔案中發現弗洛依德的理論跟弗洛依德本身的生活密不可分。整個精神分析理論幾乎就是弗洛依德本身的自傳，所以弗洛依德的著作只是一種自傳式的文學作品，而不是經過科學驗證的學術理論。在弗洛依德的眞實生活中，幾乎每個月都要注射一次古柯鹼以振奮精神，有很多徵象顯示他跟自己太太的妹妹有染。他在自己的日記中記載過戀母情結的經驗。許多在他的精神分析理論中提到的症狀，也都在他自己的生活中表現過。所以他的檔案管理者結論說弗洛依德本人就是個精神官能症的患者。這對於弗洛依德的精神分析理論是個很大的打擊。再加上時代的改變，使得人們對於精神分析治療所需要的長久時間與龐大費用，以及無法認定的效果，漸感不能接受。所以從事精神分析的精神科醫師和心理學家，以及接受精神分析治療的患者人數日益下降。但是，無論如何，精神分析所介紹的一些概念如潛意識、防衞機轉等等幾乎已經深入人類的文明之中，其所產生的影響將是非常持久的。

【參考書目】

一、中文部份

1.宋湘玲等：學校輔導工作的理論與實施，臺北：文鶴出版有限公司，民七十年三版。

2.李長貴：心理指導與心理治療，臺北：幼獅文化事業公司，民六十五年二版。

3.柯永河：臨床心理學——心理治療，第二冊，基隆：大洋出版社，民六十七年二版。

4.鄭泰安譯：精神分析入門，臺北：志文出版社，民六十八年。

5.韓幼賢：心理學，臺北：中央圖書出版社，民七十年四版。

二、英文部份

1.Corey, Jerald. *Theory and Practice of Counseling and Psyehotherapy.* Brooks / Cole Publishing Company : Wadsworth Publishing Company, Inc., 1977

2.Allyn & Bacon. *Counseling* (*Theory and Process*) (2nd edi.)

附錄一、「抑制憤怒有碍健康論」的檢討

「抑制憤怒有礙健康」的說法，並沒有很多證據可加以支持。事實上，有不少研究顯示，發洩怒氣只會使你變得更生氣。心理學家 Carol Tarvis（1983）寫了一本書：「憤怒：被誤解的情緒」，對於這個主題有深入獨到的看法。本文主要在於闡述該書的論點。

首先，Tarvis 認為憤怒不是一種疾病，而是一種過程、一種溝通、一種傳播的方式。除了由於機體不正常而引起的憤怒之外，大部分的憤怒是一種社會性的事件，只對社會生活中有關係的人才具有意義。

精神醫學的理論視憤怒為一種定量的能源，在吾人身體的組織內流動，在某處受壓迫就流到另一處去。例如出現於惡夢、精神官能症、惡意的玩笑，或者轉為胃痛。而治療者則一直在設法挖掘和袪除病人的憤怒。有的精神科醫師自認為能夠把存在於身心反應性疾病、沮喪、自殺、殺人，以及家庭問題之中的憤怒加以揭露。但有的精神科醫師則認為這種治療方法所根據的假定過於模糊。

有一項很流行的假定，認為無論從身體或用語言把怒氣發洩出來會對健康有益。相反的，把敵意抑制下來則對健康有害。所以一般人都認為無論是對朋友訴說，或劇烈地摔、打東西，只要能把怒氣宣洩出來，都是有益的。

但是 Tarvis 認為這種宣洩的效果只是增加了我們生活中的吵鬧程度，而不能減輕問題。易於發洩怒氣的人會變得越生氣而非越不生氣。反觀被當作發洩怒氣對象的人則會感到受傷害。所以典型夫妻吵

架的步驟如下：引發憤怒的事件→怒氣的發作→大聲反唇相譏或叫喊哭鬧→憤怒達到高峯（有時會引起毆打），精疲力竭，沉着臉道歉，或者只是沉着臉。這種循環的步驟，隔幾天就會發生一次。在這種夫妻爭吵中，「喊叫」、「扔盤子」都沒有發揮所謂的「淨化作用」（Catharsis）。這些動作並沒有使憤怒消失，也沒有使生氣的夫妻感到好過一些。

大多數主張怒氣必須發洩的人，都強調應該採取行動使怒氣下降，以減低緊張。但是，事實上只要經過一段時間之後，任何情緒的激昂都會漸漸下降。只是有些人，尤其是高血壓的人，所需要的時間可能久一點。以「從一數到十」的方法來控制憤怒，是一種相當有效的方法。

有一些主張憤怒必須發洩的人，認爲光是數數目是不够的。他們認爲採取某些行動，尤其是攻擊性的行動會使怒氣消除，否則壓抑的怒氣會造成身心反應性的疾病。這種觀念主要來自於一九五○年代末期，由三位心理學家（Funkenstein, King 及 Drolette）所寫的一本書，書名叫做「壓力的控制」（Mastery of Stress）。這三位作者想了解是否一個人處理憤怒的方式和他減低壓力的能力有關。他們的研究是使一二五位大學男生參加三項壓力測驗（一週一次，共三週）。一年後同樣的壓力測驗再作一次。以了解受試者支配壓力的能力，所謂支配，就是能够很快的使生理的緊張狀況（如高血壓）恢復到正常。

測驗的情境是使受試者在從事指定的工作時，遭到干擾，自尊心受辱，但是並沒有眞正的阻止他們的工作。在每次的壓力測驗之後，實驗者請受試者說出他們的感受。實驗者再把那些情緒加以歸類（是憤怒、焦慮、好笑等等），以及區分情緒的方向（是向外對着實驗

者，或者向內朝自己，或兩者都有一些）。總之，要把受試者區分為「向內發怒」或「向外發怒」。實驗者認為那些向內發怒（感到憤怒，但是目標是朝向自己）的人，是不好的。根據 Freud 的說法，向內發怒，也就是「壓抑的敵意」（Suppressed Hostility），會引起很多的生理疾病。但是，問題在於這個研究本身並沒有證實憤怒和壓力之間的關係：

1.在所有一二五名受試者中，只有六八位的反應是感到憤怒（包括向內發怒、向外發怒，以及兩者都有），也就是說憤怒和壓力並非一定有關聯。

2.憤怒的方向不會是一定不變的。有些向外發怒的受試者，起初向實驗者吼叫，後來又怪自己竟然會對實驗者生氣。有些人表現生氣之後感到很不安。另外有些人生氣一陣子，然後發現是實驗者故意在操縱，就改變成哈哈大笑。有些向內發怒的人轉為向外發怒。

3.憤怒的方向和控制壓力的能力，並無關聯。實驗者發現受試者的向內發怒或焦慮，與他們對於生理壓力的適應能力之間並沒有關聯。

4.研究者把向內發怒或向外發怒視為固定的應對方式，而忽略了情境和身份對於憤怒的影響。對於百貨公司店員，你可能是個向外發怒的人，但是對於你的老板，你却可能是個向內發怒的人。許多人在家是向外發怒的人，而在上班地方却是個向內發怒的人。而且憤怒（無論是表現出來或壓抑下來的憤怒）和高血壓的關係，視你的年齡、性別、社會階層，以及憤怒的理由而定。

總之，許多研究發現處理憤怒的最佳策略，既不是絕對壓抑憤怒，也不是設法發洩怒氣，而是如心理學家 Harburg 所說的「回想法」（Reflection）：等到侮辱你的人已經冷靜下來（到時候可能你

也已經冷靜下來）然後才去和他或她討論，這種方法對於健康最有幫助。

有一種人，他的成就動機很強，富於競爭心，常常感到時間壓力，凡事稍有耽擱就會很不耐煩的咒罵，很容易有攻擊性的表現。心理學家稱這種人爲具有「A型人格」（Type A Personality）的人。而這種A型比隨和的B型人容易得心臟病。這兩種人對憤怒的處理方式的不同，是他們會不會得心臟病的主要差別所在。研究者發現A型的人較容易對別人發脾氣，一星期最少生氣一次以上。而這種現象可能是由於A型的人雄心勃勃，喜歡競爭，缺乏耐心所致。

Tarvis認爲壓抑憤怒並不會造成心臟病，反而是過度表現憤怒的人才容易得心臟病。而且，憤怒似乎是一種徵狀而不是問題的原因。主要關鍵在於使個人感到憤怒的理由，以及個人是否有能力處理。例如，是否發怒之後會被解雇？是否覺得能夠控制惹我們生氣的人？是否有朋友或親人可以傾訴？如果答案是否定的人，則比較容易得心臟病。

另外一位心理學家 Hokanson花了二十年功夫研究「淨化作用」（Catharsis）的理論。Hokanson 發現當洩怒的對象是同輩或下屬時洩怒才具有「淨化作用」。如果目標是老板、其他權威人物，或者無辜的第三者，則洩怒並不具有淨化作用。因此，以往的理論認爲只要把怒氣發洩就會降低緊張的看法並不正確。

Hokanson 的研究發現，男人和女人處理憤怒的方法也不相同，其產生淨化作用的效果也不一樣。傳統上，男人感到憤怒時採取攻擊性行爲（Aggression），常被視爲具有男子氣概，所以攻擊性行爲對男人就可能具有淨化作用（使血壓降低）。

但是如果女人感到憤怒時，採取攻擊性行爲，可能會被譏爲「潑

辣」，不但無法達到淨化的作用，反而會引起焦慮和不快。因此，傳統上女人以微笑或友善的態度來應付惹她生氣的人，才具有淨化的作用（使血壓降低）。

但是這種傳統性別角色的差異是可以改變的。Hokanson 做了一項實驗，如果男性受試者對於實驗中的攻擊的反應是友善的，則受到獎勵。若是女性受試者對於實驗中的攻擊還以攻擊，才會受到獎勵。經過數次實驗之後，女人很快學會對攻擊還以攻擊，而男人對於攻擊則會採取友善的反應。同時，傳統中對於淨化作用的特別差異，也反轉過來。女人對於攻擊還以攻擊則會降低血壓，而男人則是對於攻擊採取友善的反應才會降低血壓。可見「淨化作用」有性別差異，而且是可學習的。

早在一九五六年 Seymour Feshbach 曾經作了一項研究：鼓勵一輩行為正常的小男孩在自由活動時間，儘量以粗野、暴力方式來發洩他們「本能的攻擊性」（如 Freud 所言），他們可以踢傢俱、摔玩具。這種「自由」發洩的結果並沒有降低他們的攻擊傾向，反而使他們在以後的自由活動時間對攻擊行為更不加以抑制，更加表現攻擊行為。所以容許小孩從事攻擊性的遊戲並非如「淨化作用」的理論所宣稱，會降低攻擊性行為，反而會使小孩變得更有攻擊性。事實上，攻擊性的遊戲毫無「淨化作用」的價值。這一點可由下面所舉的這一項研究看出：使小學三年級的學生被另一位小朋友（由實驗者事先安排好）所激怒。這些小學生可從三種方法中選擇一種方法以處理他們心中的憤怒。第一種是對負責實驗的大人訴說；第二種是玩弄槍械或找激怒他們的孩子算帳；第三種是由大人給他們一個合理的解釋，以說明有關那個小孩惡劣行為的原因（例如，因為他睡眠不足，心情不好或身體不舒服）。結果發現以第三種方法最能夠消除他們的怒氣。

Murray Straus 研究夫妻打架，也同樣發現夫妻彼此吼叫只會激起更大的怒火而非降低怒火，夫妻的叫罵很容易演變成毆打。告訴某人你恨他，非但不會消除積壓的怨氣，減低攻擊的傾向，反而會激起你更強烈的攻擊表現。

很多人相信把心中的憤怒說出來會減低憤怒的程度，而事實上是當你感到憤怒時，保持安靜，不要講話，從事一些比較有趣的活動，直到你的怒火逐漸冷卻，可能會比向對方吼叫，心情會好得多也好得快。

認為把心中憤怒說出來會得到淨化作用的人，都是以為情緒是「單純的」。實際上我們很少有單純的一種情緒，大多數的情緒跟我們生活中所遭遇到的問題一樣複雜；我們往往會同時感到生氣和害怕，悲傷和渴望，歡樂與罪惡，受傷害與嫉妒感，如果只把其中的一項情緒發洩出來，就等於強調了該種情緒，而排除了其他的情緒。當你跟朋友訴說你對某人的不滿。你會越說越肯定自己對某人的確是在生氣而不是嫉妒，所以你不是在發洩你的怒氣，而是在演練你的憤怒。但是生氣時繃着臉不講話，却是一種很不好的作法，這種不講話並不是真的不講話，而是在對自己講話。因為，你知道自己在生氣但是却假裝不在乎，或者怕別人知道，而不願說出來，而私下却自己喃喃自語的咒詛自己。像這樣繃着臉不講話是無法消除你的憤怒的。

發洩怒氣是否有淨化的作用，要看你是為何而生氣，以及外在的情況如何而定。當你發洩情緒在別人身上之後，你是覺得輕鬆些或是更生氣，或是變得沮喪，則要看對方的反應。例如，心理學家常常建議人家以平靜、非攻擊性的語調把你的「生氣」講出來（例如：「我很不高興」，「我覺得受侮辱」），通常這是最文明、最友好，也是最有效的表達生氣的方法。但是即使這種文明的方法，也要看對方是

那一種人而定。有時候碰到比較麻木的人，只有把怒氣無保留的表現出來，他才會確信你是在生氣，這時候，發一頓脾氣可能比其他方法都有效。

憤怒的消除和憤怒的發生，二者都需要心理與生理兼顧才會有效。所以要消除憤怒，不能只設法降低心跳的速度，還要設法重新整理你的觀念和想法。憤怒通常會因為我們心理的一些想法而變得更憤怒。例如你心裏想：「他憑什麼可以這樣對待我？」，「這個女人真是自私。」你就會越想越生氣。所以，控制憤怒的有效方法就是要重新整理我們心裏的想法。例如你心裏想：「他今天可能是過於勞累，心情不好」，或者「她一定是很不快樂，才會有這種表現。」你的火氣就不會上升。一個比較不容易發脾氣的人，通常會以一種同理心的態度，來為激怒他的人找理由。所以要能有效的消除憤怒，就要一方面重新整理心裏的想法，一方面學習新的、比較溫和的反應方式。

上面所舉的這種重新評估，重新思考的方法，對於在工作上時常會被惹怒的人（例如警察、車掌小姐），也是非常有用的。車掌小姐對於某些行為怪異或可厭的乘客，可以在心理上認為這些乘客也許有某種問題，而不與他們計較。例如：一再問「到站了沒有」的乘客，可能有無法控制的焦慮；行動像喝醉酒一樣的人，可能有腦性麻痺。這樣經過重新思考的結果，就不會有那麼多車掌小姐和乘客吵架的事情發生。

【參考資料】

Tarvis, Carol. *Anger : The misunderstoodemotion.* Slmon and Schuster. Publishing Company, 1983.

附錄二、 「童年健忘症的新解釋」

通常我們很難回憶起三歲時的玩伴或兩歲過生日那一天的情形。如果盡量回憶，可能想起的也是片斷的、短暫的景象。當我們小的時候，學習事物的速度很快，但是一到成年，則小時候的記憶就變得很模糊，或完全消失。我們每人都患上這種所謂童年健忘症。

Freud認為童年健忘症使我們忘却童年時那些邪惡的、亂倫的、暴力的願望，使我們安然度過戀母情結年紀（Oedipal Years）。但是，Freud 認為對五、六歲時候的記憶之壓抑（repression），又會造成精神官能症（neurosis）， 而精神分析則可用以敲碎壓抑之牆，使患者能够重新檢驗那些埋藏的，像火山似的情緒。

Freud對於童年健忘症的看法，已經受到現代心理學家的挑戰。根據現代認知心理學家的解釋，成人之所以無法回憶童年的事情，並非由於壓抑作用，而是因為成人和兒童的思考方式不同。我們很難得到任何有助於回憶童年往事的線索。

許多研究顯示，大部分的成人回憶不起五歲以前的事情，有的人則對於八、九歲以前的事情都無法回憶。童年往事回憶得起來的平均年齡是三歲半。三歲半以前的事就少有人記得起來。

根據康乃爾大學認知心理學家 Neisser的觀點，兒童都有自己的思考結構，這種思想結構，隨年齡而發展。例如兩歲時「書」是積木用來蓋房子，四歲時「書」是父母拿來念故事給小孩聽的東西，六歲時「書」是一本喜愛的讀物。要回憶書這個概念時，兒童就要根據所

定義的類別來回憶: 積木、父母念故事的東西、喜愛的讀物。

Neisser 認爲只有思考結構相符回憶才能有效。成人時候的思考結構與童年時不一樣，以致妨礙了對於童年往事的回憶。此外，上學唸書對於兒童思考結構的影響很大，兒童學會了社會性的語言與思考方式，就漸漸失去了學齡以前的思考習慣，使得幼年的往事更難以追憶。

另外一位學者 Pascual-Leone 認爲，成人與兒童的注意的能力的差異，也是造成童年健忘症的原因。Pascual-Leone 提到個人思想的複雜性與注意的能力有關，心智空間的大小會決定一個人在同一時刻思考類別的多寡，心智空間愈大，概念就愈多，思考也就愈複雜。Pascual-Leone認爲，心智空間隨年齡而增進，兩歲前仍然靠習慣；三歲到四歲只有一個單位的心智空間，只能保存一個思考類別；此後每兩年就增加一個單位的心智空間，一直到十五歲爲止，從十五歲到成人，心智空間大約同一時間可以容納七個不同的訊息。這種說法和心理測驗中，要求受試倒過來複述所聽見的數字之結果相似。三歲小孩可複述一位數字，五歲能複述兩位數字，成人則能複述七位數字。而心智空間的大小是和記憶有關，心智空間愈大，記憶能力愈強。因此，童年時候的心智空間，就不足以容有目的的記憶，以致在長大後就會產生健忘症。

心理學家 Bower (1981) 認爲記憶有兩種類型: 一種是充滿情緒的成分，例如童年時騎腳踏車在濕地上滑倒的經驗，或者每逢假日和父母去郊遊等。這一類的記憶並非由主動的心智努力所形成，也無法靠知性上的線索加以回憶。這一些經驗的回憶是由一些情緒或感官的刺激，如景像、聲音、味道或喜怒哀樂等所引發。這一方面已經有很多實驗證明，例如快樂的時候比較容易回憶起快樂的事，而悲傷

時比較容易回憶起悲傷的事。騎腳踏車過濕地就想起幼時騎車滑倒的恐懼。重遊舊地就想起童年時候和父母來遊玩的歡樂。另一種記憶是主動思考的結果。是知性上對事件的了解，這種記憶產生於心智空間上，所回憶起的是某一事件，以及與該事件有關的想法，例如不但想起騎腳踏車在濕地上滑倒的經驗，而且還記起騎車過濕地，自己要小心的警戒。這一類的記憶可因為想到與該事件有關的想法而回憶起來。成人的記憶大多是屬於第二類，是有關對事件的知性上的了解，而不像第一類的記憶方式比較屬於感性的。

成人是主動地在心智空間上回憶，而幼童却是由感官或情緒的刺激而回憶。因為彼此的思考習慣不同，成人常常無法回憶起童年往事。成人之所以很難回憶起五、六歲以前的事情，並非如Freud所說的壓抑，而是由於成人日益依賴理性的資訊處理活動。但是，Freud所用的自由聯想法（Free Association）却是一個很聰明的辦法，可以不要依賴心智空間而直接接觸幼時的記憶。

運用自由聯想的方法時，其所用的指導語：「不要刻意想任何事情，只要讓你的思想自由流動」。能夠使得心智空間的智力活動暫停。在精神分析時所激起的情緒，若和童年的情緒相似，則自由聯想就會捕捉回強烈而自發的童年回憶，所以 Freud 對於自由聯想可以激起受阻的情緒回憶，這一點看法上是對的。但是對於解釋為何大部分的童年往事都被遺忘，這一點的看法上却是錯的。

第 2 章

現實治療法

壹、前　言

現實治療法（Reality Therapy）是一九五〇年代，由一位精神科醫生威廉·葛雷賽（Dr. William Glasser）所發展出的理論性原則。

現實治療法在本質上不像其他的心理治療法強調個人的過去，它所著重的乃是當事人現在的行為。在治療過程中，治療者擔任教師及模範的角色，其目的在幫助當事人面對現實，並在不傷害自己及別人的原則下實現其基本需求——「自我認同」的需求。

現實治療法相信當事人有能力經由負責任的過程而解決自身的困難。故現實治療法的主要關鍵，即在如何使一個人對自己的行為負責，因為唯有對自己行為負責的人，才是真正心理健康的人。

貳、基本概念

一、人性觀

葛雷賽相信所有的人其行爲皆爲滿足其基本需求（生理和心理）而起，撇開生理需求不談，葛氏認爲人類兩個最基本的心理需求是：(1)愛與被愛的需求；(2)覺得對自己和他人有價值的需求（註一）。 葛氏後又將此二需求合併爲——「認同」的需求。現實治療法卽視「認同」爲人類唯一的基本心理需求。而現實治療法卽在幫助當事人滿足這種需求。現實治療法不採取人性決定論的觀點，而是假定人最終是要自我決定的，此原則意味着人有責任接受他自己行爲的後果，也就是，一個人變成他所決定成爲的 (The person becomes what he or she decides to become) （註二）。

二、人格理論

葛雷賽認爲人格乃個人在努力滿足其生理心理需求時形成。那些能滿足其需求者吾人稱之爲負責的，而不能滿足其需求者則被稱之爲不負責的。所謂負責的行爲乃指在不剝奪他人實現其需求的原則下滿足自身需求的行爲（註三）。 反之， 則爲不負責的行爲。負責的行爲形成以「成功認同」爲核心的人格，而不負責的行爲則形成內心「失敗認同」的人格。

此種對行爲負責的能力並非與生倶來的，而需要靠後天的學習。自幼，我們卽開始學習。但，眞正成爲關鍵却是在入學階段。因此時兒童開始發展各種社會技巧、口語和智慧思考能力，他們漸以這些能力來定義自己的成功或失敗。葛雷賽認爲在此學習過程中，父母和一些對兒童重要的人擔任了相當重要的角色，因爲兒童唯有經過與具自我價值感和負責的父母及這些重要人物的交互作用後，才學會愛和感受到自己的價值以及做出負責的行爲。在此環境下生長的兒童，將能滿足自身的需求，同時也獲得成功的認同。而成長後，這些人將會以

3 R——正當 (Right)、責任 (Responsbility) 和現實 (Reality)
——來管理其一生的生活，也就是，他知道以「Right」作爲評價自
己行爲的依據，做出在不干擾他人實現其需求下滿足自己需求的「負
責」 (Responsbility) 行爲，並了解「現實」 (Reality) 世界而
在此限制下滿足基本需求，達到成功的認同。現實治療法卽基於 3 R
原則而讓當事人學習何爲「正當」，做出「負責」的行爲及了解和面對
「現實」 (註四)。

三、非適應行為

對異常和非適應的行爲，現實治療法並不像一般人以精神病或精
神症來稱呼它。現實治療法認爲個人行爲上的不適當,乃肇因於需求的
未能滿足,當一個人不能滿足需求時，他們往往會與客觀現實界脫離
而不能感受到事情的眞相。實際上，他們也就是不能基於 3 R 運作。

非適應行爲產生的關鍵乃在沒有學習到負責的行爲，而此種學習
上的缺失可能要歸咎於家庭和學校，在葛雷賽所著的「沒有失敗的學
校」書中，葛氏指出，學校和同儕環境對兒童「失敗的認同」的發展
實扮演了一個相當重要的角色，老師忽略了學生對愛和價值的需求，
學校制度又使兒童在家中形成的「失敗認同」更加鞏固。因爲兒童的
失敗一再被強調，而缺少成功的經驗，兒童未學習到以負責的行爲來
滿足其需求，只是一再的產生失敗認同。久而久之，他們不但不能基
於 3 R 運作，且很難面對現實，他們只能經常以否定或「不管他」的
方式來處理日常事物，非適應行爲卽由此產生。

四、現實治療法的特色 (註五)

㈠現實治療法認爲行爲失調乃不負責的結果，行爲不負責卽心理

疾病的表現，而行為負責即是心理健康的表現。現實治療法就在讓當事人體認到自己行為的不合現實、不負責，從而幫助當事人探尋能滿足心理需求的行為方式。

㈡現實治療法著重「現在的行為」，而非情緒或態度。現實治療法並非否認情緒或態度，而是強調吾人所該注意的是現在的行為，因為行為遠較情緒易控制，我們不必空等情緒的好轉，我們可自己去行動以改善我們的情緒，故「行為」才是治療的重心。

㈢現實治療法著重「目前」，而非「過去」，因為過去已不可改變，只有現在和未來才可改變，如果在治療中提到過去，那這過去一定是和當事人現在的行為有關。治療所強調的是當事人的能力、潛力、成功和價值，而不強調其悲傷和病症。葛雷賽不鼓勵將治療時間放在改寫問題或失敗上，而是建議治療者當於談話中強調當事人的能力，葛雷賽就曾說過：「討論過去的誤失只是浪費時間的事」（註六）。只有讓當事人明瞭自己的能力，看清現實並進而採取行動才是治療的積極意義。

㈣現實治療法強調價值判斷，每一個人必須以批判的眼光來看自己的行為，並且判斷其是否具建設性。治療者不替當事人做價值判斷，因如此會使當事人有機會逃避為自己的行為負責。治療者所要做的乃是引導當事人評價自己的行為。

㈤現實治療法並不像傳統的精神分析強調轉移理論（theory of transference），現實治療法認為治療者就是治療者，他們不該扮演當事人的父母角色，治療者應讓當事人認清現實，以幫助當事人建立真正的人際關係。

㈥現實治療法強調意識，而非潛意識，對於一般心理分析學派之強調潛意識的重要，並以轉移理論，夢的解析和自由聯想來喚起潛意

識以為治療的重要技巧。現實治療法却持不同的看法，現實治療法不允許當事人以潛意識動機作為自己行為誤失的藉口，治療者強調當事人做錯即是做錯，且這個錯須當事人自己負責，當事人該有一計劃來實踐一負責、真實而又成功的行為。

㈦現實治療法反對懲罰，他們認為懲罰是一種無效的工具，懲罰只會增長失敗者的失敗感與破壞治療關係，而在治療過程中，治療者所給的任何否定或輕視的語言都算是一種懲罰，治療者當避免之。不過現實治療法同意自然的懲罰，即由當事人自己去承受自己行為後果所帶給他的自然懲罰。

㈧現實治療法強調負責的觀念，葛雷賽定義所謂負責即是「一種在不剝奪他人實現其需求下滿足自身需求的能力」，而學習負責却是一生的事，因為每個人雖同樣具有愛、被愛與價值感的需求，但並未生而俱有滿足這些需求的能力，我們需學習到在現實之下滿足需求的負責能力，葛雷賽又說：「我們須學習到，當我們做錯時我們糾正自己的行為，而當我們做對時我們也要歸功於我們自己做得對。」（註七）。據此，道德、標準、價值判斷和是非就成為現實治療法的重要部份，因為他們都與自我價值需求的實現有極密切的關係。葛雷賽認為一個負責的人必定是一個覺得對自己有價值同時也對別人有價值的人，而教當事人「行為負責」就成為現實治療法的重要課題，因此，現實治療法強調治療者的教師功能，治療者教當事人以較好的方式來滿足自身的需求。治療成為一種教育過程，在此過程中，訂定計劃並評鑑滿足需求的方式是否合乎現實與負責的原則，就成為核心部份。

參、治療過程

一、治療目標

現實治療法的治療目標，乃在教當事人經由參與，學會如何運用3 R來滿足其需求。也就是幫助當事人達到自律，讓當事人由依賴環境的外在支持，轉為內在的支持，當事人能對他現在是什麼和將來想變成什麼負責，且能發展一個負責而又合乎現實的計劃來達到自己的目標。現實治療法幫助當事人定義且澄清自己的生活目標，治療者幫助當事人發現達成目標的方法有那些，而由當事人對自己的目標作抉擇。

二、治療者的功能和角色

㈠治療者必須是一個能負責和能實現自我需求的個人，如此，才能經由與當事人參與的過程中，幫助當事人面對現實，並引導當事人評價自己的行為。在此過程中，治療者並不替當事人做價值判斷與決定，因如此會使得當事人推卸掉自身的責任。治療者的任務乃是幫助當事人面對現實，評價自己的行為。

㈡治療者本身須夠堅強而不為當事人所動搖，他能抵抗當事人對本身行為的同情、要求和辯護，同時也不寬恕當事人任何不負責的行為（註八）。治療者於當事人表現負責的行為時給予鼓勵，而於當事人表現不負責的行為時表達自己不贊同的態度。

㈢治療過程中，治療者具教師的功能，他首先須澄清並非治療使人快樂，而是負責使人快樂，治療者須教當事人以接受責任來製造自己的快樂，治療者不接受當事人以任何外在因素，作為導致自己不快樂的藉口。

㈣設限：乃治療者的重要功能之一，設限是指治療者參與的程

度。擬定的計劃以及治療的次數，時間皆有一定的限制。當事人如知其所有的治療有一定的次數等限制，就會更努力（註九）。這對婚姻和家庭諮詢特別有效。

三、治療者面對當事人時所該運用的原則（註一○）

葛雷賽與儒寧（Zunin）於一九七三年曾就治療者於面對當事人時該運用的原則舉出以下八點：

（一）個人的

第一個重要的步驟，乃是治療者傳達 其對當事人 個人的真正關心。關心、溫暖和了解乃是治療成功的關鍵。治療者可藉着使用一些人稱代名詞（如：我、你和我們）並鼓勵當事人也使用這些代名詞來促進整個過程的推動，同時治療者也能適時的開放自己，願意討論自己的經驗，願意讓自己的價值接受挑戰，承認自己的不完美，也表達對人類的信心且傳達其對當事人有能力自助的信念。

（二）著重「目前的行為」而非「感覺」

許多其他的治療理論相信當事人如果感覺得好些，行為自然會滿足些。葛雷賽恰持相反的論點，葛氏認為當我們行為滿足了，感覺自然就好。因此，治療的重點乃在使當事人感覺的「行為」，而非感覺本身。例如，一位當事人說：「我覺得不太舒服。」，治療者卽間：「是你做了什麼才使你感覺這樣的。」如此當事人卽可由敍述中明瞭是什麼行為導致他目前的感覺。經由本原則的運用，治療者可以幫助當事人了解導致自我失敗的行為及行為的價值。而最後，當事人會察覺到自己可能是自己最大的敵人，也可能是最好的朋友。

（三）著重「目前」

治療中強調目前的功能，而非過去的事件，治療中如提到過去的

事件乃因過去的經驗關聯到現在的功能，或當事人被問到他當時可能選擇的行爲， 或是何種價值使他不會以最壞的方式行動。 過去的經驗、過去的失敗不該一再的強調，當事人的能力、潛力才是該被強調的。 因爲能力、 潛力才是建立未來負責行爲的基礎。 治療者應運用此原則幫助當事人認清自己行爲的不合現實，進而捨棄此不負責的行爲，最後治療者並教當事人在現實世界內，以更好的方式滿足自身的需求。

㈣價值判斷

每一位當事人都必須評價自己的行爲，在當事人描述自己的行爲後，治療者會堅持要當事人評價自己的行爲是否負責，也就是自己的行爲是否幫助或傷害到自己或他人，如果傷害了自己或他人，則必須改變。而治療者在整個過程中絕不替當事人作價值判斷，也不寬恕當事人任何不負責的行爲。葛雷賽和儒寧在一九七三年就曾說： 「治療者原諒那些連當事人自身都評價是錯的行爲，乃是治療者不負責的表現。」 （註一一）

㈤計 劃

當當事人一旦評價自己的行爲不負責後，他所要做的下一步驟乃是計劃，透過這個計劃的執行，讓當事人改變不負責的行爲成負責的行爲。治療者此時所要做的，乃是幫助當事人擬訂一個合乎現實的計劃。通常， 當事人在擬計劃時都會有誇大的傾向， 他們往往好高騖遠，想一蹴即成。此時治療者就須幫助當事人依序的計劃他的改變，讓當事人由較容易改變的層次到較困難的層次都可得到成功的經驗。例如，一個約會老是不成功的當事人。可先擬訂一個計劃，讓他由與一般女性在會話中的交談改變起，等到他有了成功的體驗後，再擬訂一個計劃，讓他由一些非正式的約會做起。若再成功，則可進入正式

的約會。所以，擬訂計劃，最好能由較小易行的階段開始，一步步的體會成功，以免因目標太高而一下招致失敗。葛雷賽和儒寧就說：「成功導致成功，而失敗則導致意志消沉與失敗主義。」（註一二）

(六)承　諾

光有計劃是不够的。巴爾（Barr）在一九七四年發表的文獻中曾說：「一個未經當事人下堅定承諾的計劃仍會失敗。」（註一三）所以治療者應在當事人訂立計劃後，再極力的使其對自己的計劃許下承諾。尤其對較早期的計劃，通常，當事人會被要求簽訂一契約，以保證其會改變行為。而當計劃被當事人執行後，漸漸的，整個焦點會由當事人對治療者作承諾，轉移至當事人對自己作承諾。當當事人能遵守自己的承諾，他將漸漸的產生自我價值和成熟感。

(七)沒有藉口

即使當事人對計劃作了承諾，也難保所有的計劃都能被成功的執行，當當事人向治療者報告計劃根本沒做或沒做成時，治療者當下的反應乃是不接受當事人任何的藉口，同時也不探究當事人失敗的原因，治療者所要做的乃是幫助當事人再訂計劃並再對新計劃作承諾，新計劃也許是原計劃的修正，或者是原計劃的縮小，但不管怎樣，它一定比原計劃要來得易執行，易達到目標。在運用此原則時，治療者本身必須能够自律，因為大多數的當事人都會很想知道自己為什麼會失敗。此時，治療者最好的說法應是：「我並不想問你計劃為什麼失敗，我想知道的是你什麼時候以及如何去做你想做的？」這種說法，將使當事人知道治療者相信他還是能够執行一個合理的計劃。

(八)排除懲罰

葛雷賽認為排除懲罰就和「沒有藉口」一樣重要，尤其當當事人執行計劃失敗時，治療者千萬不可加以口頭懲罰，因為懲罰不但無法

改變行爲，反而會增強當事人的失敗認同，治療者所要做的乃是讓當事人感受到計劃失敗所帶給他的自然後果。此原則的運用也是一再的告訴當事人，他能也必須對自己的計劃負責。

葛雷賽深信經過以上這些過程，當事人會成爲一個更負責、更合乎現實的滿足自身需求之個人。

四、治療中當事人的經驗

治療一開始，當事人就可體會到，治療者所重視的是自己目前的行爲，而治療者也期望當事人重視自己目前的行爲，而非他的一些情緒與態度。治療者讓當事人以一種批判的眼光來看自己的行爲，而後對這些行爲能否有效的達到自己的生活目標作價值判斷，治療的重心是行爲而非情緒。例如，當一位當事人抱怨他感到很焦慮時，治療者所要問的乃是：「是你做了什麼而使你感到焦慮的？」很明顯的，我們可看出，治療的重心不是焦慮的感覺，而是在幫助當事人明瞭是他自己做了什麼而使自己感到焦慮的，像此種不斷的評價和判斷乃當事人在整個治療過程中所要做的。

當事人一旦對自己的行爲作價值判斷並決定自己要如何的改變後，接下來的，在治療者的協助下，他就須擬定計劃以改變失敗的行爲爲成功的行爲，同時他也須對自己的計劃下承諾，而後行動。在執行計劃中，當事人不能以抱怨，解釋或藉口來逃避自己所許的承諾，他必須以一種負責的態度來履行自己的治療合約。

五、治療者和當事人的關係

現實治療法視整個治療爲一理性的過程。當然，治療者首須建立

一溫暖、了解的環境，讓當事人明瞭治療者是眞正關心他、接受他、同時幫助他在現實世界實現自己的需求，而更重要的乃是，一開始時治療者即須給當事人一觀念，即他能爲自己負責，整個過程由治療者以眞實的個人、開放的個人和當事人建立密切的關係，但須注意的是應避免混亂的關係，治療者須使治療關係保持在現實範圍內。這些，要做得恰到好處，實須治療者由不斷的經驗中體會出。

肆、應　用

一、主要的技術和過程

　　爲了幫助當事人產生成功的認同，治療者可採用如下的技術（註一四）：

　　㈠治療者與當事人從事角色扮演。

　　㈡幽默：治療者別忘了幽默也是整個治療過程中的一部份，幽默是一種自嘲的能力，能自由地笑是自我平衡的一種表現，而笑的對象是自己的話，更能顯示他有高度的自我概念。

　　㈢面對當事人，不允許任何藉口：當事人以藉口來推卸自己不負責的行爲時，治療者須採用「對立」的技術，對當事人聲明：「你說過你要做的，那你什麼時候做呢？」不接受當事人任何對失敗的藉口和解釋是現實治療法中一相當重要的原則。

　　㈣幫助當事人擬訂可行的計劃。

　　㈤提供一個模範和教師的角色：治療者在教當事人以負責的行爲來滿足自身的需求之先，自己首先必須以身作則，治療者本身就必須是一個行爲負責的人。如此，他才能提供一個楷模以供當事人效法，

同時也教得當事人心服口服。

㈥設限和結構治療情境。

㈦使用語言震驚治療（Verbal Shock Therapy）或以適當的譏諷來面對當事人不合現實的行為，治療者如能十分了解當事人，則在適當的時間和場合使用語言震驚治療往往會收到不錯的效果。譬如，一個個案說：「你想我是什麼毛病呢？」治療者會說：「我想你是瘋了」，在當事人震驚得停頓而經過思量後，治療者即開始解釋他所謂「瘋」的意思，並將之定義為「當一個人的做事不負責任，只為滿足自己的需求而傷害到別人或他自己」（註一五）。

㈧參與當事人助其尋找更有效，更實際的生活。

㈨「病人的跟進」（Pinning down the Patient）：即是治療者緊釘着計劃階段中的那些行為目標的細節，對當事人可能改變的一些行為細節，治療者能問得愈清楚，「跟進」得愈迫切，當事人能成功掌握情況的可能性就愈大。譬如，一個十來歲的小女孩，從未找過工作，現在她對治療者說：「下星期我要去找我的第一個工作」，現實治療者會緊接著問：「下星期的那一天呀？」，小女孩也許會說：「我不知道，我想總是星期一或星期二吧！」，治療者會再追問：「到底那一天？星期一或星期二？」，小女孩答：「哦！我猜星期二吧！」治療者再問：「是你猜，還是你要星期二去？」小女孩答：「星期二去！」，治療者繼續問：「星期二的什麼時間？」，小女孩又答：「……」，如此的層層跟進，治療者甚至可以跟當事人一同考慮到面試時的衣服，以及萬一失敗時的打算等等，「跟進」乃是現實治療法中治療者幫助當事人最具體切實的技術，却是在其他的治療學派中少見的方法（註一六）。

二、應用於諮商情境

　　葛雷賽和儒寧在一九七三年說過，現實治療法適用於大多數的行為和情緒問題，例如，焦慮、失調、夫妻衝突、和精神病，此外，現實治療法對違法的青少年亦頗具功效。葛雷賽就曾在美國加州一所女子學校運用此法，結果發現確能顯著的降低慣常的犯罪率（註一七）。

　　現實治療法可用於個人治療，團體治療與婚姻諮詢，在個人治療中，治療者大約每個禮拜和當事人見一次面，每次都長達四十五分鐘。對於時間與次數的安排，治療者大都會在治療一開始時即和當事人商議好。

　　現實治療法認為團體治療也是一種很有效的方法，因為治療者可借助團體的力量，鼓勵當事人向團體中的成員宣讀自己的計劃並許下承諾，在此種境境下所作的承諾，將更具有牽制作用。近來，團體治療中流行兩位以上的治療者携手合作，以更有效的推動治療。

　　現實治療法亦經常從事婚姻諮詢和夫妻聯合治療，在此種諮詢中，治療的時間有一定的限制，通常只有五次到十五次的會面，在治療一開始時，治療者就須清楚這對夫妻是否：⑴決定中止目前關係；⑵想知道彼此是否有繼續保持關係的意圖；⑶想維持婚姻而尋覓改善關係的幫助，而治療結束時，又須評價經過治療是否有進步以及治療是否一直循序漸進。

三、應用於學校

　　現實治療法尤適用於治療學校中學生的學習和行為問題，葛雷賽根據其親身的觀察研究提出看法，他認為大多數的學校中失敗感的氣氛太過濃厚，此種氣氛對孩子造成極不良的影響，葛氏認為我們與其

消極的對已成的不良行爲處理，不如積極的消除和防止失敗。在其所著「沒有失敗的學校」書中，他提出要消除失敗、加強思考以替代記憶，並用規則代替懲罰，同時要安排孩子有成功經驗的學習情境、幫助孩子發展負責的行爲、而且促進學校中家長和社區參與的程度（註一八）。一九七〇年，勒溫尼學院（La Uerne College），還特別成立威廉葛雷賽中心，以實現其在「沒有失敗的學校」中的理想和哲學。

伍、摘要和評價

一、摘　要

現實治療法的基本觀點乃是人能爲自己的行爲負責。那些來尋求治療的當事人，一定是因其未能與他人有效的參與，且其行爲未能滿足自身的需求。而治療者的主要任務，就在與當事人作眞正有效的參與，並使得當事人面對現實。當當事人一旦面對現實，他就被迫要決定是否行爲負責或行爲不負責。葛雷賽的一句：「現實可能是痛苦、冷酷和危險的，但現實轉變得很慢，人所希望能做的，乃以行「是」的負責方式來與之對抗，對於行後所得的喜樂吾人享受之，而於行後所得的痛苦吾人也必須忍受之。」（註一九）表明了現實治療法之強調人不論如何，都須在現實之下做出負責的行爲，且無論行爲的後果爲何，人都須由自己承受下來。

二、評　價

㈠優　點

1.對於人性的看法，不採取人性決定論的觀點，雖然現實治療法不否認人有一定的能力與限制，且事情的發生也是有相互關係的，但現實治療法深信人最終是要自我決定的，本法對人的能力有一積極信念，即相信人人有能力將事情做得更好，只要努力，人人有獲致改善的機會，人的能力，由此而獲得肯定。

2.現實治療法重視「現在的行為」，認為這才是治療的重心，情緒與態度皆可因行為的改變而改變，由此可看出，現實治療法實為一主動、理性的治療方法。

3.現實治療法強調負責的觀念，認為人人應對自己的行為負責，人唯有經過負責的行為才能真正的滿足自身的需求，人既有能力作自我決定，人就須為自己的行為負責，以種種外在因素來作為自己失敗的藉口，就是一種推卸責任的行為，故現實治療法絕不接受藉口，此種強調負責與不接受藉口的原則，運用於婚姻諮詢、家庭諮詢和少年犯的輔導上，大都能收到不錯的效果。

4.強調成功經驗的重要，此點對學習與人格的形成上來講，實具相當貢獻。

5.現實治療法中的許多技術，如：「跟進」、「設限」、「承諾」和「不允許藉口」等，施行得當，往往會收到不錯的效果。

6.整個現實治療法強調「現實」、「負責」，而治療的推動也都是在具體可行的方案下進行。

㈡缺　點（註二〇）

1.現實治療法忽略潛意識和個人過去歷史在決定現在行為上的重要性。雖然葛雷賽接受潛意識與個人過去在決定現在行為上所佔因果關係的角色，但他反對這些因素對修正現在行為的價值。

2.現實治療法可能只為一種表面的介入，因其使用過份簡化的治

療，其弱點在於治療者可能被假定爲一專家，由於這專家的角色，治療者就自然而然的爲當事人作下許多決定，像該如何生活。何者爲眞實？何者爲不眞實？以及什麼才是負責的行爲？因此，當事人可能受到治療者過多的影響而阻得了他的生長和自律。

3.葛雷賽認爲心理疾病乃是由於「不負責」所致，此說太過簡化與武斷，他否認了許多心理疾病就是起因於過高的責任感，所以，吾人是否能以「不負責」一字就概括了所有的心理疾病呢？

4.現實治療法只能施行於有高度智力能力的人，由於在治療過程中，他強調當事人的價值判斷與計劃，這須要當事人經過理智的分析思考與判斷。對於智力較低者與尚無思考判斷能力的兒童來講，運用現實治療法往往無法收到效果。

陸、問題探討

以下的問題乃是有關現實治療法的理論與實際部份，藉着對這些問題的探討，吾人可對現實治療有更進一步的統整。

㈠治療者如何判斷行爲是可接受的？是現實的？這些判斷，又該以誰的信念與價值爲標準呢？

㈡治療者對現實的看法要較當事人更合於現實嗎？當治療者與當事人具有不同的文化背景時，他們彼此能眞正的溝通嗎？他們間存在着什麼問題？

㈢治療者須反對當事人不負責的行爲，但又須同時接受當事人，這之間是否存在着矛盾？拒絕一個人的行爲是否卽是拒絕一個人。

㈣是否治療者該是一個模範？治療者如何知道他自己是個值得模

仿的對象？

㈤葛雷賽曾說治療者應讓當事人知道治療者在關心自己，而表示關心的最好證據乃是當事人的行爲不能有助於滿足自身需求時，治療者反對當事人的此種行爲，你同意葛雷賽的說法嗎？又，如何使當事人知道你在關心他？關心對你的意義何在？如果事實上你並未眞正的關心你的當事人時，又該如何？如果你對當事人有強烈反感，又該怎麼辦？

㈥你是否同意當當事人有負責行爲時，你表示鼓勵，而有不負責行爲時，你表示不贊許？此種反應是否將導致當事人以你的喜愛接受作爲價值判斷的標準？能被避免嗎？

㈦你認爲完全着重現在有何好處？避免挖掘一個人的歷史，你又認爲如何？

㈧你認爲在堅持當事人不吐露過去經驗上，應有什麼限制？如果拒絕知道一個人的過去，又眞能眞正地了解或改變一個人的現在嗎？

㈨你同意葛雷賽所說，不負責即是心理疾病的導因嗎？你能說出任何其他導致心理疾病的原因嗎？

【附　註】

註　一：W. Glasser, *Reality Therapy* (New york : Harper & Row, 1965) , p.9.

註　二：Gerald F. Corey, *Theory and Practice of Counseling and Psychotherapy* (Montery, California : Brooks/Cole Publishing Company, 1977) , p.158.

註　三: James C. Hansen et al. *Counseling Theory and Process* 2nd. ed. (Boston, Mass.: Allyn and Bacon, 1978) , p. 196.

註　四: *Ibid.*, p. 197.

註　五: Corey, *op. cit.*, p. 158-161.

註　六: Glasser, *op. cit.*, p. 32.

註　七: *Ibid.*, p. 10.

註　八: Hansen, *op. cit.*, p. 199.

註　九: Corey, *op. cit.*, p. 162.

註一〇: Hansen, *op. cit.*, p. 199.

註一一: W. Glasser and L. M. Zunin, "Reality Therapy." In *Current Psychotherapies*, R. Corsini, ed. (Itasca, Ill.: F. E. Peacock, 1973) , p. 301.

註一二: *Ibid.*, p. 301-302.

註一三: N. I. Barr "The Responsible World of Reality Therapy." *Psychology Today* 7(a): 64-68 (1974) , p. 67.

註一四: Corey, *op. cit.*, p. 165.

註一五: 中國青年反共救國團青少年輔導中心——張老師，現代心理治療理論 (臺北: 幼獅文化事業公司，1978) , 327-328.

註一六: 同上，p. 325-327.

註一七: Corey, *op. cit.*, p. 166.

註一八: *Ibid.*, p. 167.

註一九: Glasser, *op. cit.*, p. 41.

註二〇: Corey, *op. cit.*, p. 168.

【參考書目】

1.Barr, N. I., "The Responsibility World of Reality Therapy" *Psychology Today*. 7(a): 64-68 (1974),

2.Corey, Geord F., *Theory and Practice of Counseling and Psychotherapy*. Montery, California : Brooks/Cole Publishing Company, 1977.

3.Glasser, W., *Reality Therapy*. New York: Harper & Row, 1965.

4.Glasser, W., *Schools Without Failure*. New York: Harper & Row, 1969.

5.Glasser, W. and L. M. ZUNIN, "Reality Therapy" In *Current Psychotherapies*, R. Corsini, ed. Itasca, Ill. : F. E. Peacock, 1973.

6.Hansen, James, C., etal. *Counseling Therapy and Process* 2nd. ed. Boston, Mass. : Allyn and Bacon, 1978.

7.中國青年反共救國團青少年輔導中心——張老師：現代心理治療理論，臺北：幼獅文化事業公司，民六十七年。

8.宋湘玲等著：學校輔導工作的理論與實施，臺北：文鶴出版有限公司，民六十八年再版。

9.宗亮東等著：輔導學的回顧與展望，臺北：幼獅文化事業公司，民六十九年二月再版。

10陳照明：諮商的理論與技術要義，臺北：大洋出版社，民六十六年十月初版。

附錄一、談自我追尋

人生的整個過程，就是一直在尋尋覓覓，想解答這些問題：我到底是誰？在世上扮演什麼角色？生命對我來說，有什麼意義？每個人都會往這方面去考慮。有一首小詩是這樣說的：

> 有滿天的星星，
> 星星默默無語，
> 對商人來講，它可能是滿天的財富；
> 對情人來講，它可能是一串串的心；
> 對旅者來講，它可能是路程的指標；
> 但是，星星仍然默默無語。

它是「小王子」這本書上所寫的。人生幾乎就是這種味道，我們每個人擁有整個天空的星星，星星所代表的意義，對每個人却完全不同，我要怎樣對生命解釋我自已所訂出來的意義，差距會很大。有的人過得很快樂、很有成就感，有的人可能過得很悲傷、落寞、有疏離感、甚至想自殺。有一個留美的人類學博士，他是最好的大學史丹佛大學畢業，是人文科學方面很榮耀的成就，可是他到最後考慮的問題是：我怎樣能活下去？最後他想到能活下去的是改行念電腦，他就修了幾門電腦。從他改行，念電腦，再去做事，只相隔一、二年，他的頭髮本來黑黑的，一、二年後，全變白了。這是一個很小的例子。還有更多年輕人，在國內不管他念中文系、人類學系、什麼系，出去一窩蜂都轉電腦。也有很多人想出國，出去要幹什麼？不曉得。有的學生申

請十多個學校性質都不相同，有電腦的、心理學、公共行政、亞洲文化⋯⋯有人問他，這是幹什麼？他說：「我都有興趣啊！只要碰上一個什麼就可以了。」最後，你會想得到，當你萬一碰到的那一個，很可能像大專聯考的方式，　碰上的不是你的興趣。　於是男生就喝喝老酒，訴訴苦：念的這個鬼系，女生連正眼都不瞧我一下。如果每個人都這樣碰，隨命運安排，可能找不到生命真正的自我在那裏。

我們一再考慮的，說中國學生人才這麼多，為什麼真正有成就的很少？也許你會歸諸制度，因為我們的教育方式和國外是倒過來的，我們的努力在前半段，大約前十二年，像是鑽木取火，拼命的K，為了大專聯考，死記死背。我知道很多人在進了大學已經精疲力竭，只想「由你玩四年」。相反的，國外學生在大學階段以前，非常輕鬆，他在尋尋覓覓，有點像蜻蜓點水或蜜蜂探蜜，他可以早上只帶一個便當上學，下午二、三點放學，只帶一個空便當回來。其他的，就隨意看看書，涉獵人生各方面的活動，但是等他找到有興趣的地方，等他找對方向他就會全力以赴。在大學、研究所，我們的求知、努力，比他們差很遠。我們青年唯一的目標就是進大學，進去了很少不畢業，所以整輩子的努力，就是往這個方向，這是我們引以為憂的，因為進了大學已精疲力竭、智慧衰竭，成了智慧上的早衰症。而不像人家找到目標後，可以花卅年、四十年，好好地為自我實現去努力。

我們可以信手拈來，舉幾個例子。如最出名的史懷哲，他卅歲就名滿歐洲成為著名的音樂家。但他認為：「音樂只服務少數上等社會的人，不是我所追尋的。」於是他開始進入醫學院，念到三十八歲，然後到非洲去為土人服務。這是很著名的例子，這個曲調可能很高。但就我們年輕的這一代，我們心態上應如何確定自己的目標，來自我追尋，這個例子值得參考。

有人估計,這一百年來,人類的青春期提早了,青春期延長了,在青春期,性的特徵開始出現,以前大約是十五、六歲,現在大約十一、二歲,青春期就開始了。青春期結束大約二十一、二歲。所以整個時間, 對青年而言, 大約十年時間, 讓你嘗試生命中該走的方向, 追尋自己的自我認同。很多人在此十年經歷很多挫折,因為青年所要追尋的,有人稱之青年的四個大夢——知己的朋友、人生的價值、良師益友、事業,這些都不是容易得到的。這期間年輕人會有挫折,會有很多不得已的苦衷,我引一句話說明我們面對的現實,這句話是這樣的:

現實可能是痛苦的、冷酷的、危險的,但是現實改變得很慢,所以我們所能做的,就是以正當的、負責的方式來和現實對抗,負起整個行為的後果。

年輕人一定要有這個觀念,這樣才覺得在生命歷程中沒有白活。下面舉幾個例子來說明自我追尋的一些參考原則,第一點就是自我的接納和尊重: 有兩個姊妹都是省立好高級中學畢業,兩姊妹自認功課很好,去考大學,却都沒考上。姊姊從此一蹶不振,本來長得很好看的一個女孩子,喪失了信心,講話也不敢講,畏畏縮縮的,就找個會計辦公室當服務員,一、二年後我見到她,好像快三十歲的樣子。妹妹能面對現實生活,首先準備郵政人員特考,考取後在郵局上班,接着又通過普通行政人員考試在郵局內得到升遷的資格。她的生活有計劃,能接納自己,接納現實。她充滿對生命的毅力和堅持,她和姊姊只差一歲,但是心態完全不同。所以年輕人不管你的現狀怎樣,你要能接納自己,以自己所有的力量和現實對抗。

有人研究,當升學主義陰影籠罩之下,那些人是失敗者? 永遠起不來, 那些人可以東山再起? 一種是很乖很用功的, 常常經不起打擊, 聯考放榜了, 父母親不忍心責備他, 他已經那麼努力了, 父母只

能跟他說：出題的老師不會出，題目出得太差了，還有評分的電腦也不準。他自己想：除了那些以外，就是我自己智力不夠，能力欠缺，他開始對自己沒有信心。另一類是活潑、好動、好玩的，尤其是男生，他沒考取，被父母責罵，說他不用功，天天看電視、打球，所以考差了。他想：對呀！我努力不夠。這種人很快會站起來，他了解自己努力不夠，要多努力。他不在乎是否能克服困難，只要努力就好。而乖的、安分的、自認為很努力的人，一被打擊，就垮下來，這個心態就是我們現在要談的第二個問題，就是所謂內控的人。內控和外控在心理學上有兩個很大的差別：內控的人對失敗和成功，他會歸因於自己：我自己沒處理好、計劃不周詳、沒有好好努力。外控的人說：「天亡我也，非戰之罪也。」這是外控的人，他說「我命運不好，今年考試，我認為不重要的，却考出來了，所以被當了。」或者女朋友吹了，則說「我不曉得她不喜歡去純吃茶，偏帶她去，所以吹了。」「我找不到工作，是因為社會上要靠人際關係，像我這種耿直正派的人，不走門路，所以找不到事做。」他把原因歸於環境、外在因素。這也是外控者與內控者的區別。所以第二個我們要強調的是年輕人在他的生命過程中，要訓練、培養、薰陶內控的特性，就是「一切成敗操之在我」，在這裏我們有很多例子，他們都是典型的內控者，比如現在大家都很熟悉的侯金水，這幾天中國時報大力介紹他。侯金水只有小學畢業，他的生命歷程充滿挨餓受凍，而且沒有人事關係，他是製陶工人，他覺得只做陶土器具不是人生的方向，應該自己設法另尋人生的途徑。以後他就自我磨練，從對藝術的執着薰陶中，找出了他的門路。他對悲劇的特質非常敏感，所以他去澎湖觀察難民，到醫院看受苦的病人，然後把他們的型態雕塑出來，在藝術界造成很大的轟動。這是典型的內控的人。他不因本身的條件不好而放棄。另一個例

子是文學家王尙義，他寫的野鴿子的黃昏，很受年輕人喜愛。他家人告訴他念醫科才有出息，所以他念了臺大醫科，我們知道臺大醫學院每天要開夜車到三、四點，然後剩下的時間還要寫作，所以他在短短的三十幾歲就死了，這是很傷感的例子。年輕人如果能找出自己的方向，全力以赴，他就是龍；如果他的方向是被別人指定的，他就是一條蟲，差別就在這裏。因爲如果你找到了自己的方向，你就充滿了歡欣、喜悅，你會全力以赴，在裏面所有的動機、創造力，全部源源不絕的出來了。如果是人家指定的方向目標，你可能像例行公事一樣，隨便敷衍一下，那你能力的發揮可能不到你應該發揮的百分之一。這就是現在心理學家說的：我們潛能的發揮，一般人都沒有發揮超過十分之一，這是很可惜的事，因爲我們都接受了太多外在的價值導向。

不管你對電腦有沒有興趣，很多人都準備去念電腦。有些人可能對電腦的興趣不如文學，可是他一定要花時間在電腦上。有一個留美的物理學博士，他喜歡的是人和人間的相處，有關人際之間互助方面的問題，可是他爲謀生去念電腦，他很感觸的說：「日子像行屍走肉一樣，因爲每天坐在電腦前面，設計程式，對我而言，是枯燥的。」不知道我們有多少人在走這個方向，失去內控自主的能力，而變得相當外控，這是我們第二點要講的：年輕人在自我追尋過程中，應儘量薰陶培養你的內控能力。

第三點是自我概念的問題，自我概念是年輕人成長過程中的關鍵因素。有人說我們的心理需求有兩個層面，一個層面是愛與被愛，另一個層面是要覺得自己有價值感。有一個心理學家提出人的需要層次，從最低到最高，可分爲五類：最低是生理的需求：不挨餓、不受凍；其次要安全感：不被搶劫、綁票、不擔心失業；再上去一個層次是愛和歸屬：希望屬於一個團體，有人愛你；更上去一層是希望被尊

重，希望別人覺得你有價值；還有少數人達到最高層次：自我實現的
層次。當他被尊重了，在學術界很出名、在事業上很成功了，可是他
還是花比我們更多的時間。如愛因斯坦，他成名以後，每天還是很早
就到普林斯敦高等研究所，拿起紙筆，坐下來構想，每天花的時間比
別人更多。我們也知道李卓皓博士，他在實驗室泡的時間，比他指導
的研究生多好幾個鐘頭，這些就是屬於追求自我實現的層次。

對年輕人而言，愛與被愛和價值感可以合併起來，作為自我認同
的需要，要曉得我是怎樣的一個人？我在別人心目中有沒有價值？人
家對我有什麼看法？也就是追求自我認同的時期，在這個時期的年輕
人通常具有四種特性：⑴身心開始發展，很衝動，這與性徵發展有關
係；⑵開始發現自我：我是獨立的人，很多事應自己作決定，自己負
責；⑶相當理想主義，希望世界更美好，希望大家都很正直，一切都
很順利；⑷很順從團體。由於這四種特性的綜合，在青少年階段的年
輕朋友，往往對自我的認同感到迷惑。一來因為經驗不夠，如初航的
船一樣，而人生又只能活一次，所以非常徬徨迷惑。努力尋求自我的
認同感。在這種時候形成積極肯定的自我概念是非常重要的。茲舉一
個心理學上的研究，來說明自我概念和期望的影響力。

有一位心理學家，從程度相等的某一班學生中，每隔五名就抽出
一名學生，指定為資優組的學生，另一半學生則被指定為普通組。這
一位心理學家對該班老師說屬於資優組的那些學生智力高、學習能力
強。事實上，資優組和普通組的學生程度相當。在學期開始給學生作
各項學業成就測驗，到結束時再作一次測驗。結果顯示被心理學家指
定為能力好、智商高的資優組學生，成績遠超過普通組的學生。這種
結果的產生，是因為其中有所謂期望的影響在裏面。當老師認為某些
學生的能力很好，上課時對這些學生就會有較高的期望，常常提問題

問這些學生，也鼓勵這些學生發問，給較多的時間讓這些學生去思考問題的答案，答案正確，老師就親切地加以鼓勵。老師為了公平起見偶而也會問普通組的學生問題，但是因為對他們期望較低，所以等候回答的時間，可能較短，學生獲得稱讚的機會也就較少。就這樣，資優組的學生，由於老師對他們的期望高、讚許多，使他們更有自信、更努力、表現愈佳、自我概念愈積極肯定；而普通組學生的自我概念就沒有那樣的積極肯定。

一個人如果有和成功認同的自我概念，他就可能成功。如果有和失敗認同的自我概念，他的一生可能就跟失敗脫不了關係。所以，我們要鼓勵的是當你在自我追尋中，千萬記住要有一個成功的自我認同。

另外，有一個心理學上很出名的 ＡＢＣ 理論，這個理論是這樣講：一個事件是Ａ，情緒的結果是Ｃ，個人內心對Ａ的定義或解釋是Ｂ，也就是說有了Ａ，會帶來怎樣的Ｃ，完全看你自己怎樣解釋。

所以有的人失戀了，想我是沒有價值的男人，誰都不喜歡我，我去吃香蕉皮吧！我這輩子只能靠電腦徵友了。最近我看電視，感觸很深，有好幾個大學生，被問到為什麼參加電腦約會，他說：「因為我曾交過很多女朋友，三教九流都有，有的帶出場要二千塊，完全是敲竹槓嘛！我算來算去，電腦約會最經濟、最划算，大家心裏有數，不兜圈子，不耍心機。」我覺得這個念頭是種危機，因為他缺乏這種觀念：以我的人品、我的努力、我可以和人家建立好的友情，然後產生愛情，他要的就是：好！我們大家很快的進入情況吧！這是最經濟的方法。他用經濟來計算這些問題。這就是ＡＢＣ的關鍵，對一件事情發生了，你認為他有什麼結果，完全在你的考慮。就和剛才內控的心理一樣，你聯考失敗，你要如何想？那些文靜、用功的女孩，他解釋說：我的腦筋不好，什麼都記不住，我的能力不足以念大學，他這樣

想，於是心灰意懶。

　　另一個男孩子想：我花的時間太少，憑我的腦子應該可以考上大學。是我天天打球、遊玩、交女朋友，所以考不取，現在要開始努力。所以他很快就會靜下心來。所以，關鍵的因素，就在於 B，也就是在於成功的認同。當你有成功的認同，你會自尊、自愛、自重。你有成功的認同，就不會跟騙子、混混湊在一起。當你有成功的認同你會相當有自信，就是這種自信，使你在遇到挫折時，毫不畏縮，繼續努力，直到成功為止。

　　有一首小詩，很抽象，但寫得很好。它是這麼說的：

　　當我仰望天上的朗星，

　　懷着摘星的志願，

　　對於身邊的瑣事，我再也不那麼掛念。

這首詩給我們相當大的啟示。看得高、看得遠的人，對身旁瑣碎的事，不會花很多時間去煩惱，不會有太多焦慮。不會這麼想：「他的生日宴會竟然不邀請我，看不起我，還有，他每次看電影，只邀阿花，不邀我。」心理學上有一個名詞叫做精力的分配。當你把精力分配到雞毛蒜皮的瑣事，你的精力就分散了一部分，你就無法對某些事全力以赴。所以如果你有比較高遠的志向，對於別人說你的壞話，對你不大禮貌等等，就不大在乎，這會使你變成比較開朗、樂觀、有彈性，也就比較容易成功。所謂的自我概念，ＡＢＣ理論對於青年人的自我追尋有相當的幫助。

　　這裏舉一個傷感的例子。有個女孩，她是生物學博士，在國外找不到事，她對別人說：「我今日之成為我，都是臺灣的教育方式害了我。臺灣的教育沒有建立我的信心，使我在這裏放不開，覺得自己不

行。」所以她和先生常常吵架，因為她覺得以一個生物學博士，在家帶孩子是個委屈，她跟先生說：「家就像監牢，我就像牢裏的囚犯。」這完全是一種心態、一種自我概念的問題，她怪的是臺灣的教育，使她只會K書，只會進北一女、臺大、拿美國博士，使她缺乏彈性，沒有信心，這個問題實在很難回答。我們的教育，也許在這方面是個問號。學校教育只叫你K書，以達到某一個目標，而那個目標不是自己訂的。可能太狹窄，可能像鑽木取火，那個目標可能是留學、拿博士學位。目標達到後開始感到茫然。所以這幾年，她一直在家裏，覺得自己是囚犯，關在家庭的監牢裏。這就是自我概念的問題。

　　第四項是達觀進取的心態。現在心理學和生物學，在這方面進步很大，已有證據顯示：樂觀的人，在心理上，會刺激一種叫做「腦啡」的東西。「腦啡」是中國籍科學家李卓皓博士發現的，腦啡發現的經過很有趣，他發現很多動物有吃苦耐勞、堅忍不拔的性情，其中最有代表性的駱駝，駱駝不吃不喝，很久都沒有問題。用刀子戳它，很久才有反應，它就是這樣堅忍不拔。為什麼它跟別的動物這樣不同？於是李卓皓博士就叫一個阿富汗學生回國度假時，把駱駝肉帶來作實驗。這個學生就帶了二、三十磅駱駝肉回來，他就一直分析，分析出其中有一種激素（荷爾蒙），那個荷爾蒙就是控制人的焦慮、痛苦、快樂、興奮的關鍵。樂觀的人會在腦下垂體分泌那種激素，也就是腦啡。腦啡會使他們更能集中精神、更有精力。悲觀的人，他那方面的腦啡分泌就被壓抑了，他的精力不夠。所以剛才提到大專聯考的落第生，也有人做這方面的研究，發現落第生起初幾個月的反應是，整天不管怎麼睡都睡不夠，睡了十幾個小時，還是覺得累。而有的人很快就會恢復，這就是腦啡起了作用，使他振作奮發。有的人就完全沒辦法，整天覺得很累，不能提起精神，所以我們要鼓勵的是樂觀進

取，但是樂觀進取不能盲目，要追求生活的意義。

富蘭克在所著從集中營到存在主義這本書中寫了一段話很有意思：假定你現在已是暮年，正在翻閱一本你自己的傳記，你回顧你的一生，一直看到現在生命的這一章，如果你有能力改寫這本自傳的下一章，你要怎麼寫？也就是說怎樣寫生命的下一章？完全在我們自己的手裏。富蘭克治療過很多精神頹廢、心情沮喪的人。他治療這些人，常給他們一個題目：你現在活着，是為什麼？何以問這個問題；因為根據他被關在納粹集中營的經驗，他發現很多人經不起長期的囚禁、隔絕、失去自由，就開始萎縮，有的人像蝦子踡曲在牆角，不吃不喝，死了；有的人瘦瘦的，但是很堅毅的活下去。他很好奇，何以在同樣的生存空間下，有兩種不同的人？他就問那些活着的人，他們的理由很簡單，有一個人說：「我有個女兒，我和她分手時，她才二歲，現在大約七歲了，我期待能看看她。」另外一個說：「我一直想寫一本書，當我被抓時，寫了一半，我希望能把那本書寫完，所以現在還死不得。」每一個人都找出他活下去的意義，一定要找出一個在生活上能對自己交待的理由，要自知為什麼活着。所以說：樂觀有福，樂觀對身心有幫助，要找出生命的源泉，使自己活得更愉快。

第五點：在年輕人自我追尋中，希望能積極主動和同輩團體交往。但是不要僅限於此，要超越同輩團體。這話怎講？我們回憶一下我們生命中作抉擇的轉捩點是什麼？大概常是同輩團體的影響。有一位電影界的新人影評說他身高一八〇公分，可以和任何女星配戲，可以大紅特紅。他也自以為如此，就去參加拍片。可是後來並沒有任何傑出成就，倒是學了一些浮華的嗜好。有一次他因為情緒惡劣，甚至打了佣人。報上登他患了精神病，就被送入精神病院。以他的條件，應該有好的表現，但他只接受同輩團體浮華生活的一面，沒有自我超

越，實在可惜。

相反的有一位年輕人，他沒有考取大學，就去火車上當打掃工人，一邊工作一邊準備考大學，結果考取了。他對生命有執着、有理想，他的生活過程也許不如意，但他總是達到自己要達到的境界。

但我們要考慮超越同輩團體的文化，因爲同輩團體有時候不够成熟，有時候給我們的激發只限於某一層次，所以我們不妨找一些年紀比我們大、在各方面有更多見解的師長、親友，多和他們談談、聽聽他們對人生的體驗，這樣有很多好處。他們犯的錯誤，我們不會再犯；他們的心得可以告訴我們，這樣我們在自我追尋的路上，不會一再跌倒、一再受挫折。所以我希望年輕朋友，**多多**主動跟其他人交往，在朋友中找出特殊見解、不同能力的人，和他們交往，從他們那裏獲得啓發。甚至超越同輩團體，從年紀較大、智慧較高的人那裏獲取經驗。

最後一點是：自我追尋的過程中，有一點很重要，務必在找到方向後，全力以赴。

有一位畫家名叫吳炫三，他曾經在決定要不要追求藝術生涯？要不要對藝術生涯作一個全力以赴的舉動？如果要的話，必須辭去藝專的工作，回來後，藝專不一定有工作給他。但他考慮再三，賣了房子，辭去工作，到非洲去住一年，專心在非洲觀察、畫畫。我們社會上有多少人能這樣做？當我們找到目標後，下很大的決心，然後採取行動。大家看到吳炫三最後的成功，但他前面所下的決心，很值得我們效法。當他抱定一個目標立刻就毅然決定，把職位捨棄，然後全力以赴，去做自己要做的事。這樣做不能保證一定會成功。但這樣做，會過得比較有意義，在自我追尋的路上，比較對得起自己，自己的生命火花較容易激起來。

附錄二、談自我認同

　　什麼是自我認同，簡單地說，你認為自己是誰，你對自己有什麼想法，假定我是一個生長在鄉下的女孩子，長得不漂亮，ＩＱ只有八十，對自己有什麼看法呢？聽說ＩＱ八十的人，走路可能不穩或邊走邊流口水，聽說醜女多作怪，所以我講話會彆彆扭扭的，這就是我。可是我必定要如此嗎？這就是我們今天要談的主題，怎麼培養自我形象？避免受刻板印象或期望的影響。把自我給限制或拘束了，而要設法突破與設法超越。

　　首先，我們談談，是否醜女就會多作怪呢？有人對這問題很好奇，作了一個研究，選一些男孩子，讓他們看一些女孩子的照片，有漂亮的、有不漂亮的。叫他們描述對這些女孩的期望，那些男孩看到長得漂亮的，就認為她們一定性情很溫和，講話很動聽、悅耳、親切；不漂亮的女孩，可能彆彆扭扭的，性情古怪，這是男孩子的看法。然後給他們電話號碼要他們和照片中的女孩子通電話，結果跟認為漂亮的女孩講話的男士都很客氣，因為他們期望這些女孩都很溫和，講話甜言細語，所以他們表現得文質彬彬謙恭有禮，而那些女孩完全符合他們的期望，表現也很溫和可親。相反的，男孩子心理覺得那些不漂亮的女孩子都是怪怪的，因為她們對自己沒有信心，我不必跟他們有太多的週旋，所以講話冷冷地，女孩發現男孩冷冷的，也不知如何應答才好，表現也就不很得體。因此，男孩就會在心裏說「對嘛！我說嘛！醜女多作怪，彆彆扭扭的」，所以醜女也就如此被刻板印象塑造成怪怪的樣子了。

再舉一例，如果你是男生或女生，受到男與女的刻板印象影響很大，除非你是英雄豪傑，你才能突破這些形象。有一個實驗把出生嬰兒的哭聲錄下來，然後告訴護士說「這些是男生」，護士會說他們的哭聲、雄壯、有力、男性的形象都出來了，把相同的錄音放給護士聽，告訴護士說「他們是女生」，護士會說他們的聲音很溫柔、很文雅、有淑女風範等，這就是刻板印象，你身爲女生，人家就認爲應該這樣，身爲男生就應該那樣。

在教育上，有一種刻板印象其影響很大，即所謂標記的作用。有人拍了一班正常學生在教室活動的影片，然後向一羣大學生說這班學生是資優班，智力高，天份很好，影片看完後，要他們描述對這些女孩子的印象；同樣的影片改稱爲益智班，給另一羣人看，也讓他們描述，結果一組描述爲天眞活潑、自動自發、充滿求知好奇等等資優班的刻板印象。但另一組却描述爲沒有辦法控制自己的活動、如坐針氈、沒法專心自己的工作、呆頭呆腦等等益智班的刻板印象。總之，刻板印象一產生，所有的感官訊息就會往這方向解釋。這個實驗的結果，在教育上帶來很大的影響。帶來所謂回歸主流的運動。

有一個放牛班，班上的女孩身高都在一百六十公分以上，發育各方面都很好，可是人家說她們是放牛班，所以她們的自我觀念就是四肢發達，頭腦簡單，不必用功唸書的，她們完全如刻板印象對她們的期望一樣，上課打毛線、遞紙條，全班傳橘子，一人吃一片，她們認爲放牛班不是唸書的班，這是很嚴重的現象。如果你是放牛班，你就應該有這種表現嗎？自我形象的建立可能就會被限制住了。

如果你是喜歡喝酒的，是否是「酒不醉人，人自醉」呢？有人對這問題很好奇，就作了個實驗，告訴一組受試者說「你們在喝酒」，告訴另一組受試者說「你們在喝果汁」；而在被告以喝酒的那一組中

又分爲二組，一爲眞正喝酒，一爲喝果汁。被告以喝果汁的那一組也分爲二組，一爲眞正喝果汁，一爲喝酒。告訴他喝果汁却給酒的，他一定會知道，實驗者考慮到這個問題，所以所用的酒是馬鈴薯釀製的俄國伏特加酒，透明的、後勁很強，和果汁混一起，喝不出來，就這樣，被告以喝酒的受試者中間，有的喝酒，有的喝果汁；而被告以喝果汁的受試者中則有的喝果汁有的喝酒。那一組會醉得厲害呢？告訴他喝酒而且眞的喝酒的醉得最厲害，其次是告訴他喝酒却給果汁的。因爲受試者期望喝了酒手會發抖，講話較隨便。所以當他喝果汁時，手也發抖，對女孩也輕薄起來。他醉得比以爲是喝果汁其實是喝酒的人還厲害，這眞是「酒不醉人，人自醉」。是行爲表現受到期望影響的後果，

有位外國朋友只要見了人就告訴別人他ＩＱ一百五十，因爲這是他一輩子記得最牢的數目字。每次到他家，都看他坐在搖椅上，抽大蔴烟聽熱門音樂，笑咪咪地，一副麻醉之後的樣子。學期末了，這位仁兄却每科不及格。這種人以爲ＩＱ一百五十的人不須要唸書，但結果却每科都當掉，這是很可笑的現象。反過來說，一個ＩＱ八十的人，父母可能不打算讓他考大學，老師也告訴他「免唸了，沒有希望」他大概可以娶老婆，但最好不要生孩子，因爲可能會生個小呆瓜。找工作也不要想有所成就，混口飯吃就差不多了，如果他也這樣想，那他的自我形象就被捏死掉了。現在有人就對ＩＱ的觀念加以反駁，因爲ＩＱ的基本假定是認爲所有的人學習的機會均等，你在智力測驗上得分多少就代表你智力的高低。但是，這個前提有問題。事實上我們每個人的學習機會並不均等。現在有很多孩子從小就聽媽媽唸故事，有的家庭還有蘋果牌電腦，幼稚園就玩電腦遊戲。所以彼此的學習機會並不是均等的。有的學者就認爲智力的差別是由於缺乏思考

技巧的訓練。除了一些先天有生理缺陷的例子，就一般人而言，智力比較低，是因為思考訓練缺乏。有一位以色列心理學家，認為智力事實上就是學習的能力，而我們的學習機會都不均等，所以現在要從提供學習機會改進思考的技巧着手，來增進學生的智力。他設計了一些訓練思考的方法。 例如， 用兩種不同的金屬製成刀双的兩面， 用火烤，刀子往這邊彎，往水裏插，就往另一邊彎，讓小朋友去思考，為什麼？因為膨脹係數不同。熱脹冷縮的原理。例如畫三個重疊的大小不等的正方形，讓受試者把方塊的周圍塗黑，使最大的方塊變成在最外面，小方塊在最裏面，而中方塊在中間。許多受試者很快就動手去畫，結果無法達到預期的結果。所以，就必須思考再畫。如此可減少衝動的反應，增加他仔細思考推理的能力。完成該項工作的原則是在外面的方塊必須形體完整，在裏面的方塊被遮住了就不會是完整的。用這種方法訓練一羣智力都是八十的人，與另一組用傳統的課後輔導方式，訓練加減乘除、背書等， 相互作比較， 兩年後， 再測一次智力，結果接受思考技巧訓練的一組受試平均智力是一百零七，接受傳統課業輔導方式者，其平均智力是九十七。這之間眞是天壤之別。從ＩＱ八十不該進大學、 不該生孩子， 到ＩＱ一百零七， 不但可進大學，用功一點還可當醫生、當律師；不但可討老婆，還可慢慢挑，甚而可生個天才兒童，造福社會。如果你是被歸為ＩＱ八十的人，可能會認為社會應該養我，所以不大努力，靠社會的救助或住到養育院，糟蹋的人力資源眞是不可計數。 所以所謂智力高低， 你可以不加理會，所有外界加在你身上的標籤都可以摔開，而努力創造你自我的理想形象。

有一個研究，其對象是精神病人。目的在了解瘋子的自我知覺是否會影響其行為表現。首先把精神病患者分成兩組，要他們和正常人

玩牌：告訴其中一組，和他們玩牌者知道他們是瘋子。告訴另一組，和他們玩牌者不知道他們是瘋子。事實上是誰都不知道他們是瘋子。結果很妙，以爲旁人知道他們是瘋子的一組，就不按牌理出牌，愛哭就哭，愛笑就笑的。另一組以爲別人不知他們是瘋子的受試者，却出牌很精，甚至會想法子偷牌、換牌。這實在是很有趣的現象。

另外的一種刻板印象是有關性別角色。有一位全班是女生的女研究生就曾在班上說「我對婚姻很悲觀」，如果我們不用統計資料而由自己觀察，畢業後有成就的，男生占大多數，女生占很少，但是考進研究所的却大都是女生。女生有成就者較少，可能就是由於受到性別角色刻板印象的影響。有很多這方面的研究，我們可以舉幾個例：

有人給幼稚園的小朋友兩類玩具，一類是女生的玩具，例如很漂亮的洋娃娃，會走路、會流眼淚；一類是中性的玩具，很平庸，不精美，把這兩類玩具，給幼稚園的男孩去選，結果他們選很不好玩、不精美的中性的玩具，死也不肯選那屬於女性的玩具，大男人怎麼可以玩那娘娘腔的玩具。幼稚園的小男孩就有這種男女角色的觀念，社會對男生的不可有娘娘腔的表現要求很強、壓力很大，因爲強烈的性別角色期望的差異，所以不管在成就、交遊、感情等方面都造成很大的區別。

根據研究，女生到大學以後，強調的是社交能力，怎麼使自己更嫵媚、更動人，釣一隻大金龜。或許父母也會告訴女兒說，你眼睛張大一點，好好找一個有出息的男朋友。而男生就不同，大丈夫不可不得志，好好下功夫，找個熱門科系，那時女孩會排隊；所以女孩到大學著重打扮、談吐，男生則可不修邊幅，開始K書，準備各種考試，ＧＲＥ、托福等，男女彼此努力的路線就分開了，成就也就不一樣了，但是男女的能力是否一樣呢？史丹佛大學心理系一位女教授的研

究結論，男女的差異有四：(1)女孩語言能力較強；(2)男孩數學能力較強；(3)男孩空間能力較好；(4)女孩比男孩不具攻擊性。男女的眞正差異只有這樣而已。甚至有人想設法推翻數學能力的差異這一項。認爲數學能力不該是男生比女生好，可是爲什麼男生永遠考得比女生好，尤其美國在ＳＡＴ（學術性向測驗）上男生永遠比女生在數學的平均數上較高。有些人，尤其是婦女解放運動者，特別反對男生數學能力比女生強這種結論。於是展開調查，而有這樣的發現：女生選數學課的鐘點少，女生回家花時間作數學作業較少，而男生下的功夫多，所以努力爲主要的差異，而不是天賦的能力。照剛剛所談，男女的差異不太多，但因爲某些刻板印象而使女生形成心理學上所謂成功的恐懼，害怕太有成就會成爲老姑婆沒人要了。男孩子到四十歲沒有結婚，人家會說風流瀟灑；女孩四十歲沒嫁，人家會說陰陽怪氣，有多少人能衝破這些刻板印象，建立自我的形象，尋求自己的方向，這是很不容易的。

在社交上，有人研究發現未婚的非處女絕大多數是認同傳統的性別角色，認爲抓住一個男孩子是一種榮耀的事，爲了一個男孩的追求可以答應任何要求，所以根據調查的結論，未婚的處女與非處女的比較，在性別角色的傳統與現代觀念上，未婚的非處女很多是具有傳統的性別角色觀念，可能爲了承歡男友而儘量答應他的要求，常常造成很不幸的結果；相反地，一個獨立自主的女孩子，會考慮懷孕、未婚媽媽等等，而不惜疏遠男孩，也不會隨便答應，這就是因爲她具有現代化的性別角色的觀念。

有人常問從血型看個性，到底準不準？有一位年青人因爲講話不修飾、不委婉，得罪了不少人，可是他自己辯解說：「因爲我是Ｏ型的嘛」，照這樣說，如果ＡＢ型就應該陰陽怪氣了，這種自我形象太

被刻板印象所束縛，實在是愚不可及。

　　再談人格方面，男孩或女孩找對象時，是應該互補或相似的人，研究的結果發現，沒有安全感的人，會找互補的，有支配性的對象。自我接納程度很低的人也會找互補的對象。反之，自我接納程度很高、自尊心很高的人，會找相似的對象。所以這是一種有條件的，不要相信一些刻板的觀念，認爲彼此人格互補的婚姻才會幸福。有的女孩會問「聽說女孩子最好高不可攀」，有人說「不行，要隨和一點」，到底應該如何呢？研究的結論是對一般人要高不可攀，對喜歡的人則要隨和一點。很多的準則，我們站在認知的層次來看它，都不應該是一成不變的。不要讓自己太過於受一些刻板的觀念所拘束。

　　再從另一個角度來看，自我形象以及期望所產生的力量。心理學家曾經從一班學生中隨便抽出幾位，然後告訴老師說這幾位學生很聰明、天賦很高，經過一學期，再作測驗，發現心理學家說是很聰明的學生，平均成績都比其他人高很多。可是明明是隨便選的，爲什麼會這樣呢？從觀察所得的資料，發現有下列幾點現象：如果我是老師，聽說某個學生很聰明、能力很好，我會常常問他問題，也許他不會回答（因爲一開始他是和一般學生沒有兩樣），但我心裏想他很聰明，所以會期待他的回答，當他答對時，我會說「太好了，眞不錯。」但對於不是被認爲很聰明的人，可能偶爾問問他，也不會期待他的答案，所以等了兩、三秒他沒有回答時，我就說「坐下、坐下」，他也就沒有得到任何鼓勵。有人對於這種期望的自我應驗很有興趣，就把這種實驗移到工廠，也是隨便點五個焊工，告訴訓練的老師說這五名焊工很有天賦、學習能力很高、智力各方面都很好；到結訓時，這五個工人的平均成績較其他工人高出十分，被選爲模範工人，並被其他同仁選爲最喜歡一起工作的伙伴。和教室的實驗結果一樣。造成這種

期望的自我應驗之原因，可歸納為四點關鍵因素：(1)氣氛：對期望他很好的人，總是很親切、很友善，對認為平庸的、泛泛之輩，對他期望不高，態度會較冷淡；(2)回饋：對於認為聰明的人所提供的答案，會給予回饋，告訴他什麼地方錯，什麼地方答得很好；對於平庸者就沒有回饋，所以他無法改進；(3)輸入：對於期望中的優秀者，老師會告訴他那裏有資料、參考書，提供他很多資訊，或告訴他老師自己的學習經驗；(4)成果：成果出來後，知道自己的對錯在那裏，再精益求精。這就是自我應驗的預言，這種預言在生活中扮演的角色非常重大。所以不管你是能力很低、是女性或瘋子，加上某些標籤，你就認了，認了你就一輩子翻不了身，永遠作命運的犧牲者，就受命運所主宰，受命運所擺佈，這是個很耐人尋味的現象。

再談談感情問題，有人作過實驗「到底怎樣才表示自己在熱戀」，有人認為熱戀應該像觸電一樣，心跳加速、血管膨脹，是否有人傻到以為有了這種情況就表示戀愛了。有一位心理學家作了一個實驗，叫一個很漂亮的女孩子到一座吊橋上和男性受試者會面，這座吊橋很不穩，中間還有縫，風一吹吊橋還會擺動，這個女孩和男受試者走到吊橋中間，讓男受試者看一些圖片並說故事；另一個實驗情況同樣這個女孩子，但在安安穩穩的地面上，也是讓男受試者看圖片並說故事，結果以為心跳加速、血管膨脹就是戀愛的男孩，紛紛打電話約這位女孩子，他分不出為什麼當時他會臉紅、心跳加速，事實上他可能是緊張，因為吊橋上危險，可能會掉下去跌死，而他卻受錯誤歸因的影響以為自己愛上對方，統計結果，在吊橋上的男受試者打電話約會這位女孩子的人比在平地上的男受試者多一倍，這是很妙的現象。

如果你是家長，聽心理學家講「小孩子記憶力沒有大人好」，所以不要讓小孩去記那麼多。而且世界著名的心理學家皮亞傑也認為「

一定要發展到某種認知層次,才會有歸納、抽象等等能力,小孩子沒有這些能力,所以記憶力一定不如大人。」在美國有一位華裔女心理學家,要挑戰這個理論而作了一個實驗,實驗的對象是一位四歲半的小孩,他很喜歡恐龍,家裏有九本恐龍的書,幾十個恐龍的塑膠模型,各種恐龍名稱背得滾瓜爛熟。女心理學家要測驗這個小孩對恐龍的知識,測驗時分成兩類,一類是他熟悉的恐龍,另一類是他不熟悉的恐龍。要他分類並說出恐龍的特性,對於他所熟悉的一類恐龍,他會說出它們的各種特徵,並會分別出那一些是吃草的,那一些不是吃草的。這是抽象能力,是皮亞傑認為小孩子絕對做不到的。這位齊姓女心理學家又作了另一項試驗,她找了平均年齡十歲很會下棋的一些小孩以及棋藝平庸的一些成人,擺好棋盤,要他們看過以後憑記憶再擺出來,平均成人記對的有六顆而小孩記對的有九顆,於是再進一步,不限時間讓他們重新把整盤殘棋擺出來,結果小孩花費的時間不到成人的三分之一。所以她推翻了「小孩記憶力一定不如成人」的說法。她認為記憶力是受知識累積的影響,知識累積得越豐富,記憶力的能力也就越強。而不是因為年齡小記憶力就不好,所以金科玉律的觀念不一定正確。

能記得第一次進幼稚園的情形的人恐怕很少。根據估計,我們能記得最早的大約三歲半,再早的就記不得了。弗洛依德認為這是壓抑,小時候有錯綜複雜的情結如戀母情結、戀父情結,所以不願意記它而壓抑下來,存在潛意識裏。但是現在的研究認為這種觀念是錯誤的。兒時往事不復記憶乃是因為小孩與成人之思考方式的不同。小孩還沒學會語言文字時,其所用的記憶方法是憑感官的刺激以及情緒的經驗,而成人有了語言文字,其記憶的方法是一種知性的記憶,是刻意思考的結果,小時候的感官記憶是用聽、觸、嗅覺,記得的都是感

官或情緒的經驗。有人記得最清楚的是小時候被隔壁的土蕃鴨咬屁股
的事情,土蕃鴨又肥又凶,最喜歡追他,小時候這種情緒的經驗記得
很牢。有一位研究所的學生,他記得最牢的是小時候腦袋穿進木製窗
框轉不出來的經驗。很多實驗證明人在快樂的時候會記得快樂的事,
悲傷的時候會記得悲傷的事,因爲這些都存在於感性的記憶裏。弗洛
依德用自由聯想的方法來恢復兒時記憶却是對的,弗洛依德所用的方
法是要患者躺着,然後自由聯想,拋開了語言文字的知性思考,而訴
之於感性,如果當時患者的心情是悲傷的,那麼就會想起兒時往日一
些悲傷的事情,所以弗洛依德所說兒時往事因壓抑而遺忘的理論是錯
誤的,但是他使用自由聯想以恢復記憶的方法却是很有效。

總之,我們嘗試從各個角度,談刻板印象的自我應驗以及期望的
影響。就是要讓我們能看出刻板印象的錯誤,要突破各種不合理的觀
念或眞理對我們所加的限制與拘束,要發揮自我認同、創造自己的理
想形象,描繪自己的生命藍圖。

第 3 章

理性情緒治療法

壹、前　言

　　理性情緒諮商法或稱爲理情治療法（Rational-Emotive Ther-apy），簡稱 RET，是臨床心理學家艾伯特·艾利斯（Albert Ellis 1955 —）於一九五〇年代所發展出來的人格理論與心理治療法。他把理性（reason）與邏輯（logic）介紹進諮商（或心理治療）的方法裏，此法最初被稱爲理性治療法（rational psychothera-py），後來才被命名爲理情治療法（rational-emotive psychoth-erapy）。

　　理情治療法主要的概念爲：情緒反應 C（emotional Conse-quence)跟着刺激事件A（Activating Event)而發生，A似乎是造成C的原因，但實際上C的產生是由個人信念體系B（Individual's Belief System）所造成的。故只要以理性來加以有效的阻止，便能終止困擾的產生（註一）。理情治療法與心理分析（psychoanaly-tic）、存在人文主義（existential-humanistic）、來談者中心（client-centered）、完形治療（Gestalt）等治療方法在本質上有

許多的不同；它較多偏向認知與行為取向、強調思考、判斷、決定、分析與行動，具高教導性與直接性，對思考層面的關切遠高於對感受層面。

貳、理情治療法發展的背景與由來

(一)先驅人物

理情治療法的哲學淵源可追溯自斯多葛學派（Stoic philosophy），如斯多葛學派鼻祖季諾（Zeno）、西塞祿（Cicero）、塞內加（Seneca）、伊比泰特（Epictetus）等，早期的文獻雖不復得，但從伊比泰特在第一世紀所著 The Enchiridion 中所記：人並非受事物（things）影響而困擾，而是他們對事物所採取的態度使然。許多哲學家也強調斯多葛學派的觀點：人類的情緒基本上源於他們的想法，若要改變他們的情感，必須先改變他們的想法。連弗洛依德（Sigmund Freud），在其早期的作品也曾提過這種說法（註二）。

理情治療法當代的先驅尚有現代心理治療家艾爾福‧阿德勒（Alfred Adler），他曾把人格 A—B—C 理論與 S—O—R 理論很靈巧的比擬在一起，並且反對傳統行為主義論的 S—R 理論，認為造成反應的乃是透過個體 O（Orgnism），正如造成困擾結果，並非刺激本身，而是透過個體的信念。其他先驅人物尚有：使用說服方式的治療法如 Dejerine 與 Gaukler；使用家庭作業（homework assignment）的 Herzberg（1945）；使用高度主動和直接方式的 Bernheim和Salter（1949）等。

㈡**背景與發展**

艾利斯早期在婚姻諮商中採用權威性資料提供給當事人，但他發現更重要的似乎不是資料或知識的缺乏，因爲當事人經過諮商後仍受到心理與情緒的困擾。從這時開始，艾利斯開始他一連串的轉變：

第一階段：艾利斯開始轉向心理分析，經過訓練後艾利斯發現雖然他的成果比其他心理分析學家來得好，但他仍然不滿意，主要的因素在於心理分析的被動與無爲，和他的人格、氣質都不相符。

第二階段：艾利斯轉向新佛洛依德派，繼而精神分析，整個趨向愈來愈主動與直接。

第三階段：艾利斯對學習理論（卽制約）產生興趣，並嘗試應用學習理論來反制約（deconditioning）當事人。其中這一階段，他發現這種直接、折衷的治療法頗具功效，但他仍不滿意。

第四階段：至此，艾利斯於1954發展他的理性治療法，稍後再繼續發展成理情治療法。他使用勸告、家庭作業、讀書療法（bibliotherapy）、行爲準則與直接面對困擾的方法來幫助當事人，經由理性思考的過程，改變不理性的想法爲理性的想法來解決問題。

㈢**現今的概況**

現在在美國有兩個理情治療的機構：The Institute for Rational Living, Inc. 成立於 1959 教導人如何過理性的生活；另一個機構爲理情治療進一步的研究機構，成立於1968。這兩個機構包括成人教育課程（教導成人如何理性的生活）、一年至兩年函授訓練計畫、治療診所、研習會與討論會、生活學校（Living School）以及專題論文、手册等出版物的發行。

參、基本概念

㈠人性觀

1.理情治療法假定人天生有一潛能: 既有理性、直線思考，又同時具有非理性、曲線思考。其氣質包括: 自我保護、快樂、思考、語言、愛、與人溝通、成長與自我實現，也同時有負向的: 自我破壞、逃避思考、耽延、重蹈覆轍、迷信、偏狹、完美論者 (perfectionism)、自我苛責與逃避成長潛能的實現。

2.人不必聽任早年經驗而被其犧牲。理情治療法堅信人有莫大的潛能， 可以實現他們的潛能， 並且人可以改變他們個人與社會的命運，理情治療法也相信事實上在人的天性中，常以爲人各樣的需求、願望應被滿足，否則他們常責怪自己或他人。

3.理情治療法強調人的思考、情緒與行爲是同時發生的，認爲感情的引起乃由於特殊情境的知覺所致， 故爲了解自我擊敗 (self-defeated) 的行爲時，人必須了解他是怎樣感受、思考、知覺與行動的。不理性的思考便帶來情緒或心理的擾亂。

4.不理性的思考根源於早期不合邏輯的學習 (父母、 文化的影響)；另一個相關的因素，亦可說是重要的因素，則爲自我語言（內在語言）的表達的結果，亦卽內心用什麼句子來描述一些事件；往往一個人的知覺與態度決定了這種表達。而正是這種持續的自我刺激造成了困擾的情緒與行爲，這也是心理分析的方法不足以除去困擾的原因，因爲心理分析對困擾的來源認識過於簡單之故。所以欲改變這種如自我擊敗的情形時，可使用重組知覺與理性思考的方法。

5.艾利斯認為佛洛依德的心理分析方法與存在主義方法是不正確的，因為二者的方法論不見效亦不妥當，艾利斯認為佛洛依德派對人性的看法是錯的，存在人文主義則部分是正確的。因為艾利斯認為人並不完全只是個受生物本能驅使的動物，人是獨特的，是有能力了解限度、有能力改變想法與價值、有能力對自我擊敗的觀念挑戰。他也不完全贊同存在主義對自我實現的看法，因為人的行為受本能的影響仍大。人的思考與情感是被制約成某種形式，縱使了解其行為是自我擊敗的行為時，仍會照樣如此。故艾利斯不以為遇到一個肯接納、寬大的、可信的治療者，能真正解決個人深處天性中自我擊敗的行為。這種說法與心理分析治療着重轉移（transference）、來談者中心治療與存在主義治療着重人際關係的說法是剛好相反的。

6.情緒困擾的持續，既是由自我語言所決定而非外在環境或事件（這種內在語句配合着對事情的看法致使情緒困擾益形糟糕），艾利斯以為必須從認知與思考來打擊負向與自我擊敗的思考與情緒，使思考變得更合邏輯、更有理性。

㈡人格理論

理情治療法對人格特質的看法與其它心理治療的看法在某些方面有明顯的差異：如神經官能症（neurosis）被定義為「非理性的思考與行為」，每個人多少都有這種情形，只因我們是人，也與社會中其他的人相處。精神病態基本上是學習來的，並經由孩童時期非理性信念的教導而惡化，但大部分我們是經由自我暗示與自我複誦，主動受錯誤信念的控制。理情治療法對情緒的看法是這樣：情緒乃人類思考的產物，我們想那件事很糟糕，我們便感受到很糟糕，情緒困擾乃由於不合邏輯、錯誤的語句，而造成情緒困擾最屬害的是苛責（blame）。要治療精神官能症（neurosis）與精神神經病（psychosis），都必

須停止苛責（對自己或對他人）。人必須了解一些嚴謹、不合理的語句是不對的，自我苛責乃是陷阱。

艾利斯曾擧出十一項不理性、迷信、無意義的觀念，他以爲人常會受到這種傳統的謬誤理念的影響，導致情緒上的困擾。艾利斯不僅對每一個謬誤都提出解釋，並也同時提出什麼是合理的觀念：

1.每個人絕對需要生活環境中的其他人的喜愛與稱讚。艾利斯以爲這種想法是不理性的，因爲這是個不可獲得的目標（unattainable goal），若人致力於此，他將變得更少有屬於自己的看法、變得更不安全及更多自我擊敗的行爲。人也並不一定需要被愛，因爲有理性的人不會把自己所有的興趣與需求都犧牲在此目標上，而是讓自己去表達愛、成爲可愛的人、具創造力與更積極的人。

2.一個人只有在他有充分能力、完美適應與良好成就時，才有價值。艾利斯以爲這也是一個不可能的事，反而會因致力於此，帶來更多的困擾與挫敗感。有理性的人應是爲自己的緣故盡力而爲，並不是要比別人好才盡力；是涵泳於活動（或工作）之中遠甚於爲結果而賣力；是學習遠甚於求取完美。

3.有些人是敗壞、邪惡的，所以應該受到苛責與懲罰。艾利斯認爲這個想法不理性，因爲事實上並沒有絕對對錯的標準、也絕少有自由意志。做錯了或不道德的行爲乃起於愚昧、無知或情緒困擾；每個人都是會犯錯的。而苛責或懲罰並不能帶來行爲上的改進，因爲它們不會使人更聰明或有更好的情緒，反而會帶來情緒困擾。有理性的人是不會苛責自己或他人的，但如果他人苛責他，他可以反省並改進；如果自己並沒有錯，也不必讓此責備困擾他。理性的人在別人犯錯時會去幫助他改進，避免繼續犯錯而非苛責或懲罰。

4.事情不如意是很糟糕的。艾利斯認爲這麼想是不合理性的，因

爲受挫折是正常的事情。因爲(1)理想與現實常會有差距；(2)因此而沮喪不僅不能改變情況，還會使情況更糟；(3)若無法改變情況，最理性的辦法是去接受它；(4)挫折可以不造成困擾，只要人不以爲獲得滿意或快樂是一件必要的事即可。有理性的人避免誇張不愉快的情況，而是盡力繼續的面對或是接受它。

5.不幸肇因於外在環境，個人無法克服。事實上，外在的壓力或事件等通常是心理上的，　也不會對個人造成傷害。　完全看人怎麼去想，內在的因素遠大於外在環境的影響。

6.對於不一定與或許會發生的危險或糟糕的事，應該不斷的給予密切的注意。艾利斯以爲焦慮或擔心(1)阻撓人對危險事件客觀評價的可能；　(2)會造成干擾；　(3)會促使事件的發生；　(4)導致誇張事情的可能；(5)不能阻止不可避免的事件；(6)製造更多更糟的事。有理性的人應了解潛在的危險並不足懼，焦慮不會防止它發生並會對人造成傷害，他所採取的行動是面對它來證明它不是很可怕的。

7.逃避困難與責任比面對困難與責任要容易。艾利斯以爲逃避只會帶來以後的問題、不滿與自信的失落，而且容易的生活並非快樂的生活。有理性的人會認識到具有挑戰、責任感與解決問題的人生才是令人愉快的。

8.人應該依賴他人，並應找一個更強的人去依賴。艾利斯以爲依賴會造成獨立、個別性與自我表達的失敗。它使人不能學習、沒有安全感。有理性的人是獨立、負責，只在需要時才尋求幫助才冒險。

9.過去的經驗與事件是現在行爲的決定因素，過去的影響是無法消除的。艾利斯認爲相反的，過去一些必要的行爲可以在現在並不成爲必要，過去的解決方法也不和現今的問題有關。過去的影響常會成爲一個人逃避改變自己行爲的藉口，其實要克服過去的學習並非不可

能。有理性的人認識過去的重要，更能以分析過去的影響來改變自己現在的情況。

10.人應該爲別人的難題與困擾而緊張或煩惱。艾利斯認爲別人的問題常與我們無關，也不必太過嚴重的關懷。卽使別人的問題確實與我們有關，感到煩惱，只會妨碍我們對別人的幫助。有理性的人會考慮是否別人的行爲值得煩惱，若眞是如此，就直接給予別人幫助來改變現況。

11.每一個問題都有正確而完美的解決方法，如找不到這種方法將是非常糟糕的事。艾利斯認爲這種想法之不理性在於⑴沒有任何完美的解決方法；⑵不能尋得一個解決方法的想像是不眞實的，但是堅持要尋得一個解決方法將帶來焦慮；⑶完美主義帶來更糟的解決方法。有理性的人則是嘗試不同的可能解決方法，並採納最好的一個或最適切的一個他能了解到並沒有最完美的答案（註三）。

若以人格理論的基礎來分，艾利斯曾把其理論分爲四個層面：人格的生理學基礎、社會層面、心理學層面與哲學層面：

1.人格的生理學基礎　理情治療法與其心理治療很不同的地方之一，便是十分強調人格的生物學層面。艾利斯認爲許多心理治療的看法非常不正確：總以爲人是輕易受早年經驗的影響以迄於整個人生，除非他能接受很好的中介如幾年的心理治療，就可使之丟棄那些過去的影響。艾利斯以爲那些心理治療確是偏向「環境」取向，其說法過於植基於生理學與遺傳學理論，傾向環境決定論。

艾利斯認爲理情治療在這方面則不會這麼偏頗，而認爲人通常是較偏向 X 理論而非 Y 理論，家庭與文化團體和人天然的氣質是一致的，個人與社會的改變需要相當大的努力；但人確實有這種莫大的潛能，可以改變自己與社會的命運。但其潛能具有雙向性的：能理性思

考亦能傷害自己。這種雙向的生物傾向包括:

(1)常受打擊，致使他必須改變思考或行動；很可能所欲改變的不是令人感到愉快的。

(2)十分需要許多特別有害的目標或事情來證實他自己需要什麼或喜愛什麼。

(3)一旦完全學了一些無效率的習性，要他去掉這種習性是相當困難的。

(4)仍舊附屬於孩童時期所學得的家庭方面、文化方面、宗敎方面、社經方面等的偏見與迷信。

(5)當他能清醒時總會對許多事情過度謹愼與小心。

(6)終其一生常與天生的需要起衝突——爲要向自己與他人證明他是比別人更優越、更無所不能。

(7)很容易由一個愚蠢的觀點跳入另一個同樣愚蠢的極端裏。

(8)常易停滯在自動化與不用思考的狀態。

(9)常易忘記什麼是有害的，卽使他已有相當的證據。

(10)常置身於許多一廂情願的想法。

(11)認爲持續有價值的努力與自制是很難的，所以一直偸懶和拖延。

(12)請求而非盼望別人公平的對待他，經常冗長的敍述別人對他的不公平。

(13)當他做錯事時總是全然的責怪自己、定自己的罪，遠甚於評估自己的表現。

(14)常易過度歸納（或概括）過去與未來發生的事。

(15)情緒低落時，常容易產生生理與身心性方面的影響。

照艾利斯的看法，人這種天然的傾向是與生俱有的，強烈地傾向

於渴望與堅持人生的每一件事都應是最完美的，否則他會苛責自己、他人與世界。唯有當他面對很大的困難時，他方才能成熟。但這並沒有否定馬士洛（Maslow 1971）、奧托（Otto 1968）、羅吉斯（Rogers）所謂人類自我實現的潛能；它只是常會被這種本能破壞罷了。

2.人格的社會層面 艾利斯以為人活於社會常花許多精力在某種期望裏，並常想要勝過別人，表面上來看，人確是「自我導向」（ego-oriented）、尋求認同（identity-seeking）、自我中心（self-centered）。但是更重要的是，人却常以別人的接納與稱讚來衡量自己的價值。對個人而言，眞實而健全的想法乃是與他人有很好的人際關係或是具有相當的社會興趣，似乎一個人的人際關係愈好，他就愈快樂。

但艾利斯以為情緒的困擾，常與個人太過關心或在意別人對他的想法有密切的關係，人似乎只有當別人對他有好評時才能接納自己，否則他就變得焦慮、依賴、沮喪。但事實上誠如存在主義者所言：人是世界中的存在，別人的評價確有其重要性，却不是最最重要的。換句話說，情緒的成熟乃是個人關切其人際關係與過度關切間的一個平衡。

3.人格的心理學層面 人格的 A－B－C 理論是理情治療的核心，A代表事件、事實、個人行為或態度；B代表對A的看法，C則為情緒反應。（如前所敍）A並非引起C的原因，B才是引起C的原因。例如人在離婚後感到沮喪；其中離婚本身並不是造成沮喪的原因，而是人對離婚的想法、信念：他感到失敗、被拒絕、失去伴侶，是這些造成了他的沮喪。艾利斯以為人大有責任改造他自己的情緒反應與困擾；人若能改變自己的想法為更理性，則會更愉快。

　　例如有人抱怨說：「我眞不能忍受這件事，它實在糟糕！它眞不該發生的！沒能避免它使我感到自己眞是沒用的人，都是你使我受累，你這個賤貨！」艾利斯分析這個不理性的想法之不當之處在於：(1)因爲這種想法不過爲一種假設，並不能在實際上有什麼效用；(2)它帶來不必要的情緒困擾：如焦慮、沮喪；(3)阻礙人囘到原事件Ａ去解決與面對的能力。艾利斯也同時解釋爲何這些想法是不理性的：(1)事實上他是可以承受這件事，即使他一點也不喜歡；(2)無所謂「糟糕」，因爲「糟糕」在本質上並不能定義，也沒有實際的參照，而他所以會感到糟糕，他乃是意味着很不方便、沒有效益罷了；(3)「這種事眞不該發生(存在)」意味着他自己是神，應該掌管一切。他不想要的就不應存在，這種假設是不能證明的；(4)他說自己是沒用的人，意味着他應該掌握一切，而他的失敗代表他的無用。艾利斯認爲這種說法有兩個不妥的前提：一爲整個宇宙應照他所想的、所命令的方式去進行，二爲假設別人都應照他所行的去做。

　　艾利斯也提到這種想法往往是惡性循環：(1)譴責自己做得很糟；(2)又因自我譴責而有罪惡感；(3)又因罪惡感與沮喪而譴責自己；(4)又爲譴責自己而譴責自己；(5)又爲不斷的譴責自己而譴責自己；(6)爲自己雖求助於心理治療却仍不見好而譴責自己；(7)爲自己比別人困擾而譴責自己；(8)導致一個結論：就是他確是無可救藥地感到困擾，並且沒有什麼辦法能解決。

　　整體來說，理情治療的基本人格理論爲：是人類自身製造了大部分的情緒困擾，這些情緒困擾是由天性本能與學習而來，再經由社會制約更加重這種傾向；但無論如何，人有相當大的潛能來了解他這種想法的原因，亦即人有特殊思考的能力能改變這種想法。只要人肯致力於思考與行動，並除去這種想法，他絕對可以有驚異的改變。如果

他能求助於具有高度主動、直接、教導的、哲思的、家庭作業方式的治療者，必然較其他的心理治療來得有效（註四）。

4.人格的哲學層面　艾利斯探討人格時，也從其它哲學觀點來論述；早期他所設計的理性治療法（rational therapy）之被放棄，是由於理性治療法會與其它「理性」治療以及那些他不接受的古典理性哲學相混淆。艾利斯同意新理性主義（neorationalism）把理性與邏輯應用於科學和眞理的探討；它是與超自然主義（supernaturalism）、神秘主義（mysticism）、教條主義（dogmatism）相反的哲學。艾利斯也採納現代存在主義者對生活目標的哲學，如 Braaten 的論點：⑴人是自由的，可以界定他自己的本質；⑵培養自己的獨特性；⑶與他人溝通；⑷個人的體驗爲至高權威；⑸除行動外無眞理；⑹人可以在努力中超越自己；⑺創造自己的潛能；⑻自己做抉擇；⑼人必須學習接受生命的有限性。我們確可以由理情治療法中窺出這些哲思的影響所在（註五）。

肆、心理治療的理論與實際

㈠心理治療的理論

根據理情治療的理論，引起情緒困擾的發生是因爲人命令、堅持與指定自己，必須使自己的期望與要求得到滿足；他要求在工作上一定要成功，他堅持別人要待他好、他命令整個宇宙要更和諧。痛苦因這種要求而來，艾利斯舉出理想與不理想的緩和情緒困擾的方法：

1.轉向（diversion）　正如給予一個正在哭的小孩一顆糖，可以暫且使他不哭，對於那些要求者可用轉向的方式來疏導。例如治療

者可以爲一個深怕被拒絕的當事人，安排一些能使他轉向的活動，如運動、藝術創作、政治參與、瑜珈術、靜坐、與他人諮商等活動。如此他就沒有時間、精力來要求或讓自己煩惱了。

2.滿足要求（satisfying demands） 用這種滿足要求的方法可能會使人有較舒服的感覺（但不是眞正的感覺很好），治療者可以給予當事人關愛與贊同，提供他有趣味的感官活動（如參與一個會心團體）， 教導他如何成功等， 但艾利斯認爲這種方法雖能使人感到舒服，却不是好方法，因爲這樣更增強了他的要求。

3.神秘的信念（magic） 艾利斯認爲有些人可藉着神秘的信念來滿足他的要求。如有人信仰上帝可以滿足他的要求。治療者在某種程度上可算是魔術師或巫醫， 可使當事人感到舒服， 脫去一切的困擾，但是艾利斯也說到這種方法常會導致可能的幻滅感（如自殺）。

4.放棄要求（giving up demandingness） 艾利斯認爲解決不理性的要求與情緒困擾，最好的方法是使當事人減少要求、而增加對自己、對他人、對世界加諸的挫折的容忍度，艾利斯認爲「轉向、滿足要求或神秘的信念屬於低水準、不理想的解決方法，只能用在那些沒有機會（或少有機會）接受更理想解決方法的人。理情治療的專家乃是徹底的減少當事人的要求、完美主義、誇張與偏狹。他們有三種方式來達到上述的目的； 卽認知上、情感上與行爲上三種不同的治療方式：

⑴認知治療：認知治療用的方法乃是讓當事人認識自己是一個衆所周知的要求者，最好他能放棄他的完美主義論調，否則無法過一個快樂而少有焦慮的人生。這種方法正向的教導他如何發現他所應該做的，必須做的，如何區分理性與不理性的信念，如何應用邏輯實證的方法來解決自己的問題、如何接受現實等。它的假定在於當事人是能

思考、能思想所思考的、更能思考所思想的思考；它能使當事人的思考更加敏銳；它是一種提供資訊，具有教導性、辯明性的方法。此法不僅應用如蘇格拉底式一對一的對話，更包括團體諮商，以及經常應用諸般不同的教導與推理方法；後者如手册、書籍、錄音帶、影片、圖表、電視錄影設備等。

(2)情感喚起治療（emotive-evocative therapy）：此法乃是將真理與僞理以戲劇的方式呈現給當事人以改變他的價值觀；如：

①角色扮演（role-playing）可指出當事人錯誤的想法在那裏，以及它們的影響如何。

②示範（modelnig）可教導當事人如何採用不同的價值觀。

③幽默（humor）可減少當事人荒謬的想法。

④無條件的接納（unconditional acceptance），指出無論情況怎樣糟，當事人仍是可接納的，也同時教導當事人像治療者一樣的去接納別人。

⑤忠告（exhortation）可勸服當事人放棄狂妄的想法而代之以更有效益的觀點。

此法進行的方式也有兩種：個別式與團體諮商式。治療者可讓他們以冒險（take risks）來建立人際關係；以表達自己、確認自己來接受自己的失敗，使他們創造屬於自己的情感。治療者亦可使用有趣的技巧，如感官的醒覺（sensory awareness），與其他團員的擁抱（being cuddle）等方法讓來談者了解他能愉快的行事，並能在他人不同意他的作法下，仍只爲樂趣而尋求樂趣。

(3)行爲治療（behavior therapy method）：行爲治療不僅可幫助當事人改變不良的症狀，更可幫助他徹底的改變他對自己、對別人、對世界的認知。治療者可使用下列方法來減少當事人過於求全的

要求：

①家庭作業。

②逐漸的冒險；如向其他異性請求約會。

③有意在某件工作上失敗；如嘗試在公衆中差勁的演講。

④想像自己在很糟的情境；如想像自己跳舞跳得很糟糕，別人正在取笑他的情形。

⑤參與他自己認爲有冒險性質的特殊活動。

治療者在誘導當事人進入差勁的情境後，便開始第二步的教導，使其能改變完美主義的想法，並能接受不好的情況：

1.做些艱辛的工作；如讀大學。

2.想像自己正備嘗苦頭，但不覺沮喪；如工作。

3.讓自己做件快樂的事，但必需在做完一件不愉快的事或必須要做的事之後；如在唸完法文後去看場電影或探訪朋友。

理情治療法通常都使用工具性行爲制約來增強當事人改變行爲（如吸煙或吃得過度)與不理性的思想(如譴責自己吸煙或吃過得度）。

整體而言，理情治療法的治療理論有許多種技巧，大部分也都奏效；但是艾利斯以爲一個有效的治療應包括：

1.時間上與努力都符合經濟原則。

2.儘速幫助當事人克服最差的症狀。

3.治療方法是對大部分不同的當事人產生效益。

4.對呈現的問題能給予較理想，較有深度的解決方法。

5.一旦當事人已達到治療效果，要持續這種效果（註六）。

㈡治療過程

1.治療目標　艾利斯認爲理情治療法最主要的目標爲：減少當事人自我擊敗的情形，使其獲得更理想、更寬廣的生活哲學；這些目標

最好能向當事人說明。由於理情治療法假定人類的問題是根源於哲學思考的，所以此法致力於全面哲學與觀念論的再評估，因此理情治療法目標不在症狀的移轉，而在鼓勵當事人精密檢視自己的基本價值。例如當事人呈現的問題是對婚姻失敗的畏懼，治療目標便不僅在減少這種畏懼，而是針對當事人對失敗的畏懼，過度誇張，加以治療。

　　2.治療過程　簡言之,理情治療法的過程即以理性來治療不理性。因為人有理性，而快樂是因為人能理性思考的緣故，故大致上來說，治療過程可算是個教導或學習的過程:

　　(1)治療者的功能與角色: 治療者為使當事人能內化理性的生活哲學，正如他過去曾內化那些教條式、不理性、迷信的想法。治療者明確的工作包括下列四個步驟:

　　　①指出當事人的問題與他不理性想法有關，並在認知上使他們認識什麼是應該的、必須的，因而得以發展他們的價值與態度。為使當事人體會不理性與理性想法的差異，治療者可使用反宣傳法(counterpropaganda)，由治療者擔任一位坦白的反宣傳角色，反駁與否定當事人自我失敗的想法與迷信，以打擊其不合邏輯的思考。

　　　②讓當事人知道他之所以繼續有情緒困擾是因為他仍然繼續保持不合邏輯的思考。亦即他現有的不理性的思考才是情緒困擾的原因，而不是先前事件的持續影響。

　　　③讓當事人改變他的思考，放棄不理性的觀念。因為當事人不理性的思考太過根深蒂固，只靠自己是無法改變的，治療者必須給予各種幫助。

　　　④在處理一般及特殊不合邏輯、不理性的觀念之同時，應建立更理性的生活哲學，如此當事人將來才能避免再陷入其他不理性的觀念和想法中。

理情治療法中治療者的功能與其他許多傳統治療者的功能不同，基本上理情治療法是認知的、主動直接的，通常會減少治療者與當事人間的親善關係。故理情治療法是教育的過程，教導當事人自我了解與改變。

(2)治療中來談者的經驗：理情治療法也重視當事人過去的經驗，但特別強調「此時此地」（here-and-now）的經驗，以及當事人改變思考與感受的能力。治療者並不追求當事人早期的歷史，也不挖掘早期歷史與他現在的行為之間的關係。治療者所重視的乃是當事人因自我擊敗而受到的情緒困擾，至於那些不理性思考究竟何時發生、為什麼發生、怎樣發生都屬其次。

理情治療法中，當事人主要的經驗為獲得洞察力（insight），此洞察力又可分為三層：

①當事人「體會」到情緒困擾的原因為他自己不理性的想法。

②當事人「了解」他之所以仍舊受到困擾的原因是因為仍然持有不理性的想法。

③當事人能「接受」一項事實：卽必須改變他不理性的想法，他才能明顯的得到改進。

此三層次的洞察力是與治療者四個步驟所作的工作互相呼應，理情治療法特別強調第二層與第三層的洞察力。

(3)治療者與當事人的關係：理情治療法中，當事人與治療者的關係是不同於其他的治療法；溫暖、親切，與個別的關係被列在其次的地位。因為艾利斯認為那種關係，並不是心理治療的充分條件或必要條件。理情治療法的治療者是客觀而冷靜的，他很少用親切的態度去對每一個當事人，但是雖然如此，理情治療法並沒有否認情感轉移（transference）的重要性，認為它只扮演了一個重要的角色，並不像

其它心理治療所認爲的那麼重要。艾利斯強調的乃是治療者扮演「模範」（model）對當事人的重要性，這種模範即爲治療者本身很少受情緒的困擾、並且經常很理性的生活。治療者在執行工作時，不需要擔心會失去當事人的關愛和贊同，治療者接納當事人爲一個有價值的人是因當事人的存在(exist) 而非他的成就 (accomplish) (註七)。

㈢治療技術與方法的應用

1.理情治療法主要技術與方法　在任何心理治療理論中，人格的改變是受到重視的，　許多理論常舉出人格改變的必要條件和充分條件。　艾利斯以爲要改變人格，　必須先改變思考與價值體系，　這可以由多種途徑來達到：如學習閱讀他人經驗的書籍，深入與治療者的關係，　看影片，　聽錄音帶，　做家庭作業，　與理情治療法的工作同仁通信、沉思等方法。

理情治療法主要技術乃是主動，直接的教導，以及強調認知的方法。艾利斯認爲在應用一些心理治療法如家庭作業，減敏感法（de-sensitization）、工具性行爲制約（operant conditioning）、催眠術治療（hypnotherapy）等應以主動直接的方式，治療者扮演老師的角色，甚於只是個具有親善關係的夥伴；治療者主動而不被動傾聽當事人，而是使用解釋、說服、演說來打擊他自我失敗的思想。

家庭作業（homework assignment）的技術是理情治療法不可或缺的一部份，在打擊當事人不理性懼怕的練習中很有效。其方法論是基於減敏感法的過程、其本身爲一個在難度上漸增之計分體系的作業、格式，重在注意當事人的情緒狀態、活動及有關的信念與思想。此工具很有價值，可以讓當事人評估其自我擊敗及不理性的認知、情緒和行爲，並使自己對自己負責，重視自我充實與理性的自我思考與行爲。

2.個別治療的應用　個別治療在設計上較爲簡短，嚴重情緒困擾的人需要個別治療與團體治療。個別治療適用於具有特殊問題或短期治療的來談者，治療者可使用Ａ－Ｂ－Ｃ理論的說明，指出當事人不理性的想法，並加上練習等各種方法，進行一次至十次的治療（這只包括不理性想法的打擊），艾利斯同時指出，個別治療對於大多數當事人需要進行每週一次（在任何地方皆可）、連續總計五次至五十次的治療；並且每一週的治療中，治療者都需要檢核他們的進度，直至當事人完全恢復正常。

3.團體治療的應用　理情治療法十分適用於團體治療，因爲團員可以互相應用理情治療法的原則，並得以有機會練習新的行爲、做家庭作業、經驗自主訓練（assertive training）、角色扮演、以及許多冒險活動，當事人可藉此學習社交技巧以及獲得彼此互動所帶來的影響。

艾利斯發展了一個團體治療的特殊型態，那就是理性會心週末營（A weekend of Rational Encounter）。此週末馬拉松分爲兩個部分：

(1)第一部分：包含十四小時連續的「理性會心團體」（rational encounter）治療，然後休息八小時。當事人經驗到一連串的直接活動，包括語言與非語言。爲使團員彼此認識，團員必須彼此分享他們最羞慚的經驗，所使用的方法包括情感喚起法與理性思考的邏輯法則，但大部分理性認知方面多過經驗的挖掘。

(2)第二部分：包含十小時的治療，此時開始對團員以認知方法來探究個人問題，其中每個人都會被要求做深入的問題呈現與探討；若有人沒有這麼做，則治療者會仔細的查出是那些人，並且要他們當衆把問題談出來。在整個過程結束時治療者再給團員家庭作業，待六至

八週以後再行檢核。艾利斯對這個方法的評價爲：「它是一個對自我表達與學習新人格技巧的經驗與行爲之認同。」

4.應用的效果與限制　理情治療法在應用上的效果如何？根據派特森（C. H. Patterson）在一九七三的研究報告顯示：自一九五四年艾利斯開始使用理情治療法以後，發現有百分之九十使用這種方法的當事人，在經過十次或十次以上的治療後有明顯的進步。

在適用的對象方面，艾利斯認爲理情治療不適合用在：完全脫離現實的人，嚴重狂躁症患者、嚴重自閉症患者、嚴重腦受傷者、年紀過小或年已耆耋者，過份偏執而反對邏輯與理性者、智力過低者。而以下列的患者則較適合：不良適應、中度焦慮或婚姻上有困擾的人、性生活方面有困難的人（如強迫性同性戀者）、神經官能症患者、性格違常的人、懶惰的人、少年犯罪者、成人犯罪者、輕度精神病患者。

伍、理情治療法與現實治療法的比較

理情治療法與其它心理治療法有許多相異的地方，但在比較之下，它與現實治療法（reality therapy）有許多共通之處；下列爲其相同與相異處：

㈠相同處

1.均經由理性解決困難。

2.對現在與過去經驗均注重。

3.治療者主動、積極，其角色均爲：使當事人面對他現在的情形，實際運用廣泛的技術教導當事人思考和更合適的行爲。

4.其理論家（Ellis & Glasser）均不多談人格發展。

5.對人性與人的困境均有其自家的基本假設與解決方法。

6.均少論及正常與反常發展的原因論，而重在諮商（或治療）的過程。

7.均把主要的責任放在當事人身上，個體發生困擾乃起因於不理性（理情治療法）或不負責任（現實治療法），個人均被認為有改變的能力。

8.其方法均適合具有高級心智能力的當事人，對推理有困難的當事人則不然。

㈡相異處

現實治療法以為個體判斷行為必須有其外在對錯的標準，理情治療法則採存在主義的觀點，認為個體有能力建立他們自己對錯的標準。故後者鼓勵個體自我標準的發展，而前者使當事人面對外在現實的需要，是其不同之處（註八）。

陸、摘要與評價

就整個理情治療法，可歸納幾個要點：

㈠優 點

1.人應該對影響我們那些自我擊敗的思想及態度負責，傳統的觀念未必正確。最重要的是「你的假定與基本信念是什麼？」、「你的中心思想是你自己的價值觀？還是內化的傳統觀念？」這些問題在理情治療法中均有其價值。

2.對思考、情感與經驗的重視，亦有其重要性，不像會心團體（

Encounter Group）只重經驗與情感而忽視了思考、判斷和評價。故理情治療法確能提供認知層面的東西，確能促使當事人檢核他做決定與評價的理性。

3.理情治療法強調將獲得的洞察力付諸行動；如家庭作業可使當事人練習新的行為，當事人可自行動中獲得許多洞察力，因而了解問題所在。但最好整個計畫能完全執行方能奏效。

㈡缺點（限制）

1.由於此法具高教導性， 故治療者必須對自己很了解， 並要小心，不要把本身的生活哲學加在當事人身上。

2.治療者的訓練、知識、技術、知覺、判斷的準確,均十分重要,因為治療者有如此強大而直接的能力，容易對當事人產生心理傷害。

3.容易被開業者以快速治療的方式而誤用： 立卽指出什麼是錯的、什麼該作，而事實上生活哲學的建立是一長期的工作（註九）。

柒、結　論

以上所述已對理情治療法作了一番整理，理情治療在實際應用的時候，諮商員要思考幾個問題，以做為評估的依據；

1.絕望、孤寂、害怕、恨等「不理性」的想法是否需要「治療」?

2.苛責造成焦慮， 故苛責是有害的， 但是否所有的責備均應除去? 怎樣的責備是健康的? 怎樣是不健康的?

3.人是否眞能以重覆告訴自己一些想法來除去不理性的想法?

4.理情治療法中情感層面的注意程度够不够?

【附　　註】

註一: Raymond Corsini Ed. *Current Psychotherapies.*
　　　Illinois, F. E. Peacock Pubeishers, Inc. 1973, P167.

註二: *Ibid.* P167.

註三: C. H. Patterson. *Theories of Counseling and Psychotherapy*
　　　University of Illinois. (開發圖書公司) 1976, P52-55

註四: Corsini Ed. Albert Ellis. *op. cit.* P175-180

註五: Patterson. *op. cit.* P55

註六: Corsini Ed. Albert Ellis. *op. cit.* P181-184

註七: Gerald Corey. *Theory and Practice of Counseling and Psychotherapy.* Brooks/Cole Co. Monterey, Colifornia. 1977
　　　P146-150.

註八: James C. Hansen, Richard. R. Steric, Richard W.
　　　Warner, Jr. *Counseling theory and Process.* 2nd edition.
　　　Allyn and Bacon. Inc, 470 Atlantic Avenue. Boston. Massachusetts. 02210, 1978.

註九: Corey. *op. cit,* P154-155,

【參考書目】

1.宗亮東等: 輔導學的回顧與展望，幼獅書局，民六十七年。

2.救國團張老師主編: 現代心理治療理論，幼獅書局，民六十七年。

3.柯永河著: 臨床心理學─心理治療（第二冊）， 大洋出版社， 民六十九年、三版。

4.Corey, Gerald F. *Theory and Practice of Counseling and Psychotherapy*, Brooks/Cole Co. Monterey, Colifornia, 1977.

5.Hansen, James C., Steric, Richard R., Warner, Richard W, *Counseling Theory and Process* 2nd edition. Allyn and Bacon. Inc, 470. Allantic Avenue, Boston, Massachusetts 02210 1978

6.Corsini, Raymond. Ed, *Current Psychotherapies*. Illinois F. E. Peacock Publishers, Inc.1973,

7.Patterson, C.H. *Theories of Counseling and Psychotherapy* University of Illinois. （開發圖書公司）， 1976.

第 4 章

溝通分析治療法

壹、前　言

溝通分析法（Transactional Analysis. 或簡稱 TA）是由伯尼（E. Berne）所創始的一種心理治療（輔導）方法，是屬於互動心理治療之一種（interactional psychotherapy）。一九五〇年至一九七〇年間，艾瑞克・伯尼投身於此法之倡導，寫了很多有關之書籍。由於溝通分析法之通俗易懂，其概念架構十分淺顯明白，只要稍受訓練，便能運用來解決自己的問題，因之深得大眾之歡迎，應用甚廣。一九七〇年伯尼逝世之後，溝通分析之應用層面日益增多，包括人與人間一般的溝通問題、人際關係、教學上之應用、青少年問題之輔導、婚姻輔導，並有應用在工商管理方面者，且均有良好的成果。

在談論溝通分析法之前，須先對其有一概括之了解；首先 TA 並非分析（精神分析）法，伯尼十分強調 TA 與佛洛依德思想之無關，然事實上 TA 也有許多方面是佛氏思想之轉換。另外 TA 適用於個人，更適用於團體之治療，尤其是以團體情境做個人治療，它包含由

當事人主動的與治療者制定契約——契約是ＴＡ中一個重要的概念，也強調由當事人自己做決定；從整個歷程而言，ＴＡ是利用系統性的分析和綜合性的程序，以增加當事人的覺察（awareness），而使其對自己未來的行爲和生命歷程做一嶄新的闡釋和新的抉擇。

溝通分析理論的一個礎石，乃是伯尼所提出的特殊的人格組織理論——自我狀態（ego-states）。伯尼認爲每個人均有三個獨立之自我狀態——父母（Parent）、成人（Adult）及兒童（Child），簡稱Ｐ、Ａ、Ｃ，由此三個自我狀態組合成一個個體（individule）；而由其三者互動之情形，便可了解個體之行爲。

溝通分析的理論基礎與治療方法多借用自其它學派，尤與完形治療學派關係最爲密切。它主張個人是完整的個體，人有思想，能判斷、能做決定、能信任自己、表達情感。

以上是在探討溝通分析法之前，所應有的基本認識。

貳、基本概念與理論基礎

一、人性觀

溝通分析的人性哲學觀是植基於「反決定的」（antideterministic）並確信人類可超越其早年所受的制約；同時認爲人有能力了解其過去而可做新的抉擇（註一）。這並不表示人可不受社會力量的影響，也非全由個人自己做生命的決定，也不意味他們是受着「重要他人」的影響；而是以往所做的決定是可以被評價、被挑戰。而且早期的決定如不再適用，則必須重做新的抉擇。

伯尼曾說：「人是生而自由的，但他第一件學習的事乃是照着別

人的要求去做，同時他有生之年便不斷這樣做；因此，在某種意義上，他是父母的奴役，他永遠遵從父母的教訓，只有在某些時候方有選擇的權力和自主的幻想……」（註二）。雖然如此，伯尼仍堅決認爲人並不是受制於過去經驗，人有能力由自發的自覺中來重新設計自己的生活。

二、人格結構—自我狀態

佛洛依德將人格分爲三部分：本我（id）、自我（ego）和超我（super ego），對心理學或治療理論均有重大影響；然伯尼卻認爲佛氏的分類過分的抽象，不切乎實際，而以更實際的自我狀態來表示人格之結構。他認爲每一個人都有三種自我狀態——父母、成人和兒童，此三部分構成一完整之個人。每一個自我狀態均有它自己特有的姿勢、態度和說話（表達）形式；每一自我狀態也有在某一時候控制個人的能力；例如當成人自我狀態出現時，個人表現之行爲和語言均是成人式的。

㈠父母的自我狀態

一個人常在行爲表現、思想方式、感覺、態度上，模仿其生活中的權威人物，尤其是父母。而父母行爲之特徵多是非理性的，思想方式多是命令的；他們經常以偏執、批評和撫育等行爲對外表現，對內則以訓示的方法影響內在的「兒童」（註三）。

「父母」又可分爲「撫育式的父母」（nuturing parent）和「批評式父母」（critical parent）；前者是以撫養、關愛無微不至的姿態出現，而後者則常是批評的、叫罵的。在語言上的表現，「你累了吧，休息一下」、「多吃一點」、「多穿一些」……等是屬於撫育式的父母，而「不可以」、「不要這樣」、「你應該……」、「笨……

」……等則是批評式父母常用的字眼。這也是我們在日常生活經驗中所常遭遇到的。

　　成人的自我狀態常形成於孩童進小學之前，也就是從出生到五、六歲。從個人人格來說：「父母」並非很有價值，然而「父母」具有傳遞文化價值和標準的功能，同時可傳遞很多生活上的經驗（註四）。

　　㈡成人的自我狀態

　　當孩童開始探索這世界，他開始由經驗中搜集資料，當他開始評價這些經驗，將來的「父母」的自我狀態就萌芽了。

　　成人的自我狀態是與事實（facts）有關的，它可將外界的資料轉化成知識，加以評估並以最適切的行為表現出來，是一種有組織的、有理解力的自我狀態。

　　「成人」不像「兒童」或「父母」是靜止的，它是不斷變化的。它有能力評價、支持或改變「父母」及「兒童」。「成人」並非人格之統制者，却真正能幫助「父母」和「兒童」之進行，適切地保持三個自我狀態間的平衡（註五）。

　　㈢兒童的自我狀態

　　每個人內心深處均有小孩的形象，也就是從出生到七歲間，因本能或與外界接觸而發展出來的感覺，它是自然的、有創造力、快樂的、衝動的……。

　　孩童由自己去經驗或父母的訓練撫育，而使兒童的自我狀態發展成三部分：自然兒童（natural child）──是天真的、衝動的、感情自然流露的、喜怒哀樂形於外的；也就是尚未經過訓練的。適應兒童（adapted child）──自然兒童受到外界之修正，發展成一種適應兒童以適應父母的要求；它常有的表現是順從的與退縮的，也就是所謂「聽話的乖孩子」。另有學者兒童（little professor）──利

其智力、創造力、直覺的思考，並做適當的反應。他們比較好奇、冒險。

兒童的自我狀態對個人正常發展是十分重要的，因為它是個人自我概念建立的基礎。正如伯尼所言：「了解『兒童』是重要的，不僅在於它將終生存在，而更因為它是人格最有價值的部分。」（註六）

從以上之分析，可明白溝通分析之人格結構觀。乍看之下，佛氏之本我、自我、超我和此三個自我狀態有雷同之處；如本我與「兒童」所談的都是「快樂」（pleasure），自我和「成人」所涉及的都是「真實的驗證」（reality testing），而超我和「父母」都是對其它人格成分之控制。然而從事實上看，自我狀態表現的是實際而可觀察之行為，而不是心理的結構；正如伯尼所說的：「超我、自我、本我是內在的觀念，而自我狀態則是可實驗的、社會的以及實際的」（註七），這便是二者最大的不同。

三、心理地位 (Psychological Position)

伯尼認為人自出生後，受父母、環境的影響，從小就寫定了一生的生命腳本 (Life Script)，此生命腳本決定了一生所發生的大大小小的事情；而基本的心理地位，又叫生活地位 (Life Position) 便是「生命腳本」的主要內涵，有怎樣的生活地位，則有怎樣的人生，要怎樣的生活着。心理地位有四個主要的模式，我們可配合個人人格之發展過程，依序討論此四個基本心理地位之模式。

㈠我不好─你好 (I am not O.K., You are O.K.)

小孩自出生以來需要別人，尤其是父母的照顧，小孩，尤其是嬰兒是無助的，須等候父母的愛撫與照顧；而照顧他們的人，便深烙住「好人」的印象，是偉大的，是有權力的；而自己則是缺乏能力的，

所以是「不好」的，是仰人鼻息的，因此形成了「我不好——你好」的形態。

在這種情況下，個人常覺得自己是沒有價值的，是沮喪的，與人比較時覺得無力，易於退縮，討好他人以尋求撫愛。而父母或他人對他們愛護之程度，影響着其「不好」之程度。

小孩長大，仍可能停留在此一階段，而影響其一生。Harris 認為這一地位最易強加在兒童身上。

㈡**我不好─你不好 (I am not O.K., You are not O.K.)**

當孩子漸長，父母給予之照顧漸減，可能給孩子帶來挫折與不滿，父母也可能責備與懲罰孩子，因此「我不好——你也不好」的生活態度便產生了。

此時他們會有被拒絕的感覺，覺得自己是無助的，過一天算一天。最嚴重的「我不好——你不好」情況就是自閉症的情形。

㈢**我好─你不好 (I am O.K., You are not O.K.)**

常稱此種地位為「革命的」地位，Harris 認為此種地位之發展乃是個體對「自己不好」感覺的過度防衞反應。兒童到了二、三歲的時候，雖然經驗到的是大家都不好；但他仍想逃離此痛苦，一反自己不好，而認為自己好、別人不好。

在這種情況下的個人是較有攻擊性的、是推卸責任的、責備他人的、自大的並且孤獨的。

㈣**我好─你也好 (I am O.K., Yor are O.K.)**

這是比較達觀的一種態度，經由「成人」自我狀態理智的抉擇而採取的。在基本上是信任的，是有意義的生活的最好方式，也是最後達到的。

在這種情況下的人是成功的，感覺自己是勝利者，也較能與人相

處。當然也是我們輔導與心理治療的最終極目標。

四、撫慰的需求 (The human needs for strokes)

在溝通分析的觀點裏，每個人都有生理與心理的需求；在生理需求上乃是水、食物、生存等，而心理的需求則是渴望（hunger），包括受撫摸的需求（stroke hunger）、組織或結構的需求（structure hunger）、興奮的需求（excitement hunger）及被認可的需求（recognition hunger）等等。根據 TA 的理論，只有經由與人的交往，方能達到這些需求之滿足。

㈠撫慰的需求

每個兒童都有受擁抱、撫摸、安撫及看護的需求，隨着年紀的增長，別人足夠的注意與關懷，就可以取代直接撫慰的需求，這便可算是一種間接的撫摸。撫慰有正反兩種；鼓勵、獎勵，或僅僅是語言上互補的溝通都是正的撫慰；而打罵、責備，或語言上交錯或曖昧式的溝通均算是消極的撫慰。後者常導致不良的行為，而前者則有助個人良好的發展。

㈡結構的需求

結構的需求是個人利用時間的需要，以便能擴大增加所能獲得的撫慰；而個人如何分配時間則視其感覺的舒服與否（註八），而其所謂之舒服，意指所接受撫慰之多寡。人們有六種方式來利用時間，按照所冒的危險以獲取撫慰之程度排列依次如下：

1.退却：在生活上、心理上均可能遠離人羣，是一種打發時間之方式。個體獲得撫慰的主要途徑乃經由幻想和自言自語。

2.儀式：這種形式多是人與人間的社會禮節，而不須真正的投入；例如見面時的打招呼、問好均是。此種形式所獲得撫慰不多且不

能持久。

3.消遣: 一些打發時間的無目的的聊天是爲消遣; 孩子、運動、汽車、時事……都是消遣時常見的話題, 這些外在的話題也不至於得到很多正面的撫慰。

4.活動: 用工作來打發時間, 而工作之成就便是最好的撫慰, 像做功課、植花蒔草、做衣服……等均是。

5.遊戲: 心理遊戲所付的代價常是沮喪、惱怒、挫折、妒忌或正義感、成功勝利等熟悉的感覺。所謂心理遊戲是指人與人交往時, 所採取的一種表面上看起來很好, 而實際上却不好的一種「互補溝通」(註九), 它採取曖昧的溝通方式。 遊戲只有在二人均想得到此結果時才會發生, 所以是不分勝負的。它也是一種打發時間的方式。

6.親密: 這是「報酬率」最高的一種打發時間的方式, 唯有個人想對對方全然開放及誠懇時才能達到。

五、 心理遊戲

溝通分析視心理遊戲爲「 撫慰 」的替代, 會導致不好的感覺, 遊戲可能外表上是親密的, 但只要一陷進去, 反而會導致人與人間的疏離, 因爲心理遊戲基本上就是一種曖昧式的溝通, 除了表面的訊息外, 還暗藏了許多訊息, 而其結果總是鬧得彼此都不快活, 也缺乏彼此間親密地溝通。心理遊戲一般包括「可憐的我」(Poor me) 、「是的……不過」(Yes, but)、「要不是你……」(If it werent' for you) 、「看你讓我做了什麼」(Look what you made me do!) 、「喧囂」(Uproar) 、「扯自己後腿」(Kick me) ……等多種, 父母常用一些遊戲來控制子女, 而子女亦常利用一些遊戲來躱避一些不喜歡的事, 同一種方式會不斷重複的出現, 而其結果總是**大**

家都覺得「不好」。因此在一種比較「健康」之情況下，要盡量避免心理遊戲的發生，也就是運用更具建設性和有效性之溝通方式，來取代之，讓自己和大家都感覺「很好」。

六、溝通 (Transactions)

在溝通分析的理論中，人有三個自我狀態，人與人的交往，尤其是言語上之溝通，必涉及各自的自我狀態。溝通也是個人獲取其「生存需要」的主要方法，它可能發生在每個人的「父母」、「成人」或「兒童」的自我狀態上，正因着溝通時不同自我狀態的組合，溝通通常以三種形式出現。

㈠互補式 (Complementary)

某人的談話刺激和對方的反應是相互平行的，這種溝通是開放的而其所得到的反應也是預期的。因此二人能不斷的相互溝通。

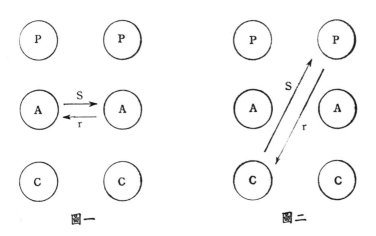

圖一　　　　　　　　　圖二

例如圖一：

　　甲：「請把報紙遞給我。」

乙： 「好，我找找看，你等一下。」

圖二：

甲： 「給我一塊餅乾好嗎？」

乙： 「好，你可以拿一些。」

依着P、A、C，排列的不同，共會有九種互補溝通之情形出現。

㈡交錯式 （Crossed）

對某人的刺激行為表現出非預料中的反應行為，如此個體將經驗到痛苦的人際關係，因而可能退縮、逃避、吵起架來或轉換另一種的溝通形式，溝通必然中斷。

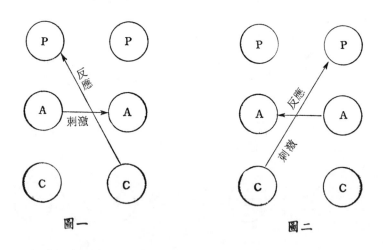

圖一 圖二

例如圖一：

甲： 「功課做好了沒有？」

乙： 「別催我嘛！」

圖二：

甲： 「我想買口香糖好不好？」

　　乙：「糖吃多了會蛀牙。」

任何一種交錯式的溝通方式，都可能會有五種與預期不同之反應，所以總共有四十五種的交錯溝通。

　　㈢**曖昧式（Ulterior）**

　　個體表面說的是一件事，而實際上却意味着另一種意思，不過都是以社會所接受的方法來表達的，也就是心理遊戲的最主要玩法。

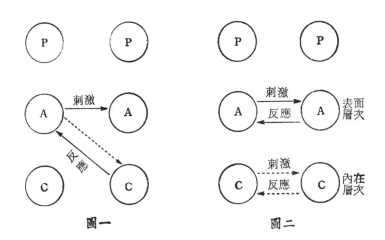

例如圖一：

　　甲：「這是最貴的了，你大概想看看便宜些的。」

　　內在層次：「你買不起的。」

　　乙：「我要這一個。」

圖二：

　　甲：「小莉，今晚我們一起做功課。」

　　內在層次：「小莉，我喜歡你，希望和你做進一步的朋友。」

　　乙：「這主意不錯。」

內在層次：「我等這機會好久了。」

曖昧式溝通暗藏的溝通，常以行為語言或語氣來表達。

由上可知溝通方式繁多，而在我們日常生活上必定經常有這樣的經驗，這便是溝通分析平易近人之優點；而經由對人際溝通方式之了解，便可明瞭自己或他人為何會產生溝通上的問題了。

七、結構分析 (Structural Analysis)

結構分析是使一個人了解其P、A、C之自我狀態的內容與功能的一種方法；它在設法找出做為個人行為基礎的自我狀態。在溝通分析學派之觀念裏，不良人格的發展除了「生活地位」之選擇不良外，尚有人格結構上的原因：自我狀態之污染及自我狀態之相互排斥。

(一)污　染

當一個自我狀態受到其它部分自我狀態之干擾時，污染的現象就發生了；就圖形之表示，乃指二個或三個自我狀態的重疊，使得「成人」無法正確的處理資料。又有三種情形：

1.「成人」遭受「父母」污染：這種情況下的行為表現是偏見的思想與態度。

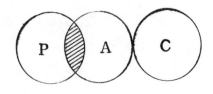

2.「成人」遭受「兒童」污染：如此易將妄想帶入事實之中，造成認識與事實的扭曲。

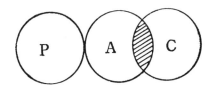

3.雙重污染: 以上二種情形均可能發生。

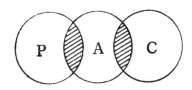

㈡排　斥

排斥是指個人在表現行為時，總是清一色的「父母」、「成人「或是「兒童」，不知變通，毫無彈性。因為正常的情況下，個人應具有流暢地適時移換自我狀態之能力，就是能因應需要而適當的流暢的使用不同之自我狀態。如只固執於一種，則對事情有刻板的看法，不知稍事變通，將會產生溝通上的問題，又可分為三種情況:

1.不變的父母 (The Constant Parent): 常表現操縱或權威的行為。

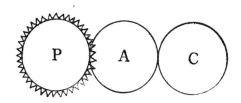

2.不變的成人 (The Constant Adult)：常常就事論事，毫無情感，往往成為精神患者，無法與現實接觸。

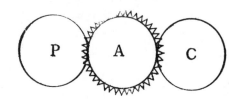

3.不變的兒童 (The Constant Child)：不變的兒童之行為表現多是依賴的或逃避責任的。

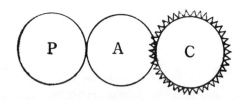

污染或排斥之情形均是我們人格發展上不良之原因，也因而造成了一些適應上的問題，因此，明瞭此人格結構上的問題而加以避免，實在是溝通分析在進行治療時首要之工作。

參、治療過程

一、治療目標

溝通分析的基本目標是在幫助當事人對其生命計畫做一新的決定

，其主要在使個人明瞭早期決定深切的影響到其選擇的自由。治療的要義在使知覺的、自然的及親密的、自主的生活形態，來代替生活脚本中充滿心理遊戲及自我打擊的生活形式。

溝通分析之主要目的，在釋放被「父母」與「兒童」自我狀態所控制之「成人」部分的自我狀態，正如 Harris 所謂：「其目標在治癒現存的症狀，而治療的方法在解放「成人」，以使個人能經驗選擇的自由及新途徑之創造，而排除過去經驗之限制與影響」（註一〇）。

溝通分析學者均視獲得「自主」（autonomy）爲 TA 之最終極目標，也就是能自我管理、決定自己的命運、對自己的行爲負責、並甩掉不適用之生活形式（註一一），亦卽要人知覺到自己是行爲的主宰，可自由自發的選擇，並改變其不適切的生命脚本，而達到「我好──你也好」的終極目的。

伯尼曾爲 TA 治療設下四個一般目標（註一二）：

1.幫助當事人去除自我狀態之污染情形。

2.發展當事人適切使用各自我狀態之能力。

3.協助當事人發展「成人」自我狀態，以建立一個有思想、有理解力，且能支配自己生命的個人。

4.最後在助當事人排除不適當之生活脚本及生活地位，進而建立一全新且具生產力的生活脚本及地位。

二、治療者的功能與角色

在 TA 中，治療者所扮演的角色是「老師」或「訓練者」。治療者須向當事人解釋諸如「結構分析」（construct analysis）、溝通分析（Transactional analysis）、脚本分析（scrpt analysis）、遊戲分析（game analysis）等 TA 治療中的重要概念。治療者要

幫助當事人了解其早年時不良的決定、接受生命計畫及與人交往的技巧等，也就是要協助當事人獲得更真實的自覺及生活得更自主。基本上，治療者是使當事者獲得「改變」的必備人物。

另一重要的觀點，治療者和當事人二者的地位是平等的，而非像超然專家似地治療「有病的人」，他們二者就像合夥人一般，一同訂定契約，一同做分析……。

三、當事人在治療中的經驗

溝通分析的治療特點是它的契約形式。契約包含了當事人在治療過程中所欲達到之特殊的具體目標，以及評量之效果。契約是當事人與治療者共同制定的，這也說明了當事人在整個治療過程中是採取主動參與的姿態。首先當事人說明了他自己欲達的目標，而後與治療者共同制定一些「作業」：當事人由新行為之經驗中來決定是否改變舊行為，假如當事人決定改變，則要實際去做，而非只是嘗試和探討過去而已。

Harris認為當事人的角色是去學習 P、A、C，而後利用TA的團體來經驗不同於往日的事物，他曾說：「如果當事人能說出他為什麼這樣做，做了什麼及如何停止這樣做，則就算是痊癒了」(註一三)，是否如此，還值得存疑。

四、治療者和當事人的關係

溝通分析中契約的制定，是治療者和當事人二者的共同責任。在整個治療過程中，二者所有的關係是對等的，是「同事者」而無上下之分；治療者與當事人均是主動的。因為 TA 在基本上是一個學習的歷程，學習分析自己的溝通，評價自己所做的決定，這是每個人均

能做的。治療者只是在傳達一些技巧而已。

我們可由下列三點來看治療者與當事人間的關係 (註一四)：

1.治療者和當事人都使用共同的語言與觀點，對整個治療情況有相同的了解。

2.治療是否該終止，是否可被觀察或紀錄，均須經過當事人的同意。

3.契約之制定，減低了治療者與當事人地位之差異，同時強調二者間之平等。

肆、治療方法與技術

溝通分析應用在心理治療上是相當有成效的。至於誰須接受溝通分析的治療？又何時需要治療呢？

溝通分析所能治療之範圍很廣，舉凡精神官能症、間歇性精神病、性格異常、性病態患者、夫婦、孩子有困擾的父母及智能不足者都有適當的效果 (註一五)。不同之症狀、不同年齡、性別、智力或社會階層的被治療者，接受相同的團體治療，效果仍然很好。

一、治療的方法

此處所謂方法，乃指在進行 TA 治療時一般所使用的步驟。在前面曾經敍述了溝通分析法的一些主要概念，如自我概念、溝通、撫慰需求、心理遊戲、結構分析……等，這些概念在實際應用於治療時是相當重要的。下面將討論溝通分析治療法之過程。

㈠治療契約之訂定

契約的訂定是進行治療時開宗明義的第一件事。當事人須與治療者共同訂出對整個治療過程之期許，也就是治療進行之過程與所要達到的具體目標。契約並不保證治療一定成功，只是保證治療者將做些什麼，當事人將做什麼。有了治療目標，方得進行治療，這也是 TA 的一項特點。

㈡結構分析

結構分析方法之應用乃是在幫助個人明瞭自己的自我狀態的結構。就如伯尼所建議的 (註一六)， 溝通分析是在幫助當事人發展不受「污染」或「排斥」的影響，而能完全發揮功能的自我狀態。也就是要成就一種健全的自我狀態，而最終目標，乃在使當事人以其「成人」之自我狀態來成熟的掌理他自己的生活。

㈢溝通分析

溝通分析在使當事人明瞭自己日常所使用的溝通方式。經由溝通的分析，除了使當事人明瞭自己或他人產生問題之緣由外，更積極的促進當事人與他人溝通之能力，而使當事人有更良好的社會適應，過更健康的生活。

㈣遊戲分析

經由治療者對當事人日常所玩心理遊戲的分析，可使當事人知道心理遊戲對自己和他人的影響，也可以知道如何停止遊戲，並終止一些虛與委蛇的感受，因為這些對人際溝通都沒有幫助，而且是問題之成因，治療者應幫助當事人找出他真正的自我狀態，幫助他分析過程及原因，並予以積極的指導。

㈤脚本分析

伯尼認為所有人類的活動，都受「脚本」的限制，一個「脚本」通常以三個問題為中心 (1)我是誰 (2)我在這裏做什麼 (3)其它的人又是

誰（註一七）。 脚本分析是在分析為什麼一個人常重覆的演出生活中的戲劇， 分析其戲劇的主題、 扮演的角色， 並使當事人明白此戲劇之成因及人與人間相互的角色。也就是在分析當事人問題之成因，如覺得不妥，便可鼓勵當事人自發的改變此生命脚本，以尋求更好的生活。

然而， 脚本分析這一個方法是 TA 的最後一個步驟， 也最難有效進行的，除非訓練有素或經驗老到的治療者，否則不容易產生功效。

㈥空椅子技巧 (Empty Chair)

此法是 TA 借用自完形心理治療方法的一種， 由這一個步驟，當事人可表達自己的思想、感覺和態度，對有強烈內在衝突的人是挺適用的。

㈦角色扮演 (Role Playing)

此法亦是 TA 借用的方法之一，由於 TA 最適合於團體治療，因此利用其它成員來扮演當事人有問題的自我狀態，且特別強調的是「不變的」父母、成人與兒童的自我狀態。如此之下，可使當事人得到回饋，而得以重新體驗與嘗試。

二、治療的技術

溝通分析治療，乃是利用系統性的分析和綜合性的程序，協助當事者解決心理上的不良適應，此種治療技術包括:

㈠去污染 (decontamination)

正如前面所述，污染現象是不良行為產生之重要原因，因此去污染顧名思義必然是要消除污染的狀況。亦即當事人的反應、感覺或對事物的看法有偏執或曲解與混淆時，治療者需讓當事人學會分辨不同

的自我狀態，修正當事人現有的狀態，重建完整且流暢的自我狀態。

(二)再傾洩 (recatharsis)

此法是針對「排斥」的自我狀態而建立的。「排斥」的情況亦是使個人人格出現問題的重要因素。「再傾洩」乃指將被當事人所排除的另二個自我狀態激發出來，而使當事人之行為表現，能依隨環境不同的需要，而隨時表現出最適切的自我狀態；不再固定在同一個自我狀態上不知變通，而是能富彈性的隨時應變。

(三)澄清 (clarification)

治療的目的，在使當事人能回到人羣中自主的生活，因此在 TA 治療時，澄清的工夫是必須的。經由澄清，可使當事人對自己將來可能發生的事情有某種程度的覺察，以便當事人在治療結束後，可以很自然的回到現實生活中，處理事物並與人交往。

(四)重新導向 (reorientation)

治療的目的在幫助當事人解決其行為上的偏差，所謂重新導向就是在使當事人的行為、反應及抱負變得更合理及更具建設性。

伍、評　價

一、優　點

1.溝通分析法的基本觀念十分簡潔，一般人很容易學會並應用到自己或他人行為的了解和分析上面。

2.溝通分析法提供了一相當有系統的理論架構。

3.「契約」的制定是十分有效的，且可幫助當事人對治療過程更

加負責。

4.「心理遊戲」的提出亦是溝通分析法的貢獻，其分析不但使當事人明瞭遊戲的結構，且可由之尋求自我解放的途徑（註一八）。

5.溝通分析法可使當事人重新檢視其早期之決定，而做適當的修正，以保證其生活的愉悅。

6.溝通分析法容易實施，當事人也容易評量自己進步之情形。

7.溝通分析法強調的是檢驗當事人此時此地與人之溝通，由此可明瞭當事人溝通時出現問題的自我狀態，更進而可決定用何種自我狀態來與別人溝通，期以改變行為。

8.溝通分析法配合完形治療法及其它方法，是相當有效用的。

二、缺　　點

1.過分強調術語（terms）與結構（structnre）：溝通分析法的特點是名詞很多，如心理遊戲、生活地位、生命脚本……等等，同時亦講究結構。雖然這些都易於了解，然就治療理論本身而言，一個良好的治療理論似乎是不必太多名詞來堆砌，也不應是機械化的。

2.缺乏治療者與當事人之間真誠的溝通：由於溝通分析法的名詞術語多，治療者的角色便是向當事人解釋說明這些術語，也就是所謂「老師、訓練者」；因此就整個過程而言，治療者和當事人是不可能有深入的了解與溝通的。

3.溝通分析法多是一種心智上的及認知上的經驗，而缺乏一種關愛的層面（affective），溝通分析法因名詞多，治療者要告訴當事人正確的了解與使用方法，而當事人的主要工作在「學習」，因此可算是一種心智上的及認知上的經驗，而不是一種如其它治療法的情感的經驗，因而適用此法的範圍是有限制的。另外，治療者與當事人之缺

乏深入溝通，亦因而導致關愛層面的缺乏。

【附　　註】

註　一：Gerald F. Corey, *"Theory & Practice of Counseling & Psychotherapy"* 民七十一　臺北，雙葉，p. 96.

註　二：同前註。

註　三：宋湘玲等著：「學校輔導工作的理論與實施」，民六十八，文鶴書局，頁一二七。

註　四：James C. Hansen ect. *"Counseling Theory & Process"* 2nd Ed 1977. Allyn. & Bacon Inc. p. 92.

註　五：同前註，頁九三。

註　六：Berne Eric *"What do you say after you say Hello?"* 1972, New York: Bantam. p. 12.

註　七：Berne Eric *"Principles of Group Treatment.* 1966. New York Oxford University P. 220.

註　八：同註四，頁九五。

註　九：吳靜吉著：「人際交往分析」見「輔導學的回顧與展望」一書，民六十九，臺北，幼獅，頁二六一。

註一〇：同註一，頁一〇一。

註一一：同註一〇，頁一〇一。

註一二：同註七。

註一三：同註一〇，頁一〇三。

註一四：同前註，頁一〇四。

註一五：李新鏘著：「溝通分析輔導法」見「現代心理治療理論」一書，民六十六，臺北，幼獅，頁一五六。

註一六：同註七。

註一七：Harris 原著，洪志美譯，「人際溝通分析」，獅谷出版。

註一八：同註一七。

第 5 章

個人中心治療法

壹、歷史淵源

一、創始人及其生平

個人中心治療法是由羅吉斯 (Carl R. Rogers, 1902～) 所提倡，它可以說代表了一種純美國式的研究結晶。此派諮商理論在個人與團體諮商兩個領域中，皆廣被採用。

1902年羅氏生於美國芝加哥郊外一個宗教氣氛濃厚、生活嚴肅、崇尚工作的家庭。他在六個孩子中排行第四。他說小時候相當孤獨，在十二歲那年，家裏買下一塊農場，一方面是他那有錢父親的業餘好去處，一方面也好讓日漸長大的孩子們遠離都市的誘惑。在農場上，羅吉斯對夜飛蛾的研究發生濃厚興趣，到讀大學時終於選上農科。在農場研究夜飛蛾的一段經驗，後來使他認識了在諮商與心理治療的效果評量上作研究的重要性。

羅吉斯進入威斯康辛大學唸農科，由於宗教討論會的影響，乃又決定做牧師，所以將主修改為歷史，認為這是做牧師的最好準備工作。在大三那一年（1922），他被選為十二人美國學生代表團之一，參

加遠在中國舉行的世界基督教聯盟會議。這次經歷前後六個月之久，使他確認宗教教義各地不一，也使得他脫離了其父母所信奉教義之羈絆。

1924年大學畢業，羅吉斯卽與青梅竹馬的女朋友結婚，而後雙雙進入紐約市的聯合神學院就讀兩年之久。他與部分同學因不滿意灌輸式教學法，乃在校方准許下設立學生自己的研討會（教師在座），研討會的結果，他們認爲應該脫離宗教工作。羅吉斯早對鄰近的哥倫比亞大學師範學院的心理學課程有了興趣，乃逐漸轉向臨床心理學的兒童輔導工作方面，並在剛成立的兒童輔導會實習，在那裏受到佛洛依德學說的影響。

1928年自哥大獲得碩士學位後，羅吉斯應聘爲紐約州羅徹斯特市兒童保育協會的心理學家，1930年升爲主任，翌年仍在該會工作期間，得哥大博士學位。1938年他協助創辦羅市輔導中心，並任主任之職。隔一年，他根據多年實際經驗，出版了第一本書：「問題兒童的臨床治療」。

就在羅徹斯特那幾年，羅吉斯開始懷疑傳統指導式，或者叫做治療者萬能的諮商方式（或心理治療）的效果。這段時間他也受到德國心理分析家蘭克（Otto Rank）的影響。

1940年羅吉斯受聘俄亥俄州立大學心理學教授。1942年出版第二本書：「諮商與心理治療：新觀念的運用」這是一本後來叫做非指導式諮商（心理治療），稍後稱爲當事者爲中心的諮商（心理治療）的新文法之說明。1945年至1957年他轉到芝加哥大學擔任心理學教授兼大學諮商中心的執行秘書。1951年他出版了經典之作：「當事者中心治療法：運用、含意與理論」。1957年羅吉斯任威斯康辛大學心理學與精神醫學教授。在威大他指導研究精神病院住院病患的心理治

療，結果出版了一本書: 「治療關係與其衝擊: 精神分裂病患的心理治療研究」。1959年羅吉斯榮獲美國心理學會科學特殊貢獻獎。1961年又出版: 「論變成一個人」一書。1962至1963年任斯坦福大學行為科學高級研究中心的研究員。

1964年以後羅吉斯卽加入加州拉喬拉 (La Jolla) 的西部行為科學研究所，致力於敏感性訓練 (Sensitivity Training)。1968年與其同僚在該地成立「人類研究中心」，並陸續出版了「Freedom to learn」(1969)、「Carl Rogers on encounter groups」(1970)、「Becoming partaers: marriage and its alternatives」(1972) 等書。最近 (1977) 羅吉斯又出版了一書: 「Carl Rogers on personal power: inner strength and its revolutionaly impact」。

二、理論基礎與背景

羅吉斯的心理觀點，主要受到現象學 (Phenomenology)、人際學說 (Interpersonal theory)、有機體說 (Organisnic theory) 等的影響。羅吉斯的自我心理學，受現象學的啓示很大，與 A. W. Combs、D. Snygg 鼎足而三，同為現象心理學的核心人物。羅吉斯在心理行為的研究，主張綜合的、整體的觀點，來探討行為的變化，強調自我實現，可以說取自 K. Goldstein、A. Maslow 的有機體說。上述自我觀與有機體說二者為羅吉斯學說的二大建構(Structural construct)，在此基礎上，羅吉斯應用 H. S. Sullivan 的人際說，參照其心理工作的實際經驗，整理出個人中心治療法的學說。兹精要地分述如次:

㈠現象學觀點的心理學 (**Phenomenological Psychology**)

乃以現象學的理論與方法，來探討個體行爲的一門科學。在自我
心理學上，它強調「現象我」（Phenomenal self）。這現象我，是
「知覺的自我」（Perceived self），換句話說，那是個體所知曉
的自我，是「自我知覺」的自我。爲了討論現象的自我觀念，檢視現
象學觀點的心理學之知覺原理，乃是有必要的。此說強調「個人所知
覺的，不見得就是實際存在的，而是個人相信其存在的；個人所知覺
的，是從其過去的經驗及機會中學會去知覺的。」（註一）就此原理
而觀，個人行爲的現象場地（Phenomenal field）就是其主觀的知
覺領域，並不等於客觀的事實，但對行爲者本人而言，它是眞實的，
有意義的，是決定行爲的主要因素。Combs 和 Snygg 二位心理學
家合著「個人行爲——從知覺中探究行爲」乙書中，明確地指出：探
究個人的行爲，應基於個人的、知覺的、現象的方法，從行爲者本身
的觀點去了解行爲。行爲的依據是個人所知覺的事實，而不是別人所
看見的事實。一個人對他自身及其生活周圍世界所想的和所感覺的獨
特事實，決定他所要做的行爲。許多的問題行爲，就別人所見的事實
而言，是多麼的不近情理、荒謬怪誕；但就行爲者本人及行爲當時所
認識的情境而言，也許是多麼的合理。因此，心理病患者往往依照「
自以爲是」的知覺事實，亦卽偏差的觀念而行動，並不理會別人對此
行動的知覺所反應的看法和想法；於是，他們表現出偏差行爲，但並
不以爲有問題，理由卽在此。當然，促成他們行爲偏差的獨特知覺，
可能是受長期壓抑的經驗所引起，這一點惟有他本人才知道；但當事
者受內外在某種情勢的影響，不易察覺這種痛苦的經驗，羅吉斯運用
同理的思考和了解當事者反應情緒的內容，協助當事者運用自己的力
量，清楚地發現那些長期被積壓的經驗，並且有勇氣地把它帶到意識
界，以應付現實，使其人格的發展，導向健全、有效的適應，學得新

的思想方式及感情，以及對其生活情境的新反應，這就是羅吉斯整套的心理治療體系。

㈡有機體說

是 Goldstein 與 Maslow 二位心理學家在行爲研究上的有力學說。他們認爲研究個體的某一行爲，不論適切與否，必須從整個有機體的形態去研究，才能深切了解行爲的內外在因素。他們從研究中發現，個體的內、外在行爲都是整體的，任何一部分的變化，都會影響全部，全體決定各部分，因此，要了解有機體的行爲，綜合性、全盤性的統合研究，遠勝於廣泛地調查許多人的各自獨立的心理作用。羅吉斯根據此一觀點，力主有機體天生有其生長的能力，構設一個較爲圓滿、優勢、安全、完整的情境，作爲「自我實現」的理想形像，成爲向上向前行爲的引導力。

所謂自我實現，意指有機體內在潛能的展現，使自己成爲眞正所要成爲的自己。Goldsteiin認爲有機體是個獨立的單位，天生就有實現自我能力的傾向；其行爲的目的，是在於實現其潛在的各種能力；不論是常態的人或失常的人，都爲實現他的能力而不遺餘力，自我實現可以說是人類生活的惟一方向。

Goldstein 提出自我實現的論點， Maslow 承先啓後，發揚光大，視之爲積極動機的最高形式。Maslow 認爲每個人都希望做他所能做的工作，做他合適的工作，以期將自己的才能，發展至極限。個人欲在其生活中到達此境界，發揮其最大的功能，首先要滿足維持生命的各種需求，和正常的社會需求，而後盡其所能地接近或達到「理想的我」的目標，這便是自我實現。一個能自我實現的人，由於較能獲得自足、充實、完美的經驗，不但工作效率高，而且生活得快樂與滿足。

　　羅吉斯的人格理論，涉及行爲動機，承 Goldstein 和 Maslow 二氏的基本觀點，賦予嶄新的意義。羅氏認爲自我實現是人類的主要動機；有機體行爲的基本傾向，就是要實現、維持和增加其本身的價值，這就是自我實現。

　㈢人際說

　　是新佛洛依德學派的大思想家之一蘇利文（Sullivan）提倡的，此說的主要論點，在於人格不能離人際關係而孤立，捨棄人際關係來探討人格，那是空洞的。蘇氏認爲人格是人際行爲的全體；個人是社會交互作用的產物，個人的心理成長，惟有在人際關係中有良好的適應，才能有健全的發展。羅吉斯運用蘇氏的論點闡明人際關係是表現個人、自我了解的藝術。他認爲人的性格發展是主觀的，但是，成熟的性格成長是客觀的。爲要達到客觀的自我了解，由主觀的自我中心，推及到客觀的他人中心，必須藉加強對自己存在的認識，引發對他人存在的了解，必須在人際關係中不斷地溝通，發展以重視他人爲標準的行爲，才能了解他人、接受他人。爲此，羅吉斯提出溝通人際關係最主要的行爲因素有四：⑴保存個人本來的及眞樸的自我之「一致性」（Congruence），⑵以了解同情之對待他人「同理心」（Empathy），⑶重視對方獨立完整的性格之「積極尊重」（Positive regard），延伸積極尊重爲「無條件尊重」（Unconditional regard）。

　　在心理疾病的治療方面，蘇氏依其臨床心理治療的經驗，指出人際關係的惡化，會使一個人從良好適應的狀態，變爲極端心理紛擾的狀態。由於他在治療心理病患，發現運用精神分析法及其他方法皆無效，特重人際關係，提倡人際治療法，對於病源來自人際關係不良適應的精神病患，有奇特的治療效果。根據蘇氏的見解，治療情況也是

一種人際關係，治療者就是通曉的觀察員和有益處的影響力之泉源。因此，治療者應為「參與的觀察者」（Participant Observer），活生生地參與治療者與病患的人際關係中。羅吉斯心理治療過程，特別重視有益的治療關係，及建立此良好的治療關係，乃受蘇氏人際說的影響。

羅吉斯的個人中心治療法除了受上述三種學說的影響之外，誠如前述在其十二年的兒童工作經驗中，也深受蘭克（Otto Rank）的影響。蘭克的意志治療（Will therapy）認為治療者在心理治療過程中，主要的工作是幫助病人去了解自己、接納自己。治療之所以有效，則是藉治療關係使病人發揮自我導向（Self-direction）之能力，而非治療技巧之功勞。羅氏個人中心治療理論，強調當事者自己負起治療責任，諮商員只是提供給當事者得以自由傾訴的環境、氣氛，而不重視治療技巧之運用；此種說法受蘭克的影響非常明顯。

貳、人性的觀點

羅吉斯對人性持樂觀的看法，下面是他的觀點:

㈠對人類尊嚴的信念：羅氏強烈地相信每一個體的尊嚴和價值，他認為每一個人都能够為自己做決定，並且尊重每一個體如此做的權利。

㈡主觀的基本優勢：羅氏認為人基本上是活在其個人主觀的世界裏，甚至在從事最客觀事物（如科學、數學及其他類似事物）的運作時，仍然是其主觀目的和主觀選擇的結果。

㈢自我實現的傾向：羅氏相信人基本上是社會化的、向上向善

的、 理性的和切合實際的； 人能力爭上游， 不僅在設法維持生命而已，同時也在追求自我實現，以提昇生活經驗。人相互之間的潛能儘管有差別，但是每一個人都能盡力改善他的生活。而且，人基本上是積極自動自發的；所以人應當有機會去發展和運用他們的各種能力以引導其生活。如果人處在一種不受批評與威脅的情境之下，而且能够客觀地省察個人的各種問題的話，人們都能有建設性的抉擇。

㈣人是值得信賴的：羅氏認為人基本上是建設性的、誠實的、可信賴的；也就是說人的心底深處是善良的。

㈤人比其智慧更為聰明 (Man is wiser than his intellect)：羅氏相信人比其智慧更為聰明，也比其有意識的思想聰明。當人毫無防衞地，完全信任其整個有機體的反映去做時，其結果雖然是訴諸直覺判斷，但往往比只一味有意識地去思考來得好。

參、人格理論

一、人格結構

羅氏的人格結構由「有機體」（Organism）、「現象場地」（Phenomenological field) 和「自我」（Self）三者組成。

㈠有機體

「有機體」這個名詞指的是個人整體。「有機體」在任何時候都是一個整體性的、有組織的系統。在此一系統之中，任何一部分的變動都能引起其他部分的改變。有機體包括了一個人所有的思想、行為和身體狀況。

羅氏認為「有機體」對其「現象場地」的反應是整體性的。個體

無時無刻都在表現一個有機的整體，試圖滿足其需要。「有機體」有一基本動機：那就是設法達到自我的擴展、自我發展、自我成熟與自我實現。

　　簡言之，「有機體」有一個自我充分發展並免於外界控制的欲望。「有機體」的另一功能在於容許某些經驗進入意識層，而能夠更充分的加以察覺，此即「表徵作用」，同時又否認或漠視其他的經驗。「有機體」的意識能力與「表徵作用」都是學習的結果。一個人如果能夠將他的大部分的「意識經驗」予以「象徵化」的話，那麼此人即能夠有正常的發展。

　　㈡**現象場地**

　　「現象場地」指的是個人經驗的全部。羅氏認為每一個人都生活在一個以自己為中心而又不時在變動之中的「經驗世界」裏。

　　所謂「現象場地」乃是一個人不斷在改變中的「經驗世界」。而經驗包括了外在與內在的各類事件。這些事件當中有些為意識界所知覺，有些則否。此處重要的一點是：一個人在「現象場地」中知覺到重要的，事實上並不一定就存在；一個人知覺到將會發生的才是他個人所「體驗到的真實」（Experiencing reality）。

　　㈢**自　我**

　　「自我」乃是由「現象場地」分化出來的一部分。由一連串的知覺和有關於「我」的種種價值所組成。

　　在羅氏的人格結構當中，「自我」為結構的核心，人格則環繞「自我」而形成。「自我」經由有機體與環境之間的互動而發展。在發展的過程中，「自我」傾向於統整個人的某些價值概念。「自我」試圖維繫有機體的行為與「自我」之間的一致性。凡是屬於和「自我概念」相一致者，即被「自我」所統整，而那些和「自我概念」不相一

致者即被知覺爲各種威脅。「自我概念」爲「自我」與「現象場地」不斷地互動所形成，在互動的過程裏不斷地成長和改變。

羅氏的人格理論，強調人格常在發展之中，他認爲人格的三種組成元素之間，不斷地交互作用，所以個人人格也一直在變動之中。

羅氏更認爲所有人類的行爲動機可以歸結於「自我實現」上。「自我實現」的動機爲人們提供了一個一生奮鬥不懈的目標。人類行爲乃朝向於對環境的控制並達成個人在環境中的地位。

羅氏也認爲人類行爲的基本方向是向上、向善的。基本上人類的行爲是好的，所以在正常情況之下，一個人並不需要外在的各種約束。在他看來，每一個人都能表現一種平衡的、切合實際的，和「自我提昇」的行爲。

在羅氏的理論中，我們不可忽視他所提出的所謂「現實的概念」(Concept of reality)。「現實」乃個人所知覺爲眞實者。一件事情是否眞正發生，從「現實」概念看來，並不重要，重要的是一個人的「經驗知覺」究竟如何？也就是說：此人是否知覺到事件的發生，這才關緊要。因爲一個人對事件的反應乃以他的知覺爲依據，而並不一定取決於事件是否眞正發生。

人類對於環境中各種事件的反應並不是被動的，而是經由個人的「主觀思維歷程」加以反應的。人，並不是情境中的「被動者」而是「主動的行爲者」。

依羅氏看來，人格旣是「有機體」、「現象場地」與「自我」不斷互動的產物，所以人格並非一種靜態的存在，而是一種變動不居的狀態。

二、人格發展

㈠**有機體**的評價歷程　（Organismic evaluating process）

羅氏認爲人與生俱來就有一種朝向「實現」（Actualization）的傾向。此種天生的傾向不但是嬰幼兒們的一種動機系，而且也驅策著所有的人類。從一開始，嬰兒的行爲就是朝向目的的，集中於有機體各種需要的滿足上。Rogers 指出：嬰兒生活在一個他自己所創造的環境之中，成人祇有透過嬰兒們的「內在參考架構」(Internal frame of reference) 來了解嬰兒。

假如，嬰兒被安置在一種新情境底下，如果嬰兒知覺到此一情境含有威脅性，那麼對嬰兒而言，這種威脅性就是存在，姑不論情境是否眞正構成對他的威脅。所以威脅的有無，關鍵在於嬰兒對情境的知覺如何？也就是說嬰兒的「知覺內容」構成了他的「眞正世界」。再如果此嬰兒仍繼續被安置在同一情境當中，而他的經驗告訴他並沒有威脅存在，那麼他對情境的知覺就會發生改變。總之，一個人對現實環境的知覺內容影響了他的行爲。至於他的知覺正確與否，則純屬於他個人的主觀判斷。

當一個人與其所知覺的「現實世界」彼此互動的時候，他乃是以一個整體與之發生互動的。他開始以這些互動能否滿足「自我實現」的需要加以評價。所以當嬰兒所知覺到的經驗不能滿足其需要時，他就予以消極或負的評價。反之，所經驗到的能滿足其所需，則他就予以積極或正的評價。Rogers 稱以上這種歷程爲「有機體的評價歷程」，此乃一繼續不輟的過程，個人熱衷於積極（正面）的評價經驗，而廻避消極（反面）的評價經驗。

㈡**別人**的積極尊重 （Positive regard of others）

一個人的「自我」，乃由「有機體」與其所知覺的「現實」的互動中發展而來。個人的經驗，隨着個人的成長逐漸分化，並且象徵於

「自我意識」之中，進而形成「自我經驗」。

　　個人在與其環境彼此互動之中（尤其是和環境中與自己有關的重要人物，如父母等）產生「自我經驗的覺察」（Awareness of self-experiences）而發展成為「自我觀念」。所以「自我觀念」應為「現象場地」分化出來的一部分。

　　嬰兒所縈心者，只是如何滿足他個人「實現」的種種需要，以及如何運用其「內在的控制」（Internal locus of control）（此即有機體評價歷程）而已。

　　在一個人發展其「自我概念」的同時，一種普遍存在的，贏得別人「積極尊重」的需要便油然而生。而以上這種需要祇能藉別人的反應來滿足。尤其是獲得與自己有關的重要人物──如父母的「積極尊重」為然。

　　嬰、幼兒在成長的過程中，學習到那些行為能引發別人對自己產生愛與溫情的反應，這種反應帶給他滿足感。同樣地，他也學習到另外某些行為引發別人對自己的憤怒或拒絕，這類反應則令他不快。正因為要獲取別人對於自己的「積極尊重」，所以嬰、幼兒就開始以能贏得別人的喜愛的方式反應，而規避那些惹人不快的反應方式。繼而，一個人開始接納別人的價值觀，並進而促使他運用「自我評價」的思考，而這種「自我評價」的思考則建立在他人所重視的行為上。

　　㈡**自重**（self-regard）

　　透過「自重」的歷程，由他人身上所接受到的被尊重的知覺。小孩子開始發展所謂對「自我」的重視，小孩子開始藉別人的評價以評價自己行為的好壞，而不以行為能否令自己滿足為判斷標準。

　　小孩子發展到此，已經擁有評價自己行為的兩種歷程：即個人與生俱來的「有機體評價歷程」與個人所重視的別人的價值觀。於是

乎，別人的評價對個人而言，就變得十分重要，常常個人的行為並不以能否令自己滿意為判斷標準，而以能否令別人給予「積極或正面評價」為準。如果此一歷程充分發展的話，則個人勢將以別人的評價作為標準來衡量自己了。也因此，一個人為滿足他的「自重」的需要，他就將別人的價值觀「內在化」於其「自我體系」之中。

㈣**價值的條件**（Conditions of worth）

達到某一階段的發展以後，個人祇有在自己的行為能符合自己「內在化」的價值標準時，才能給自己正面的評價。至於行為是否能帶給個人滿足與「積極」（正面）評價並沒有直接關係。

許多個人予以「積極評價」的經驗，不見得能得到別人的「積極尊重」，所以個人就開始迴避或否認此等經驗。依羅氏的看法，這時個人乃發展出所謂「價值的條件」；個人對於並不能帶來滿足的經驗予以「積極評價」，而對那些能帶來滿足的經驗反而給予「消極評價」。

㈤**正常發展的適當條件**

（Proper conditions of normal development）

獲得別人的「積極尊重」與個人的「自重感」，在人格的正常發展上佔有很重要的地位。如果一個人生活環境中，能夠獲得與自己有關的「重要人物」（如父母兄長等）沒有附帶任何條件的持續性的「積極尊重」，則此人將能夠發展出一個健全的人格來。在上述的情形下，儘管此人有些行為不為他人所接受，但仍舊能不斷地體驗別人對於自己的「積極尊重」，這種經驗是極令個人感到滿意的。

比方說：某個小孩子，儘管他的行為有些並不為人所接受，却依然感受到為別人（如父母）所接納、所喜愛。那麼，他將會發展出一種不需要條件的價值感。在這種情境之下，這位小孩子體驗了「無條

件的積極尊重」，並從而導致他能經驗到「無條件的自重感」。

如果「不需要條件的價值感」獲得發展，那麼個人的「有機體評價歷程」、「自重的需要」以及「別人積極尊重的需要」三者之間將會相互一致，此種情況將能導致健全人格的發展。人格健全者將以自己所認為的標準；那類行為將導致積極效果，那類行為將帶來消極效果為判斷標準。

羅氏指出：那些帶給個人積極效果的行為，不僅令人滿意，而且符合人類的本質，所以能受到社會的接納並獲得積極的評價。歷經上述發展歷程，個人將能發展成為一個適應良好與充分社會化的人。

按照羅氏的看法：一個人如能擁有一個適當的成長環境，他自會發展成為一個「充分發揮功能的人」（A fully functioning person）。一個「充分發揮功能的人」能完全體驗他個人的所有經驗，而無須運用「防衛機構」，他能意識到所有的經驗並予以正確的「象徵化」（Symbolization）。「有機體評價歷程」將決定他的行為，而他也能隨着新經驗的增加，而處在不斷改變的狀態中。他不需要曲解或否認個人的種種經驗，能以適應性與創造性的方式處理自己所面臨的各種新情境。他將發展成一個社會適應良好的人，與人和諧相處，並獲得相互間的「積極尊重」。

羅氏不用「適應良好」來描述，而寧用「充分發揮功能」來描述一個有良好適應的人，主要是因為他認為「一個充份發揮功能的人」，即蘊含着一個連續變動的歷程，而適應良好則含有靜止狀態之意。羅氏認為人並沒有靜止的適應，只有一種連續發展而朝向「自我實現」的歷程。

一個「充分發揮功能的人」，乃是一個處身在過程中的人，他永遠在改變之中，他的行為是無法事先加以描述的。我們唯一能肯定的

是: 他的行爲將能充分適應每一個新環境，而生活在一個持續變動的「自我實現」的歷程之中。

㈥非適應性行爲的發展

(development of maladaptive behavior)

　　既然所有的人與生俱來就有向上向善的傾向並擁有自我實現的動機，然則，爲什麼人們還會發展出心理上的不適應，無法成爲一個具有「充分發揮功能的人」呢? 讓我們回溯上面談過的; 每一個人在正常發展的過程中，都有一種「自重感的需要」，這種需要，建立在一個人知覺到別人對自己的重視的基礎上，並導致一個人藉「內在化的價值標準」以選擇性的方式來知覺他的經驗。

　　所謂「價值的條件」前面已經提過，乃是一個人透過別人對自己的種種反應而發展出來。「價值的條件」並不一定和「有機體評價歷程」相一致，因爲它不依個人「內在評價體系」，而以別人的價值標準而定。在此情形下，一個人知覺到的並將之「象徵化」的，就僅止於那些和「價值的條件」相一致的經驗，而那些和「價值的條件」不相一致的經驗，不是被曲解就是被否認。此種情形一發生，一個人將僅僅以能否滿足自己的價值條件來決定知覺。一個人的「自我經驗」如果與其價值條件不相一致的話，則此種「自我經驗」即無法正確地進入「自我結構」之中。從一個人首次孕育出他的價值觀，並以此價值觀來知覺其個人的經驗開始，「自我」與「有機體」經驗之間就可能存在着一種不一致性，這種不一致性導致了一個人處身於遭受傷害之中並帶來心理上的不適應。一個人處此情況，由於「自我知覺」與「自我印象」相衝突，因而無法表現出一個統整的個體。也就是說，這個人的行爲，有時候經由「有機體的評價歷程」來控制，有時候則由「內在的評價體系」來支配。質言之，這個人乃處身在一種試圖

同時討好兩位主人的矛盾徬徨之中。因此，一個心理上不適應的人常會有如下的特質：(1)疏離（estrangement），(2)行爲的不一致性（incongruity in behavior），(3)焦慮（anxiety），(4)常用防衞機轉（defense mechanism），(5)非適應性的行爲（maladaptive behavior）(註二)。

肆、治療目標

依「個人中心」治療理論看來，諮商中最重要的莫過於讓當事者自己決定諮商目標。「個人中心」諮商理論認爲每一個人都具有一種內在推動力量——「自我實現」的需要。因此只要提供適當的環境，每個人都能發展並協調自己的行爲。這種行爲是向上向善的並被社會所接受。

假如諮商者代替當事者擬訂諮商目標，此將對當事人構成一種干擾。如此一來，諮商者就無法協助當事者獨立自主去作決定，去解決問題了。

質言之，「個人中心」諮商者的目標在於建立一個適當的情境以利當事者的正常發展。

比較具體的說，「治療目標」在於協助當事者變得更成熟，並協助當事者掃除在「自我實現」的過程中所遭遇到的種種障礙。同時協助當事者消除從前所學得的錯誤的或有害於「自我實現」的行爲。諮商者藉幫助當事者重新發展其潛能和善用其資源，以使當事者走向積極和富於創造性的人生之路。雖然對所有的當事者而言，治療的大目標是相似的，但是對不同的個人而言，却也都有其特殊的個別目標。

　　諮商者致力於協助當事者排除妨礙他對經驗產生正確知覺的各種障礙。此類障礙被排除之後，當事者對於個人的經驗和「自我結構」將獲得一嶄新而透剔的看法。依羅氏的觀點，諮商乃是一個協助具有潛能的當事者發揮其原已擁有的能量的過程。

　　「個人中心」治療理論認為「治療目標」的完全達成，並非在當事者離開治療情境就已獲致。相反的，「治療過程」的結束，只不過是建立了未來改變的模式而已。成長的各種障礙既已被排除，新的「經驗知覺」亦已建立，那麼當事者卽能沿着「自我實現」的康莊大道向前邁進。

　　詳細歸納起來，個人中心治療目標，可以分述如下：

　　1.提供一個安全有利於當事者自我探索的氣氛，使他能認出阻礙自我成長的經驗與障礙。

　　2.釋放個人的潛能，使他能自然的解決眞實我與理想我的不一致，探索複雜的情緒，促進獨特的個人成長。

　　3.協助當事者降低「自我防衞」，並促使當事者更能意識到自己的「防衞行為」。

　　當然，心理治療，增進人際關係與心理成長之最後目標就是要使個人充分發揮他的功能。而一個天賦能力發揮到淋漓盡致的人有下列四項特性，雖分四項但却是整合為一的：⑴對經驗開放，⑵過誠摯的生活，⑶信任有機體，⑷有一內在的評價系統。充分發揮功能的人有着最佳心理調適、最佳心理成熟，完全協調一致，完全對經驗開放，幫助一個人成為充分發揮功能的人是最佳心理治療的目標。因為充分發揮功能的人富有創造性、積極而可信賴，其行為是自由而非命定的（註三）。

伍、治療的關係

「個人中心治療法」很重視存在於治療者與當事者關係中的互動之動力。這動力 (dynamics) 能使二人在不自覺之中互換其個人的內在經驗或反應。治療歷程的重點並不在於個案過去歷史的回憶或目前困擾的探討，或個案對自己已有之經驗的認識，或那些不敢進入自覺狀態的經驗的認識。治療歷程乃在於二人間的經驗關係，尤其注意此時此地 (here and now) 的經驗及感覺的表達。在和治療者的有感情、有意義的關係中，個案才能去經驗其自我並運用此種眞誠的關係，轉移到學習與其他人的關係。治療者爲了要建立此種良好的關係，必須具備下列三種態度：

㈠正確的同理心 (accurate empathy)

治療者若要了解個案，則必須站在當事者的現象界去了解其知覺，了解他所看到、所經驗到的世界。在做到這點之前，治療者除了必須先了解當事者所說的話以外，還得嘗試深入個案的經驗世界中，努力去反映或講出當事者現象界朦朧不清的部分，或當事者本身也察覺不到的部分。

當治療者將他所了解到的當事者的世界內容告訴當事者時，當事者則可由此更深層、更廣泛地了解他自己，也因此可更有效地讓自己的經驗進入意識裏。因治療者給他同理心了解，所以當事者就覺得別人會了解自己的各種經驗，自己的經驗也因此並不是見不得人的。這種感覺進一步使當事者會覺得他接受自己，他可成爲自己本身；因爲有人了解他、接受他。如此，當事者的自我概念得以充實並增強，不

再是有很多自我防衞的自我。當事者能坦然的說：「我就是這樣的，不過我却是在不斷成長之中！」

(二)無條件積極的尊重或溫暖地接納
(unconditional positive regard or warm acceptance)

對當事者採取尊重態度的意思是治療者不批評當事者的任何行為，也不向當事者做偵探性發問，對當事者的回答不表示同意與否，或不做任何解釋。治療者以最眞誠的態度及最深的了解，接納當事者，並且努力相信當事者有潛力，也有能力了解自己及積極改變自己。若治療者能誠懇地容許當事者發現他自己，聽從自己的內在變化，當事者就會願意那樣去做。因爲治療者的這種態度會刺激當事者去想：「這裏有一個人，反覆地以不同方法告訴我，他相信我有能力找到我應走的方向；也許我眞的可以相信我自己了。」

無條件積極的尊重及正確的同理心了解會滙合形成一種氣氛，而這種氣氛有助於被自我概念排除的生理經驗進入意識界裏。當當事者把這些被排除的經驗表達出來時，治療者則給該經驗以眞正的了解，使當事者萌芽中的新自我能從治療者獲得積極的承認。

(三)眞誠或一致性 (genuineness or congruence)

在治療關係裏治療者三種必備態度之中，眞誠一致是最重要的一種態度。在治療關係中除非治療者是眞誠的，否則他的所謂「溫暖的接納」和「同理心的了解」都變成不眞實且喪失它們的意義。

所謂「一致性」是指治療者在諮商過程中，其有機體所有的經驗都能自由地被其知覺所承認，因此其自我概念和經驗是一致的。諮商者信任他的經驗且自由地照着它去做。眞誠和一致性相類似；在治療關係裏治療者應該是其自由而深刻的本身，不戴有假面具，他的態度和感情都是開放的、自然的；不但對愉快的感情開放，同時也對受傷

害的感情開放。不過，如果有消極的感情存在，治療者能夠建設性地而非破壞性地利用它們，以幫助二者間誠實的溝通。

因為治療者也是人，不能盼望他達到完美適應的程度；在這裏也並不是說諮商者必須是一個完全一致性的人，而是說「在和當事者的關係中」諮商者如果是一致性的，那麼治療過程將可以順利展開。只要在諮商的時間裏，諮商者是他真正的自己就夠了。此外，這種說法，也跟以前二種說法一樣，一致性是存在於一個連續體中（continuum）而非在一個全有或全無（all-or-none）的基礎上。

假如治療者能夠持續這種真誠一致的態度，他與當事者的關係即逐漸增強真實與現實感，也逐漸獲得當事者的信任，因此逐漸使當事者敢在這關係裏把自己的感受說出來讓治療者知道。

此外，在治療關係中必須要治療者和當事者之間有所接觸（contact）。當事者在一種不一致（incongruence）且易受傷害的（vulnerable）和焦慮的（anxious）狀態中，以及當事者要能知覺到治療者有意做上述三方面的努力，而且有部分獲得成功，如此，治療效果才能達成（註四）。

陸、治療的技巧

與其他諮商理論比較起來，「個人中心治療法」是比較不重視治療技巧的。不過，由於其基本的主張，在實際進行諮商時，仍然有一些技巧上的考慮：

1.強調治療者的態度　誠如先前所說影響治療效果的重要因素之一是治療者的態度；因此這應該是治療者在運用各種治療技巧之前所

必須注意的。

2.基本技巧 包括傾聽、情感的反映和澄清、溫暖、無條件的尊重、支持、再保證等。這些技巧必須經由不斷的練習才能熟練。

3.治療上的限制 包括(1)責任的限制，基本上治療的責任必須由當事者來承擔，諮商者居於協助的地位，因此諮商者對當事者的問題和行為所負的責任必須有所限制。(2)時間的限制，諮商的時間是由治療者與當事者商量而定，諮商時間一到，諮商者必須提醒當事者結束會談。

4.諮商關係的「場面構成」（Structuring） 包括場所、日期、費用、保密、劃清雙方責任等都是「場面構成」的要素，必須加以注意。

柒、治療的過程

羅氏曾經提出下列十二個諮商步驟，但他認為它們彼此之間並不是分割獨立的，而是相互關聯的。

1.當事者前來尋求協助。

2.諮商者闡明「諮商情境」。

3.諮商者鼓勵當事人針對問題自在地表達其感情。

4.諮商者接納、了解並澄清當事人的感情。

5.當事者在充分表露「消極感情」之後，開始表現某些輕微而短暫的「積極感情」，此有助於當事者的成長。

6.諮商者接受並了解當事者所表達的「積極感情」，就如同他接納與了解當事者的「消極感情」一樣。

7.當事者開始有了「自我了解」與「自我接受」這種領悟乃是整個「諮商過程」極為重要的一面。

8.當事者澄清可能做的決定和可能接納的行為此一過程和當事者領悟的過程很難截然分開。

9.當事者開始一個初步而微小的但極為重要的積極行動。

10更進一步的領悟；當事者有勇氣更深入地省視自己的行為並獲得更正確與更完整的自我了解。

11當事者表現更多統整性的「積極行為」，他對於做決定的恐懼減少，而對於「自我引導」的行為之信心倍增。

12當事者求助的需要降低，並認為「諮商關係」應予結束。

前文曾說過，雖然諮商過程至此可以結束，但這並不是說「諮商工作」已經結束。當事者應把由「諮商情境」中所獲致的領悟與改變，帶到日常生活之中。拋開從前據以評價自己的「價值的條件」，讓「有機體的評價歷程」做為評價經驗與約束行為的準則，重新掌握自己的行為，仰仗自己，繼續邁向自我實現的人生旅程。

經由以上的治療步驟，羅氏以為當事者人格將產生變化，變化的次序如下：

㈠第一階段

在這階段裏，當事者只願意討論與自我無關的外在事件，而不承認他對某事件的感覺或看法。他以呆板的方法看事情，而把親密的人際關係視為危險的。

㈡第二階段

在這階段，當事者雖談及感覺或情緒，但視它們為過去與自己無關的外在事件；他覺得他和自己的感覺相隔很遠很遠。討論與自我無關的問題時，當事者可能自由自在地，但前後不一致地做一些有關自

我的談話。他可能承認他有困難、有衝突，但把困難或衝突都視爲外在問題。

(三)第三階段

很多有關個人的感覺或解釋在這一階段裏出現，但都被視爲不屬於現在的，而且是不好的、不能被接受的經驗。當事者喜歡將他對於情境的經驗當做已發生過的事來敍述，或喜歡以過去的詞句來描寫。描寫自我時，當事者把自我當做一個客觀的物體存在，或當做經過反省後的，或別人眼光裏的自我來描寫。在這時期，個人的概念是呆板的，但當事者却有時會懷疑它的正確性。這時候，當事者開始了解，任何問題都存在於他本身而不會只存在於外界。

(四)第四階段

在這階段裏，個人經驗到的感覺與意義都已被當事者認爲是屬於自己的。然而，強烈的感覺還是被描述爲不屬於目前的事件。當事者會朦朧地覺得，不被自我所接受的感覺可能會突破防線進入自我而變爲目前的經驗；當事者懼怕這種突破會發生。在這時候，當事者不願意，也害怕承認他正在經驗某種感受；當事者清楚地覺察到他有矛盾，也會發現他很關心這種矛盾。某些時候，當事者發現，他會對經驗賦以一些特殊意義，但他知道這些意義並不是那些經驗所固有的、不變的、唯一的意義。這種發現促使當事者鬆弛他原有的個人想法。在這階段，當事者感到對自己的問題或症狀，他應該負起責任；他也願意嘗試用情感和別人建立關係。

(五)第五階段

當事者可能當時就表達出來他的感覺；換句話說，他可能直接地、卽刻地經驗到當時的感覺或情緒，並願意擁有這些情緒。被拒絕於自我之外的情緒現在會像水泡似地從不被覺察到的地方飄流至可被

覺察到的地方；但對這些資料的浮現，當事者仍然感到惶恐，但會慢慢相信其時的經驗是行為的寶貴指南。在這階段，當事者也已知道，矛盾乃由自己不同態度的對立所引起；在這階段，當事者更覺得他應該對自己的問題負責。

(六)第六階段

被拒絕的感覺在這個階段不但被接受，也即刻地被經驗到。當事者再也不把這些感覺視為應該被否定、被懼怕或與其爭鬥的對象。對這些感覺的首次經驗常常都是很生動的，很戲劇化的，而且給人帶來解放的感覺。在這時期，當事者完全知道體驗是一個人獲得與自己或與生活直接接觸的良途，他也已知道，自我是一種經驗的過程，是流動的，不像一般人所想的固定不變的存在。因為當事者已發現原有的牢不可破的個人想法或構想是自己想出來的，所以他可能覺得他再也無法是穩定的；在人際關係中雖有被批評的危險，他還敢拿出自己的真我和對方相面對。

(七)第七階段

治療進行到這最後階段時，當事者可舒適地生活在直接經驗中；他很直接、很充實的經驗新的感覺。在這階段，前後不貫串，表裏不一致的心態已不存在，即使存在，也極短暫。對每一個經驗，當事者會賦予暫時性的意義，而在繼續累積的經驗下，他會依據事實不斷修正這暫時性的意義。

此外，在進行諮商治療時，治療者應該自問下述六個問題，並且評估自己的努力是否可給每個問題以肯定的回答：

1.我是否已讓當事者覺得我是一個誠懇、真實的人？

2.我是否已讓當事者覺得我是一個將當事者之心理需求視為比我本身的心理需求更重要的人？

3.我是否已讓當事者覺得我不斷地努力去了解他，而且有時能成功地了解他？

4.我是否已讓當事者覺得我不斷地努力去進入他的經驗世界裏，而且有時會成功地進入他的經驗世界裏？

5.我是否已讓當事者覺得我認爲他是值得我去幫助的人？

6.我是否已讓當事者覺得我尊重他的權利，認爲他是他自己的情緒與經驗的最高評判者或解釋者（註五）？

捌、個案實例

【例　一】

爲了幫助讀者了解羅吉斯的心理治療過程，本文特別提供他和一個精神分裂病患者的治療互動情形當做參考。這是他和吉姆·布朗的兩次會談紀錄。原載於一篇名爲「一個沉默的年輕人」的文章中。

一個沉默的年輕人

吉姆·布朗，男性，廿八歲。曾經三次住院接受治療。第一次是在他廿五歲那年。那次，他住院三個月。到目前，他總共住院十九個月。他高中畢業，並曾在大學選讀一些課程。醫生診斷他爲「簡單型的精神分裂症」（simple schizophrenia）。

在這兩次的會談當時，我和他每週談話兩次。他總是很準時的來。我們之間的關係很好。我很喜歡他，而我也相信他喜歡我，因爲在經過幾次的談話之後，他曾對住院醫生說道，在這個世界上總算有人了解他。他總是沉默很久才說話。但當他在表達痛苦或憤怒的感覺，則轉爲釋放。在這兩次會談之前，他已經能面對一個事實，就是他被繼

母、親戚，甚至他的父親所拒絕。在這兩次會談之前的幾次談話，他甚至更爲沉默。而這兩次會談的起頭部分，他所說的話也不超過五十字。

會談一（星期二）

T：我發現抽屜裏有一些香煙。你看！它還在燃燒着呢！（沉默二十五秒）

T：今天早上你好像是在生氣的樣子？我沒猜錯吧？（個案輕輕的搖搖頭）沒生氣？（沉默了一分二十六秒）

T：是不是願意讓我知道到底發生了什麼事？（沉默十二分五十二秒）

T：（溫柔的說）我想講的是，如果我能幫上什麼忙的話，我願意幫忙。但是，如果你願意自己承擔，那也是可以的。不過，我還是要說：我很關心你，我不願只是呆呆的坐在這裏。（沉默一分十一秒）

T：我想你的沉默是在告訴我：你不願意讓我幫忙，或者我幫不上忙。那樣也好。我不會打擾你。但是，我只是要讓你知道我在這兒。（沉默十七分四十秒）

T：看來我得停一下了。（沉默二十秒）

T：我眞是不了解你所感覺到的那些。不過，似乎你也不太了解你的感受。但是無論如何，這段時間裏你好像蠻舒服的。但是，我實在不能了解你的感受。最近情況是不是很糟？（沉默四十五秒）

T：也許今天你希望我不要講話。也許我該這樣做。但是，我總是有一種感覺，我也說不來，反正，我是想要和你一同分擔這種感覺的。（沉默二分二十一秒）（吉姆打了個哈欠）

T：你好像很沮喪的樣子，或者是很疲倦的樣子。（沉默四十一秒）

C：不！只是心很煩。

T：心煩？你覺得心很煩？（沉默三十九秒）

T：星期五的十二點老時間你能來嗎？

C：（打着哈欠，並喃喃自語，但是聽不清楚其內容）（沉默四十八秒）

T：好像心煩，心情也不好，嗯？是不是這樣？

T：哦！你覺得自己沒希望了？我知道，你對自己很失望。我能了解這點。可是我並不覺得沒希望。但是我了解你這麼想。你覺得沒有人能幫你忙，而你也無法被幫助了。（沉默二分一秒）

T：我想你就是感覺這樣的，很消沉。（沉默二分）

T：我還得忙到下午四點，或許還會晚一點。但是，如果你真的希望再來找我的話，那麼下午四點時，你來一趟好嗎？否則，星期五中午我們再見面。如果現在你不想讓別人看到你哭，你就到外面坐一會兒再走。或者，你就到樓下會客室坐坐，看看雜誌也可以的。抱歉，你非走不可了。

C：我不想再回去工作了。

T：你不想回去工作嗯？

　　這是這次會談的結尾。下午治療者和布朗先生再見了面。他的神情看來開朗多了，並且提到下午他想騎車進城。星期五，治療者再和布朗先生晤談。內容是：

　　會談二（星期五）

T：我帶來幾本雜誌，如果你要的話，你可以拿去。(沉默四十秒)

T：自從上次見面以後你就沒再和我連絡，那天你上街去了嗎？

C：是啊！我和一個小孩開車子去。

T：嗯！嗯！（此時隔壁發出噪音）（沉默二分）

T：對不起，我出去一下。（出去，噪音停止，再回來）（沉默二分二十秒）

T：不曉得是什麼原因，今天我覺得你好多了。你不再用手遮着臉，我比較能看清楚你。比起以前更讓我感覺你是和我在一起的。你的臉不再埋在手裏。（沉默五十秒）

T：我的感覺是，我覺得你每次來這裏時，你的心情都不好。有時是像上次那樣，有時雖然沒有那麼嚴重，但也是差不多。不過今天——

C：我要離開這裏了（指醫院）。

T：哦！

C：我要離開這裏了。

T：你想要離開這裏？真的離開這裏，你的意思這是樣嗎？一定有原因的。究竟什麼原因呢？你願意告訴我嗎？如果我沒猜錯的話，你是不喜歡這裏的。不過，總是還有其他更特別的原因吧！

C：我是要離開這裏，而且死掉算了。

T：嗯哼！嗯哼！嗯哼！你不只是想要離開這裏，還想死掉算了嗯？（沉默三十秒）

T：如果讓我進一步的去了解這種感覺的更深層含意，我會覺得好像是一個受盡打擊的人，想死掉算了。同樣的，你想離開這裏，離開這個世界！（沉默一分）

C：（幾乎聽不清楚）昨天一整天和今天一早上，我都希望自己
　　能死掉算了。昨天晚上，我甚至還禱告自己能死掉。

T：我想我能體會到這幾天來，你一直希望自己能死掉。甚至也
　　為此而禱告。不過，使我吃驚的是，你居然對活下去感到那
　　麼難過，你希望自己能死掉。（沉默一分十二秒）

C：不是。

T：不是？（沉默二十秒）

C：不是。我只是覺得我對任何人一點用也沒有。過去不是，將
　　來也不會是的。

T：你現在的感覺是這樣的，嗯？你覺得你自己一點用也沒有，
　　永遠也不會對任何人有益處。你一點價值也沒有，嗯？這眞
　　會令人心情不好的。也就是說，你覺得你自己一無可取,嗯？

C：嗯。（喃喃自語，聲音低而消沉）那是前幾天和我一起逛街
　　的人對我這樣說的。

T：和你去逛街的人眞的說你一點用也沒嗎？那就是你剛才所講
　　的嗎？我說的對不對？

C：嗯！

T：當有一個人對你說你一點用也沒，我想知道的是，爲什麼當
　　他這樣說的時候，你好像被打了一棒似的。（吉姆靜靜的哭
　　泣）而且還使你流眼淚呢！（沉默二十秒）

C：（有些故意反抗的樣子）我一點兒也不在乎。

T：你說你不在乎。但是我却覺得你有些地方是很在乎的，所以
　　你會流眼淚。（沉默十九秒）

T：也許你有一部份的感覺是：「我又挨了一棒，似乎我這一輩
　　子挨的棒還不够。好不容易有個人讓我覺得可能會對我好一

點，但是，現在他又不喜歡我了。於是，我只好說我不在乎。對我來說，沒有什麼差別的。—— 但是我仍然掉眼淚了。」

C：（喃喃自語）其實我早就料到會這樣了。

T：嗯？

C：我早就料到了。

T：我想，最令人傷心的是他所說的話，也就是你一向對自己的看法。這是不是你剛才那句話的意思呢？（吉姆輕輕的點頭表示同意）嗯！因此你覺得他證實了你早已知道的。他證實你對你自己的觀點。（沉默二十三秒）

T：因此他所說的，和你早就有的感覺，讓你相信所有的人都會認為你一無可取。（沉默二分一秒）

T：（深思的）讓我來整理一下。可以這麼說，就是當有一個人，你願意和他交往時，他卻打了你一棒，並且說你一無可取，我想這是一個很大的傷害，傷得那麼深，使你幾乎不能忍受了。（沉默三十秒）

T：吉姆，今天我們必須結束了。（沉默一分十八秒）

T：這種傷害實在是很大，不是嗎？（這是對吉姆默默流淚所做的反應）（沉默二十六秒）

T：如果你真是覺得那麼難過，你就盡情的哭吧！（沉默一分三秒）

T：要不要點衛生紙？你現在覺得好一點了沒？能不能走了？（沉默二十三秒）

T：我得和另外一個人談了。真抱歉！（沉默二十秒）

T：真不巧哦！（沉默二十二秒）

T：我問你，你是不是還有我的電話？（吉姆點頭）那好。如果覺得事情變得更糟的話，或者你覺得更難受，就請他們打電話給我，我就來。記得！如果你需要的話，就請他們打電話給我。

C：我想我是沒希望了。

T：因此，你一直希望着，希望着自己不要再活下去。你希望結束你的生命。（沉默三十秒）

C：比起以前來說，我現在最希望的就是能那樣。

T：嗯哼！嗯哼！嗯哼！我想你曾經想過很多事，不過現在你最希望的就是能死掉。（沉默一分三十六秒）

T：我在猜想，那朋友對你所說的話，是不是就是使你這麽難過的一部份原因吧。

C：大概吧！

T：嗯哼！（沉默四十七秒）

T：當那個朋友說你一無可取時，你眞希望自己不要再活下去。是不是這樣呢？

C：我一點用都沒有。我簡直一無可取。那我還活着幹嗎？

T：嗯哼！你覺得「我對任何人都沒什麽用，我幹嗎還要活下去。」（沉默二十一秒）

T：我猜還有一部份原因是，你看對不對，就是你還覺得「我努力的去做好他希望我做的，我眞的去試過。而現在，我對他來說竟是一無可取。他也覺得我不好。這就眞的證明我對誰都沒什麽用了。」是不是這樣？

C：哦！是的。別人也這樣告訴過我。

T：嗯哼！我了解。就像這些人所說的，你覺得自己一無可取。

（沉默三分四十秒）

T：我不曉得能不能幫你的忙。不過，我想說的是，我想我很能
了解你的這種——就是你所感覺對任何人都沒好處的感覺。
因為我以前也有過這種感覺。我知道這是很令人難過的事。
（沉默十三分）

T：我們只剩幾分鐘了。（沉默二分五十一秒）

T：下星期二，十一點再談好嗎？（沉默一分三十五秒）

T：你說好嗎？下星期二，十一點是不是可以呢？

C：不知道。

T：「我不知道」。（沉默三十四秒）

T：你是說你不知道該說「是」或「不是」。我想你太難過了，
也沒辦法想那麼多。（沉默一分五秒）

T：我反正把時間定在那個時候。我真希望那時能看到你。（在
時間表上註明下次的時間）（沉默五十秒）

T：我還想說的是：假如你仍是那麼的難過，一定要他們打電話
給我。假如你已經決定離開這裏，我也希望他們通知我，讓
我能看看你。我不會阻止你的，我只是想看看你。

C：今天我可能就要走了。至於要去那裏，我就不知道了。其實
我也不在乎去那裏。

T：你只是覺得自己已經下定決心要離開這裏了。你並不是特別
想要去那兒，只是想離開這裏是嗎？（沉默五十三秒）

C：（沮喪而喃喃的聲音）我一定要離開這裏，因為我根本就不
在乎會發生什麼。

T：哦！

C：我一定要離開這裏，我根本不在乎會發生什麼事。

T：嗯哼！嗯哼！你想走，你**眞**的不在乎你自己會怎樣。你並不
　　在乎會發生什麼。而我，我想說的是，我在乎你，我也在乎
　　會發生什麼。（沉默三十秒。吉姆開始流淚並啜泣。）

T：（溫柔的）這當然是會讓你很難過的。（沉默三十五秒）

T：你哭吧！你覺得很難過就哭吧。（吉姆繼續啜泣。並且涕泗
　　交流）

T：我能感覺到你心裏的那種感覺。你哭吧！哭吧！（他把頭埋
　　在手裏，趴在桌子放聲的哭）

T：我想你這幾天來，所積下來的感情都放出來了。（沉默三十
　　二秒。繼續啜泣）

T：要不要些衞生紙？（同情的）你一定覺得心碎了。（沉默一
　　分五十六秒）

C：我**眞**恨不得死了算了。（啜泣着）

T：你**眞**的希望自己死掉，不是嗎？嗯哼！你覺得非常難過，希
　　望死掉。（治療者輕輕的把手放在吉姆的手臂上。吉姆沒有
　　什麼特別的反應，而仍然繼續的哭）（沉默一分十秒）

T：你覺得很難過，心都碎了，希望你能死了算了。（沉默三分
　　二十九秒）

T：活着**眞**不好受，不是嗎？你**眞**希望一死了之。（大聲的欷歔。
　　沉默六分十四秒）

T：我**眞**不願意讓你走，**眞**希望能一直陪着你。但是我另外還有
　　事。我已經遲到了。

C：哦。（沉默十七分）

T：是不是已經好一點了？（沉默一分十八秒）

T：星期二能看到你嗎？

C：（回答，却聽不清說些什麼）

T：嗯?

C：我不知道。（聲音幾乎聽不清楚）

T：「我不知道」！嗯哼！你知道我剛才所說的。說眞的，我希
望星期二能見到你。這段期間內，如果你需要我的話，不必
猶疑，請打電話給我。（沉默一分）

T：眞不好受哦！（沉默二十四秒）

C：就是嘛。

T：那是當然的。（吉姆慢慢的站起來要離開）（沉默二十九秒）

T：要不要拿這個? （吉姆拿了約定的時間表）（沉默二十秒）

T：那邊是洗手間，你可以去洗個臉。（吉姆打開門。走廊有其
他的聲音）（沉默十八秒）（吉姆轉身走回房內）

C：有沒有香煙? （治療者找香煙）

T：剛好有一根。我在皮包裏找到的。不過不曉得已經放了多久
了。好像放了很久了。

C：我會來看你的。（聲音幾乎聽不到）

T：好的。下星期二我等你來，吉姆。

這個年輕人，他被視爲麻煩份子。他常常覺得自己被人看不起、被
笑落。他容易防衛自己，常和醫院裏的工作人員打架，常和別人作
對。也常想離開醫院。在這兩次的談話中是針對他的「一無可取，毫無
價值」的感覺而談的。在會談中，我給他溫暖及主動的關心。我尊重
他這個人。然而他却不斷的對自己感到絕望。我也不停的去了解他的
這種感覺。我們兩人都是坦誠相對的。雖然在教育程度、社會階級等
方面差異很大，但我們仍能溝通。我們兩人是在一種關係之中。這種

關係產生了他的一些改變。譬如他本來自認爲頑固、苛刻、被虐待、無用、沒人可愛、沒有人愛他。但在經驗我對他的關心之後，他的自我防衛的硬殼破碎了，以後他不再把自己關在裏面。他能經驗到別人對他的關心，並變得較爲溫和。他很容易被傷害，唯有愛心及關心才能幫助他。 這也說明他爲何啜泣， 並再回到辦公室向我要煙等等行爲。雖然他是來要香煙，但也是要來告訴我他會再來的。因此我判斷在治療過程中，他已產生一些改變了。

諸位也許會詫異我居然有一段時間沉默了十七分鐘。我的理由是爲了要進入吉姆所說的情況中。當我覺得沉默會引出某些重要的感覺時，再長的沉默我都能待下去，並且我去聽，去感受那沉默的特別意義。

有關吉姆後來的情形，是這樣的：過了一個月後，他開始顯出一些改變。他願意一點一點的去探索生活裏面好的那面，即使結果有時很糟糕，他還是不斷的去嘗試。有幾次他都準備好了要離開醫院回到學校，但是後來却和院裏的人發生爭執（當然這是別人的過錯），甚至還被鎖了起來。 最後， 他承認他怕出去， 他怕自己會做不好。 當我告訴他得由他來決定時，他選擇白天到學校、晚上回醫院住的生活方式。他自己處理了幾個現實的問題，並爲自己在社區中找到一個住所，而搬去住。

當他願意讓別人關心他的時候，他也能去關心別人。他接受我們中心裏工作人員的友誼。他感覺自己眞正被當做人看待。他也能去結交自己的朋友。 並且爲自己找了 份業餘的工作。 他開始過獨立的生活。兩年後及八年後的兩次追踪，發覺他生活得很好。尤其第八年的追踪談話中，他特別向我提到我們兩人以前的治療關係，對他有深刻的影響及莫大的幫助。這對我來說，意義深遠！

【例 二】

G，三十歲，已離婚。會談一開始就討論她目前的問題。G覺得她對九歲的女兒不誠實。因為自從離婚後，她和別的男人有過性關係，G和女兒的關係一直很好，但她却不敢和女兒談起這件事。為此她覺得心裏很衝突。她想知道，如果她把她和其他男人發生性關係的事對女兒講，是否會影響她和女兒間的關係。在開始的時候，G對羅傑斯（以下簡稱R）說「我很想從你這裏得到一個答案。我要你告訴我，假如我對女兒說了實話，對她是不是會有不好的影響，或是……?」後來也有兩次她都希望R給予答案。顯然的，她要權威告訴她怎麼做。R的反應則在告訴她他了解她的困境，並導引她自己去找答案。每當她問起這個問題，R的這些話就幫助她更進一步去認識她自己的感覺。

當她第一次向R請求答案時，R回答「這完全要看她了。你是怕——你們之間原來那麼好的關係——你覺得好像會破碎。」在G回答之後，R又說：「我也很希望能告訴你該怎麼去對她說。」她說：「我就怕你這樣說了。」R說：「因為你真正想要的是我能給你一個答案。」G開始去探討她和女兒的關係，後來她說她真的不知道女兒是否能接納她不好的這一面。G也發現她自己也是不一定能接納她的這一面。後來她要R給她一個答案。她說：「你就只是坐在那裏，而讓我一個人陷在問題裏。我要你多幫我一點忙。」R回答說：「不是的，我並不是故意要讓你獨自陷入煩惱中。相反的，我覺得這是私人的事，我不能替你回答。但我相信我是在幫助你去找到你自己的答案的。我不曉得你能不能明白這點。我是真心在幫助你的。」G說她也知道R的用心。R和G開始探討G的感覺。這時集中於G的行為和其

內在標準之間衝突的探討。很快的，她却說：「我要你直接給我一個答案——」R回答：「我想，也許你聽了會不太舒服的，但依我看來，你對自己才是眞的不誠實。因爲我由你所說的話有這種感覺。你說『假如我對自己所做的不覺得有什麼不對，假如我眞的覺得沒有什麼不對的話，那我就不必在乎我對女兒說了之後會怎麼樣，或者我和她之間的關係會怎麼樣』。」而G却說：「好吧！聽了你所說的，那麼，好吧！那麼我該接受自己了。我該覺得它沒有什麼不好的。那就對了吧！那麼一切就順其自然，而我也不必坦心女兒她——」由這段話可看出G得到一個領悟。她了解問題的解決是在她自己而不在權威。從這裏起，兩人會談的內容集中於她內在衝突的討論上。她要求R以權威者的身份給她一些支持，否則她不敢冒險去對孩子說這些事。R說：「我想這眞是很難的。不過你得冒個險，去讓她認識你眞正是個什麼樣的人。」G說她也希望不必從別人那裏獲得鼓勵就能去冒這個險。後來她說她願意去對女兒說了。她並且說：「現在我覺得好像一切問題都解決了。雖然我還沒去做，但我已經覺得問題都解決了。」G還說：「我覺得你一再告訴我，你不給我任何的勸告。但是，我却覺得你在對我說：『G，你知道你該怎麼做。去吧！就去做吧！』我從你那裏得到這種感覺。」R回答：「我想我的了解是，你在告訴我你已經知道你要怎麼去做了。是的，我相信每個人都會知道自己該怎麼做的。」G已感覺到R的同理性了解及對她的無條件尊重及接納。從「當事人中心的輔導法」理論來說：當個案感覺自己被了解並被器重後，個人會從原先希望由別人提供答案，變爲倚靠自己的感受去解決自己的問題。

下面的部份，則集中於G的內在價值系統之探討。並了解爲什麼她有時候會產生衝突的感覺。G說她和R在一起時，眞愉快。「我能

和你談話眞棒！我希望你贊同我。我也會敬你。但是，我爸爸，他却不能像你這樣的和我說話。我的意思是說，我喜歡你做我的爸爸。我不知道爲什麼我會這樣想。」R回答說：「你看來像個乖女兒！不過你却覺得不能和自己的爸爸這麼開放的談。」G現在已能接近她的內在經驗。G開始談到她和父親間的關係。原來在她心裏存有深深的傷痕。她從原本在尋找如何對女兒談的答案上，變成心裏傷痕的討論。她談到她不斷的嘗試和父親般的男人交往，假裝這些人是她的父親。就像她對R的態度。R說：「我並不覺得這是裝出來的。」G說：「可是你並不是眞的是我爸爸。」R：「不，我是指我們之間的關係而言。」G：「哦！我之所以覺得那是裝出來的，是因爲我無法期待你也能對我有很親近的感覺。你並不很了解我。」R：「我所知道的是我有那些感覺。我現在覺得和你很親近。」在這裏，R表現出誠摯的關心，而這經驗是G一直無法從她父親那兒獲得的。會談就在不久之後結束了（註六）。

玖、應用與貢獻

一、應　　用

　　目前「個人中心治療法」理論被廣泛的使用於個別與團體諮商，尤其是在學校中最爲流行；適用對象包括正常人、適應不良者、精神官能症患者及精神病患者。

二、貢　　獻

　　「個人中心」治療理論的貢獻大體上可分述爲下列七點·

1.其獨特的貢獻乃是採取積極的態度並假設當事者應該自己負責任，有能力引導自己達到自我實現。

2.對傳統的治療者角色提出挑戰；強調影響「諮商關係」最大者爲諮商者的「態度」而非其「技術」。

3.持樂觀而積極的態度。

4.建立起當事者而非諮商者爲諮商過程的中心焦點。

5.確認並強調「諮商關係」爲促進當事者人格改變的主要利器。

6.重視「諮商」應關切者爲當事者的情緒與感情。

7.提供大量的研究並刺激其他持不同觀點的諮商理論者從事量化的研究，因此導致對於「諮商過程」更多的了解。

拾、評　價

「個人中心」諮商理論的評價大體上約有如下五點：

1.過份強調決定個體行爲的情緒與感覺因素，忽視了智慧、認知與理性對個體行爲的影響。

2.將所有案主的目標都認爲是發展自我，如此忽略了案主的獨特性及需求。

3.所要求的諮商態度不易做到。

4.主要以諮商員之人格與感受性爲主，不十分重視諮商員在理論與技術之訓練。

5.在學校中常見受到其他教師與行政人員之壓力，要求立刻使當事者行爲改變。

【附　　註】

註一：A. W. Combs and D. Snygg. *Individual Behavior : A Perceptual Approach to Behavior*, Harper, New York, 1959, P. 84-89.

註二：詳見　陳照明：諮商理論與技術要義，大洋出版社，六十六年十月初版，頁九十四至九十七。

註三：詳見　王培榮、羅白蓮摘譯：羅傑斯的自我實現論與人文敎育，「國敎天地」三十二期，頁三十一至三十二。

註四：B. Stefflre & W. H. Grant. *Theories of Counseling*, 2nd ed. New York: McGraw-Hill, 1972, P. 92-103.

註五：詳見　柯永河：臨床心理學──心理治療（第二冊），大洋出版社，七十年七月叁版，頁一三九至一四一。

註六：本節二例均錄自　程玲玲：受輔者中心治療法，收入張老師主編，現代心理治療理論，幼獅，六十八年一月再版。

【參考書目】

1. 呂勝瑛：政大敎育研究所「諮商理論與技術」講義。

2. 王連生：羅傑斯的心理指導原則與心理治療技術之研究，「敎師之友」17卷9期，65年11月，頁二至十。

3. 王培榮、羅白蓮摘譯：羅傑斯的自我實現論與人文敎育，「國敎天地」三十二期，頁二十八至三十五。

4. 陳君卿：諮商與自我理論（上、下），「輔導月刊」十二卷七、八期、九、十期，六十五年四月、六月，頁六至九、頁六至八。

5.齊才：羅傑斯諮商與自我觀念之理論，「臺灣教育」三一八期，六十六年六月，頁十五至十七。

6.楊國樞：輔導理論與方法的中國化，「張老師月刊」四十四期八卷二卷，七十年八月一日，頁二十二至三十一。

7.陳照明：諮商理論與技術要義，大洋，六十六年十月初版，第五章。

8.柯永河：臨床心理學——心理治療（第二冊），大洋，七十年七月叁版，第十九章。

9.張老師主編：現代心理治療理論，幼獅，六十八年一月再版，第一章。

10.劉焜輝：諮商理論與技術，天馬，六十七年九月四版，第三章。

11.南博編、劉焜輝譯：心理學名著12選，天馬，六十七年四月初版，第十一章。

12. Stefflre, B. & Grant, W. H. *Theories of Counseling*, 2nd ed. New York: McGraw-Hill, 1972, Chap 3.

13.牛格正: An Evaluative Study on Roger's Theory of Counseling, "教育學院學報" 4 期, P. 181-196

14. Corey, G. Theory and Practice of Counseling and Psychotherapy, 雙葉書廊, 1977, Chap 4.

15. Hansen, J. C., Stevic, R. R. & Warner, R. W. Counseling: Theory and Process 2nd ed. Boston, Massa. : Allyn and Bacon, 1977, Chap6.

16. Rogers, C. R. *Dealing With Social Tensions*, New York: Hinds, Hayden & Eldredge, Inc., 1948.

17. Rogers, C. R. *Client-Centered Therapy: Its Current Practice, Implications, and Theory*, New York : Houghton Mifflin, 1951.

18. Rogers, C. R. *On Becoming a Person*, New York: Houghton Mifflin 1961.

附錄: 自我實現理論的檢討

一、前　言

　　自我實現論 (Self Actualization Theory) 在國內行為科學界一直受到廣泛的注意與引用。可以說是心理學理論中，最受國人宣揚的理論之一。但是自我實現的理論，最近在美國却受到不少的批評與反駁。例如前美國總統卡特的白宮資深顧問，現任喬治華盛頓大學政策研究中心主任的社會學家 Amitai Etzioni 在他的新書「放肆的議程: 在二十一世紀之前重建美國」(Etzioni, 1982) 就提到美國人民普遍的追求自我實現，已經使得那些處於個人與社會、國家之間的制度如家庭和學校變得軟弱無力。Etzioni 以為這種自我中心的心態 (Ego-Centered Mentality) 是使美國虛空的罪魁禍首。而這種心態是深深植根於美國人民的個人主義。經過 Abraham Maslow 以及其他自我理論的心理學家所鼓吹而益發嚴重。Etzioni 引用 Yanke-lovich 所作的民意調查發現，有百分之十七的美國人抱着自我實現 (Self-Fulfillment) 的哲學。重視自我的需要、刺激及興奮，超過對工作以及他人（包括配偶與子女）需要的重視。其他百分之六十三的美國人則抱着或多或少的自我中心的哲學。所以總括起來約有百分之八十的美國人受到這種自我中心的心態所影響，Etzioni 更進一步說這種自我中心的態度已經嚴重腐蝕美國人民的生活。除非這種自我中心的態度有所改變，否則要談政治或經濟的革新是不可能的事。

　　為什麼自我實現的理論在我國廣泛受到宣揚與推崇，而在美國本

土却被某些學者視爲是腐蝕民心的互惡元兇？這是一個值得吾人深思的問題。本文將綜合各家的觀點對自我實現的理論加以檢討。使此後學者對於自我實現理論的介紹，或以此理論作爲心理治療的基礎，或以此理論作爲個人生活的指針時能加以三思。

二、 自我實現論的簡介

自我實現論（ Self-Actualization Theory ）是心理學理論中屬於人文主義一派的重要理論。人文主義的心理學強調人有自我導向和自由選擇的潛能。人文主義的心理學家關心「自我」和個人的主觀經驗。人文理論反對精神分析和行爲學派所主張的視人性爲機械化的觀點。精神分析和行爲學派把人描寫成無助的生物受內在本能或外在刺激的折磨。大多數的人文理論強調人的積極本性，也就是認爲人有追求成長與自我實現的本能（Hilgard, Atkinson & Atkinson, 1979）。

在人文主義的心理學中主張自我實現論的有兩位主要發言人Carl Rogers 和 Abraham Maslow。Rogers 認爲激勵人類機體的最基本力量是自我實現 ──「 一種追求完成、 追求實現、 追求機體的維護與促進。」 (A Tendency Toward Fulfillment, Toward Actualization, Toward the Maintenance and Enhamcement of the Organism.) (Rogers, 1977)

Rogers 相信人基本上是社會化的、向上向善的、理性的和切合實際的；人能力爭上游，不僅在設法維持生命而已，同時也在追求自我實現，以提昇生活經驗。人互相之間的潛能儘管有差別，但是每一個人都能夠盡力改善他的生活。而且人基本上是自動自發的。只要有機會，人們都會盡力去發展和運用他們的各種能力，以引導其生活。如果人處在一種不受批評與威脅的安全情境之下，而且能夠客觀地省

察個人的各種問題的話，人們都能夠有建設性的抉擇。

　　至於Maslow 的自我實現論則往往和他所提出的「動機的層次」(Hierarchy of Motives) 相提並論，Maslow 從一個人出生時即具有的基本生物需求上溯到比較複雜的心理動機。而這些複雜的心理動機，只有當那些基本的需要獲得滿足之後才顯得重要，整個「動機的層次」如下圖：

7. 自我實現的需求：尋求自我實踐，表現個人潛能
6. 審美需求：對稱、秩序與美
5. 認知需求：了解與探索
4. 尊嚴需求：能幹有成就，獲得讚許與認定
3. 隸屬與愛的需求：與別人發生關聯，被接受有歸屬感
2. 安全需求：感到身心安全，遠離危險
1. 生理需求：飢、渴等

　　Maslow 認為最高層次的動機，也就是自我實現。其意義為全部個性的發展，使人格的每一部分都很和諧 (Maslow, 1970)。Maslow 以一種獨特的方式來開始他的調查。他從卓越的歷史人物中選出他所謂的自我實現者 (Self-Actualizers) ──能將全部潛能充分運用的男人或女人。Maslow 的自我實現者包括: Abraham Lincoln; Thomas Jefferson; Jane Addamas; Spinoza; Albert Einstein;

Eleanor Roosevelt; WilliamJ ames。在研究過這些人物的生活之後，他完成了自我實現者的混合畫像。Maslow 認為自我實現者有如下的特性 (Maslow, 1967)：

　　1.能有效率地認知現實並能容忍不確定。

　　2.接受自我和他人的現狀。

　　3.自動自發地思考和行動。

　　4.問題中心而非自我中心。

　　5.具有良好的幽默感。

　　6.高度創造性。

　　7.雖然並非故意反傳統，但却抗拒文化的陶冶。

　　8.關懷人類福利。

　　9.能深入欣賞生活中的各種體驗。

　　10.與少數人而不是很多人建立深入、滿意的人際關係。

　　11.能從客觀的觀點來看人生。

而下列則是一些導向自我實現的行為：

　　1.像兒童一樣地體驗生活，充分地凝神和專注。

　　2.願意嘗試新事物，而不願執着於安全而保險的方法。

　　3.在評價經驗時，寧願訴諸自己的感情而不願服膺傳統、權威或多數人的意見。

　　4.誠實而不虛偽，不耍花招。

　　5.不會為了討多數人的歡心而放棄自己的觀點。

　　6.負責任。

　　7.無論從事何事，一旦作了決定卽全力以赴。

　　8.有勇氣放棄自己的自我防衞方式。

　　從以上對於 Rogers 和 Maslow 的自我實現理論之簡單介紹，

可以發現自我實現論對人持有一種爽快的、樂觀的看法，鼓勵人從積極的一面來看自己，這種對人性的積極看法，使得自我實現論在六十年代和七十年代深受歡迎，在學術界產生了鉅大的影響力。但是在現代八十年代的初期却開始有人對自我實現理論提出批判，甚至歸咎自我實現論為導致美國國力不振，使得人民性格腐蝕的元兇。其原因可能有多種，最主要還是在於其理論上的缺陷。例如 Hilgard 等人（Hilgard et al, 1979）就曾指出自我實現的概念，界說得非常含糊，以致於在對行為作精確預測時，並無多大價值。以下，作者將綜合各家觀點，對自我實現論加以批評。

三、對自我實現論的批判

自我實現論的優點在於(1)它肯定人性的積極面；(2)它重建道德上的樂觀主義；(3)對於人類的生活提供一個指引的理論；(4)對於人性的發展提供一個相當明確的觀點。

至於自我實現論的缺點，作者將把 Rogers 和 Maslow 兩者的自我實現論分別加以討論。首先要討論的是 Rogers 的自我實現論。在 Rogers 的名著「成為一個人」（*On Becoming a Person*, Rogers, 1961）一書中，Rogers 指出自我實現之道在於對自己真實。也就是遵從自己內在真正的自我而行事，不虛假，不做作。而這個內在的真正自我，其本性是良好而且值得信賴。所以自我實現乃是一種過程，是一個人根據其天生的良好本性而行為的過程。而這個天生的良好本性是業已充分發展。因此，個人的天職乃是努力去發現並遵照良好的本性而行事，以成為真實的我而非虛假的我。

有學者(Geller, 1982)就提出質詢說，到底在 Rogers 的自我實現理論中，這個既能成為真實又能成為虛假的主詞「我」是什麼？它

和內在值得信任的眞正自我之間的關係如何？它們彼此的關係只有兩種可能，一種是主詞「我」爲內在我的一部分，另一種是主詞「我」與內在我各自獨立。若主詞我是內在我的一部分，則內在我卽不可能是天性善良而可靠。因爲它（內在我）現在已經含有一個能够自欺以及欺人的主詞我。若主詞我與內在我是各自獨立的，那麼自我就不是一個統一和諧的整體，而是破碎而獨立的部分。無論是何者，其說法都無法令人滿意。

Rogers 並且認爲內在的自我(Self)天性善良而可靠，早在主詞我（Ｉ）了解此內在我（Self）之前，內在我就已經存在那裏了。也就是說內在我這種善良可靠的特質是天生而非經由社會經驗才形成，也就是說 Rogers 認爲這個內在眞正的自我是個非社會的實體，沒有空隙，不會因爲和他人的互動而改變形狀或特質。Rogers 對自我的這種看法是一種錯誤的觀念。因爲根據 Mead（1967）、Schutz（1966）等人的研究顯示自我形成的必要條件乃是要對世界、他人以及自己具有「有意義」的經驗，也就是要從與別人的溝通中才形成了自我。因此不可能天生就有一種內在的自我。所以，自我之本質及來源應該是具有社會性，乃經由社會的互動而產生。基於這種理由，我們只能說 Rogers 的自我實現論只能當成一種信念，神秘而不可解，在理性的觀點上則難以令人接受。

所有自我實現論的共同點就是勸誠吾人要忠於內在的自我，聽從內在的自我所發出的良知的呼喚。也就是聽從內在自我的命令。但是內在的眞正自我既是神秘而不可解，在實質上更是一種社會互動的產物。而社會互動的產物，由於受到互動中可能有的偏見、謬誤、錯覺等影響，不會是至善至美，毫無偏私，所以吾人很難分辨那種是內在善良自我的呼聲，而那種又是自私自利、自欺欺人的想法。所以時

常會有一些不良行爲（例如留學不返，不顧高齡父母的企盼，或社會國家的需要）假自我實現之名而行。因此有學者（Geller, 1982）認爲自我實現論的致命傷就是要吾人忠於內在的自我，而這個內在的自我却缺乏一種明確的行爲標準。當每個人各自解釋其內心自我的呼喚，有的人自省力薄弱或缺乏，將導致個人的行爲變得自私自利、自我中心。這樣一來不但眞正的個人自我成長毫無可能，甚至造成如 Etzioni 所感嘆的自我實現論爲妨礙社會進步的元兇。

其次要討論的是 Maslow 的自我實現理論，根據 Maslow（1968）自己的說法，需要的滿足有一種自然的順序和重要性。首先要滿足生物性的需欲（如吃喝、保暖等），其次是匱乏的需欲（如安全、自尊、愛、友誼等），最後則爲成長或自我實現的需欲（如創造、自主、自我的超越、高峯經驗等）。較低層次的需欲的滿足是較高層次的需欲滿足的必要而且充分的條件。其爲必要條件的原因是除非較低層次的需欲得到滿足，否則對較高層次需欲滿足的渴望不會發生。其爲充分條件的原因是低層次需欲滿足之後，人並不會停留在完全的生理平衡的狀態，而會馬上進入追求更高一層需欲的滿足。Maslow 認爲匱乏的需欲與成長的需欲之間最主要的差別，在於它們和周圍環境的關係。匱乏需求的滿足完全有賴於他人，所以是一種社會性的需求，而成長的需求則不必依賴他人也能得到滿足。假如周圍的環境，尤其是家庭和同輩團體，一直使個人匱乏需求的滿足遭受挫折，則會使得個人產生恐懼與焦慮，而固着在尋求低層次需求的滿足，無法向高層次需求的方向努力。因此，Maslow 認爲匱乏需求不得滿足，會妨礙對成長需求的期盼。

Maslow 在對於人性的討論中（Maslow, 1976）更進一步認爲人性生而具有創造、自主、眞摯、愛人、求眞等潛在的特性，就如同

人類的胚胎具有手、腳、腦、眼一樣。後天的環境並不會創造人性，而只能鼓勵助長或抑制人類潛能的實現。如同整棵的橡樹已經隱含在一粒橡實之中一樣，充分發展的個人已經隱含在個人內在的天性之中。假如一種需求有賴於他人才能得到滿足（如匱乏的需求），則環境對於個人的發展就具有影響。但是如果像成長的需求則不必依賴他人也能够得到滿足，此時環境就不具影響力。因此個人必須對自我的成長負責，而不能把此責任歸諸於環境因素。

Maslow 對人性的這種看法，在邏輯上有很大的困難。如果說人性本身很和諧，則無法說明 Maslow 所指出的現代人的病態如疏離感、冷漠、無聊、絕望等。如果說人性本身是矛盾的，則 Maslow等人的人文心理學理論就無法立足。因為人文心理學家認為人性都是向上向善的。為了避免這種困境，Maslow 就必須放棄「自我不受環境所塑造，文化不能影響人性」的觀點。不過，這種觀點一放棄之後，就表示自我是社會性的產物，旣是社會性的產物就會因不同的文化而有差異，也就避免不了不同文化主觀上的偏見與謬誤，因此，Maslow 的自我實現理論也就無法成為一種放之四海皆準的理論。

在個體的發展方面，Maslow 認為後天只能够決定個體發展的程度，而不能決定個體將會如何發展。也就是說控制個體發展的原則是內在的，由先天決定的。就如同橡實在環境有利之下，自然會發展成橡樹一樣。只要容許天性的自然開展，個體都會成為成熟而健康的人。Smith (1973) 曾經對於 Maslow的這種人類發展的推論加以批評說：如果人類的發展只是開展自然的天性，就像橡樹的一切特徵都已經存在一粒橡實中，所以人的一切特性也都具體而微的存在於基因裏面。而事實上人是社會化的動物，人具有語言、符號以及各種社會化的象徵意義。這一切都是在出生之後經過社會化的過程才學來的。

如果把這些象徵性的意義也視爲早就存在於基因中，在理論上是無法使人置信的。

在討論需要的層次時，Maslow (1976) 視所有人類的需求是一種天生的，盲目的衝動或力量，對個體不斷施以壓力，以求需要的滿足。人類的各種需要是獨立於語言、思考、經驗或社會化之外。也就是說人類的各種需要並不具有認知、象徵或社會的意義。Maslow 對於人類需要的這種看法也不正確， 因爲即使是人類對於「食物」的需要也是一種相當複雜的文化需求，而不只是一種盲目的衝動或驅力而已。至於人類需要的來源，Maslow 認爲也是來自於我們的天性，而不是由社會或文化所引發或創造的。也就是說人類要求的來源是天生的， 不受社會文化環境所影響。 事實上個人需要的產生應該是個體與環境互動的結果，而非純粹由環境決定或由基因決定 (Geller, 1982)。

同樣的，Maslow 也認爲自我 (Self) 是存在於人類本性之中，只要環境容許，自我就會自然的開展。對於自我的形成或創造，環境並不具有影響力。Maslow 對自我的這種看法和 Rogers 對自我的看法一樣都是一種謬誤神秘不可測，無法證驗，完全不合他們所注重的實證。

以上對於 Maslow 的需求層次，自我以及自我實現的檢討發現 Maslow 的觀點，傾向於天性自然開展的說法。認爲自我實現的需要早已存在個人的天性之中，如橡實含蘊着完整的橡樹一般。這種天性決定的觀點，或者說基因決定的觀點，對於人類行爲不但無法提供明確的指引，甚至混淆我們對人類行爲的解釋。無論如何，對於人類的發展，務必考慮到個體所處的社會文化環境。如此，在理性的觀點上才比較切合實際。

四、結　論

Rogers 和 Maslow 的自我實現論，不管在理論上或者對於個人的實際生活上，都具有很大的影響力。在心理治療和輔導方面，在學校教育方面，或多或少都引用到他們的理論。自我實現論的觀點，已經變成現代文化的一部分，人人要懂。但在實際上，Rogers 和 Maslow 的自我實現論的立論是錯誤的，如果以之作爲實際生活的指標，可能會造成 Etzioni 所指出的自私自利的生活型態。下面將對於自我實現論在實際生活中可能產生的不良後果及其原因加以說明。

現代化社會中的人際關係，無可諱言的，變成相當具有競爭性和工具性。人際關係的持久性和凝聚力日趨淡薄。如 Leibnitz 所感嘆的，人類社會變成爲單細胞生物的聚合體。每個單細胞生物最關心的還是自己。其他個體對自己都可能是種威脅，不可輕加信任。萬一不得不信任某個人的時候，也是因爲某個人可以幫助我達到我的目的。所以現代社會中人與人的關係常常是工具性的，人際關係成爲達到個人目的的一種手段。當人際關係日趨非人性化時，人們會把非人性化的人際關係視爲人的本性使然，是無法改變的，一旦人們具有這種態度之後，他自己也會變得只關心自己的利益，視別人爲對自己的一種威脅，也同樣的把人際關係當成一種工具和手段。這種人際關係的非人性化本來是一種社會現象，是工業化社會的產物，但是身受其害的現代人不加思考，反而以爲這是一種永恒的眞理，而將就忍耐或設法應付，並沒有加以改變。

很不幸的 Rogers 和 Maslow 的自我實現論中的一些觀點，和現代社會的非人性化交相呼應。Rogers 視自我實現爲順應內心自我的呼喚而生活。Maslow 則視自我實現爲開展個人自己的本性。這

種以自我為中心的論點，使得追求自我實現的人必須利用他人為工具以達到自我實現，因此所建立的人際關係也就是一種手段，是一種非人性化的關係。雖然，尋求自我實現並不一定要排除對他人善意的關係。但是，因為自我實現論者強調以「自我實現」當作生活所追求的目標，所以任何善意的或非功利性的人際關係只要是有助於個人的自我實現都是一種工具性的關係。因此儘管 Rogers 和 Maslow 堅持說自我實現不需要運用手段，自我實現是超越工具性的，但是只要人們刻意的以自我實現為生活標的，總免不了會以他人做為工具。

　　一旦每個人都以自我實現為標的，而自我實現的概念又是非常含糊，對於導向自我實現的行為界說不清，使得現代社會中的許多人以自我實現為名，而行自私自利之實。而且為了追求個人的自我實現，不管個人的用心多麼良好，都會造成人與人的分裂。每個人都以自我實現為生活目標，也就是以自我的利益為着眼點，則免不了視他人為工具，視人際關係為一種手段，真正出乎敬意與關懷的人際關係也就難以存在。當然，如 Rogers 和 Maslow 這些人文主義的心理學家主張人性本善，也最注重善良本性的發展，現代社會中孤獨的羣衆所表現的特徵是和 Rogers 及 Maslow 心目中的自我實現者的特徵極不一致。可是，很不幸的，由於自我實現理論本身的缺陷，使得自我實現論在實際上反而是支持了非人性的人際關係，以及成為個人自私自利的行為表現的一種藉口。

　　許多的西方理論學說都有它們的時代背景。自我心理學是反抗西方高度工業化社會忽視個人，壓抑人性，所發展出來的一種學說。這種學說由於過度強調自我中心，已經產生很多弊端。許多學者已經加以指出。　而在我國的教育界、輔導界及行為科學界仍視之為經典之論。當然作為理論上的討論尚無不可，可是如果以之作為心理輔導或

學校教育的指標，則宜三思。美國社會的前車覆轍，如Etzioni 所指出的各種問題，實足做爲我們的殷鑑。

　　以作者本身的看法，自我實現有其社會性，當某人以自我實現爲生活的目標時，務請他加以明確的界說，因爲在不同的時代，不同的文化環境下，自我實現的內涵可能就不一樣，而不是如 Rogers 和 Maslow 所宣稱的那樣，是天生的，全人類一致的。也許我們所更需要的一些生活準則乃是面對現況，所應當採取的一些行爲措施，兼顧個人的發展以及社會國家的需要，而絕對不是一些在西方安定社會之下的一些神秘而含糊的自我實現論點。同時，在這個時代，更重要的是責任感，一種對家庭、社會及國家的責任感。否則如報上所登的子女在國外當醫生，而父親却住在公費的養老院。或者企業家個人財富上億，但却建立在仿冒商標、盜用專利、套滙、逃稅上面，甚或捲逃鉅款流亡國外。政客爲了個人的政治前途、譁衆取寵，或者爲惡勢力說情。這種種社會、政治、經濟上的病態都是由於自我中心的心態所造成。要避免這種以自我實現爲名而行自私自利之實的事情發生。個人在尋求「自我實現」時要以對社區（Community）的責任爲參考指標，庶幾可以免於個人主義及自我中心的流弊。

【參考書目】

1.Etzioni, Amitai: *An Immodest Agenda: Rebuilding America Before the 21st Centry*, McGraw-Hill Book Co., 1982.

2.Geller, L., *The Failure of Self-actualization Theory : a Critique of Carl Rogers and Abraham Maslow.* Journal of

Humanistic Psy. V22. No. 2 spring 1982 56-73.

3. Hilgard, E. R.; Atkinson, R. L.; Atkinson, R. C., *Introduction to Psychology*, 7th ed., Harcourt Brace Jovanovich, Inc. 1979.

4. Maslow, A. *Toward a Psychology of Being*. New York: Van Nostrand, 1968.

5. Maslow, A. *The Farther Reaches of Human Nature*. New York: penguin, 1976.

6. Mead, G. H. *Mind, Self and Society*, Chicago: University of Chicago Press, 1967.

7. Rogers, C. *On Becoming a Person*. Boston: Houghton Mifflin, 1961.

8. Schutz, A. *Collected Papers*. Vol. 3, The Hague : Martinus Nijhoff, 1966.

9. Smith, B. *On Self-actualization*: *A Transambivalent Examination of a Focal Theme in Maslow's Psychology*. Journal of Humanistic Psychology, 1973, 13(2), 17-33.

第 6 章

完形治療法

壹、前　言

　　人類社會愈趨工業化，人與人之間的心靈距離亦隨之與日俱增，造成許多「有苦無處訴」的現象，心理學者爲消泯此一現象，使大多數人生活獲得良好適應，「心理治療」因而產生，完形治療法亦醞釀其中。

　　完形治療法是由十九世紀流行的存在主義與完形心理學導出的一派心理治療法。存在主義注重人如何去經驗 (Experience) 自己當前的存在，而完形心理學討論人如何去「知覺 (Awareness)」本身目前的存在，並認爲「行爲乃有組織的、統整的整體，而非特殊分離的部份」。完形治療的始祖皮爾斯 (Frederick S. Perls, 1893–1970) 攝其精義以爲：「有機體是一整體，具有統整的功能，身體、心理及心靈是同時存在的。」並兼採各種心理學理論，如：摩瑞諾 (Moreno) 心理劇要義，創立「空椅法」(Empty Chair)；推廣羅傑斯 (C. Rogers) 的回饋 (Feed back) 觀念，注意當事人 (Client) 的身體語言在治療上的意義，以及語義學的概念和人文主義的觀念，

而發展出完形治療法。

完形治療法爲存在治療的一種形式，強調人人皆須有屬於自己的生活方式，並肩負起自我成長的責任。它的基本假設是：人人都可有效地處理生活上的問題，諮商員（Therapist）祇是協助當事人去完全地經驗『此時此地』（here-and-now），並幫助當事人增進其自我知覺，自我感受（Feeling）與自我體驗（Experience）現在的情況。過去未完成工作而有碍目前情況者亦被拿來作爲當事人經驗的對象，以面對現實來解決當事者內在的衝突，擴大自我知覺的範圍。

此外，完形治療法並從二分法來說明個體的知覺；健康的人其經驗必能形成一有意義的整體，而不適應或失常的行爲乃是心理歷程中極端（Polarization）現象的表現，要解決該問題，須將極端或不和諸因素加以揭露，再經由面對事實與自我開放的過程，達到改變個人行爲的目的。

上述爲「完形治療法」之發展背景、發展情況，及要義之簡介。現玆將「完形治療法」分爲基本概念、治療過程、治療技術、評價及實例說明等五個部份來詳加討論。

貳、基本概念

㈠人性觀（View of human nature）

完形治療對於人性的看法是基於存在哲學與現象學，特別強調知覺的擴展（Expanding Awareness）、責任的擔負（Accepting Personal Responsibility），及全人的統整（Unify of the Person）等觀念。該派認爲人人皆有能力如一統整全人般地生活，且肩

負自己的責任。其對人性的看法，可概括爲如下幾個要點:

　　1.人是一整體的組織，由許多相互關聯的部份組成，如: 思想、感覺、知覺、情緒等，其中任何一部份皆無法獨立於整體之外而獲得瞭解，換言之，強調人的統整性。

　　2.人本身屬於其周遭環境的一部份，離却環境則無從瞭解。

　　3.人的本性是非善非惡的，導之向善，則善; 導之向惡，則惡。

　　4.反對決定論、宿命論。心理分析論者以爲人的人格智力等奠基於早期生活，決定於嬰幼兒期，然完形論者認爲祇要能促進其自我知覺，「改變」不是不可能的。

　　5.人是主動的行爲者而非被動的反應者。完形論主張諮商員立於協助立場來幫助當事人， 接受了刺激， 當事人應自行決定反應的形式，而不單是機械反應。

　　6.人具有潛能和自我知覺的能力。一般而言，普通人最多僅能發揮百分之五到百分之十五的潛能，但若在統整的情況下，則能發揮更多的潛能，且僅有在統整的狀態下，人才能自困擾中解脫。

　　7.人經由自覺 (Self-awareness) 來選擇反應的形式，並對自己的行爲負責，故完形論強調「自我知覺」及「責任擔負」。

　　8.人所能經驗的只有「現在」，對於過去和未來只能藉着回憶和期望，在現在經驗到。

　　㈡**現在觀 (The now)**

　　1.**此時此地**　Perls 認爲逝者已矣，來者未可知，唯有「現在」才是最眞確、最重要。諮商員須經由與當事人的談話中來引導當事人去經驗「現在」，引發當事人對現在的知覺; 諮商員不問「爲什麽」 (Why?) 而問「如何」 (How?) 和「是什麽」 (What?) ，然完形治療學者並非對過去完全不感興趣，「過去」若顯著地影響到個人

現在的情況時，諮商員須將「過去」引發到現在，使其再度發生，由當事人直接面對「過去」、經驗「過去」，而經驗的方式有許多種，待「治療方法」一節中細述。

2.未完成的工作（Unfinished Business） 未完成的工作係指未經表達，但却明顯地保留在記憶中的感覺，諸如：憤怒、悲傷、罪惡感、怨恨、焦慮、痛苦等；這些感覺並未被完全地知覺和經驗，但一旦介入當事人現在的生活時，會阻碍當事人與外界的溝通和接觸，這些未完成的工作會持續存在着，直到當事人把它處理掉。如未完成工作累積過多，當事人會發生偏差或失常的行為，如心神不寧，強迫性行為，過分拘泥，壓抑了人的能力和自我摧殘，而不能對「現在」有充分的意識。但也因為未完成工作之存在，促使個人努力設法去完成它。

3.人際關係的聯合 完形論主張協助當事人時，不用刻意去搜集過去的資料，若遇有使當事人現在痛苦的「過去」，則主張聯合各有關係的人重行演出，使過去重現，讓當事人在對話或扮演中重新自覺。

叁、治療過程

本段主要分二部份來探討：(1)治療目標；(2)治療過程：包括諮商員的角色與功能、當事人的經驗，及上述二者的關係等三小部份。

㈠治療目標

完形治療法有以下幾個重要的目標：

1.激發當事人由外在環境的支持進入自我的支持，即由人助而自助：Perls 以為治療的目標在「使當事人發現自我的能力，不再依賴

他人，而且這種自我能力遠超過自己所想像的。」這可說是完形治療最基本的目標。

2.幫助當事人過更充實、更完美的生活：Perls 相信一般人僅發揮其百分之五到百分之十五的潛能，這觀念和「存在——人文學派」學者馬斯洛(Maslow)的看法是相一致的。馬氏認爲「我們有固定的生活型態，我們一再扮演相同的角色，很少去求創新和突破。」言下之意，人極少動腦筋去尋求改變，求創新。而潛能更進一層地發揮，可使我們生活態度日新，使我們的生活更充實。

3.自我知覺的獲得：自我知覺是人格改變的工具。人有了自覺能力，才能面對與接受爲自己所否定的部份，並眞實地經驗存在，使未完成工作重現，藉完形治療方法加以處理。

4.協助當事人達成個人的人格統整：個人人格的統整與成熟，是一永無休止的歷程。當事人由於自我印象的影響，造成人格的分裂，無法盡己之才、滿足自我需求、自我發展及自我實現。一健全人格的主要特質在能自我調適和自我約束。完形治療的目標即在摒除自我印象的影響，提高當事人自覺能力，協調本身內、外在中兩極化的知覺，使未完成的工作不再干擾現在，而達到人格統整的最大目的。

5.幫助個人找到自我中心：皮爾斯認爲我們生活在一社會中，故我們的人格是敏感而激動的。「若我們能找到自我中心，就不再感到不適應。」況且每個人都願消除病態，爲追求心理健康而奮鬥。

(二)治療過程

1.完形治療的四個階段

(1)建立關係：諮商員和當事人的關係是決定治療成敗的重要關鍵，因此在這一階段應注意下列幾個事項，以促進建立良好的關係：

①提供舒適的環境、輕鬆的氣氛。

②對話時採用通俗的語句，避免拐彎抹角及過分含蓄。

③諮商員直接和當事人接觸，不必以心理測驗為媒介，期能充分瞭解當事人，並建立良好的人際關係。

④使當事人先做身體檢查，以確信有心因性的生理反應。

(2)當事人呈現問題：當事人是前來求助的，因此，通常會圍繞困擾的問題打轉。此類問題的特徵是：具有兩極性，一為犧牲者，一為壓迫者，而當事人常自認處於犧牲者的地位。

(3)諮商員確認問題：當問題呈現時，諮商員要能分辨出問題癥結所在，特別是在當事人「聲東擊西」時，問題的確認更是攸關諮商成效，因此，諮商員在作判斷時，該依據以下兩個原則：

①從一般性集中到特殊性。

②由過去或未來集中到當前狀態。

(4)諮商員處理問題：諮商員使用各種諮商方法，將當事人對立的元素呈現其前，使其由自覺、欣賞、接受，漸而將其融合統整於人格中。至於處理問題的方法，不可一味拘泥形式，須充分瞭解，靈活運用各種方法，才能達成預期的效果。

2.諮商員的角色及功能　Perls 認為治療者所扮演的角色，即是提供者和協助者；提供一種諮商氣氛，使當事人有機會發現自己的需要，學習完全使用自覺能力，和體驗自我成長；並協助當事人提高對現在的自我意識能力，而促進當事人意識能力最好的工具是諮商員本身。諮商員自己能充分地意識到現在，心無旁騖，便能和當事人進入此時此地的互動狀態，與當事人在現在溝通，不需藉解釋、探究或勸戒，企圖和當事人溝通。

(1)當作當事人的反光鏡：當事人可由鏡中看到自己，並由互動中，發現自己的能力──比自己想像的還要多。

(2)諮商員另一個重要功能，就是注意當事人的身體語言：當事人非語言的表現，提供諮商員豐富的訊息，進而發現真正問題所在。Perls認為真正的溝通是在語言之外的表現，如當事人的聲調、姿勢、表情等等。

3.**當事人在治療中的經驗**　在諮商過程中，當事人的首要責任，是學習自主——自己決定治療的目標，若當事人對於諮商目標表示不知或感到困惑，或求助於諮商員時，諮商員即可與當事人一起探究當事人應承擔的責任，並要求當事人在往後的諮商中自行決定目標，及支配時間；換言之，在諮商過程中，當事人須主動參與全部過程，才能增進自覺的能力。

4.**諮商員和當事人的關係**　完形治療學派重視諮商員與當事人間、個人對個人的關係。當事人須主動地將其感受和困擾提出來，與諮商員共同討論，而諮商員亦應將自己此時此地的經驗與感受呈現出來，與當事人共同分享，以鼓勵當事人停留在此地此刻中，然後，諮商員再將當事人的行為意義回饋給當事人，俾發展當事人的知覺能力。

肆、治療技術

當事人是完形治療過程中的重點，完形治療中的一些技巧與遊戲，可充當工具，幫助當事人提高自覺能力及解決經驗內在的衝突。以下是 Lewitsky 和 Perls 提供的幾種完形治療的技巧和遊戲：

(一)**幻想法**

此法又可依實際情況需要，由下列四種方式中擇一、二進行：

1.由當事人想像自己是某一物件。

2.讓當事人想像自己是與本身有衝突的人，這也就是一種角色扮演。

3.讓當事人想像自己的部份（如患小兒麻痺的脚）為自己，使自己面對為自己所否定的部份，換言之，即面對問題、面對困擾。

4.引導當事人進入使其困擾的情境。

㈡**對話遊戲**

當當事人困於人格衝突時，諮商員可指導他擔任雙重角色——相對的雙重角色，並進行二者間的對話，在對話中，當事人將其衝突呈現出來，有利於問題的探究和解決。這種遊戲亦有三種方式可以進行：

1.空椅法 (empty chair)

其實施方法如下：

⑴將與當事人產生衝突的對象置於椅子上。

⑵使當事人與該對象對話，且將各種情緒表露出來。

⑶由當事人扮演「衝突中的自我」一角。

⑷諮商員詢問當事人對「現在」的感受。

2.雙椅法　這種方法可適用於內在和外在衝突的解決。其做法如下：置兩張椅子，一張代表反對自己的一方，另一張代表贊成自己的力量，當事人扮演這兩種衝突的勢力，如此來回反覆地扮演，終能知覺到孰重孰輕？孰是孰非？而調適了衝突。

3.三椅法　人之所以有困擾，有問題，乃因人的欲望無法表露，或不知如何表露，如能將欲望表出，困擾和問題自然消除，三椅法即是這種原理的應用；安排三張椅子，其一代表事實表露，其二代表欲望表露，其三表示同理心，這三種不斷地交互呈現，可培養當事人適

當地向他人表露自己的需求的能力。

(三)巡廻遊戲 (Making the rounds)

將一則一般性的敍述稍作修改，使內容與當事人平日不敢提而又重要的敍述相近似，然後由當事人一一對團體中每一成員講出，藉此讓當事人去經驗新的行爲和嘗試自我開放。例如：當事人對某甲的行爲頗不以爲然，敢怒而不敢言，因此由當事人一一對團體每一成員說：「我受不了你了！」或「我很討厭你！」，可讓當事人體驗到「自我開放」的滋味，而且又可宣洩心中怒氣。

(四)「我負責」遊戲

(The exercise of "I take responsibility for……)

這一方法能擴大當事人自我知覺的範圍，並幫助當事人去認識且接受自己的感覺。所以，當當事人將其感受講出來之後，諮商員要要求當事人加上一句：「我爲自己剛剛說的話負責」。

(五)「我有個秘密」遊戲 ("I have a secret")

此法可用來消除罪惡感和羞恥感等難以對人啓口的問題，是想像法的一種。其做法如下：諮商員要求當事人想一件自己引以爲恥，引以爲懼的秘密，然後試想將此秘密對團體成員表白後，成員們可能的反應。

(六)扮演投射的自我 (Playing the projection)

當事人將自己的特質投射於某乙，諮商員就要要求當事人扮演某乙一角，藉此角色扮演，當事人可了解自己內在衝突之所在。例如：某甲老愛批評某乙，就由某甲來扮演某乙——被他批評的角色，體會被批評的滋味。

(七)相反遊戲 (The reversal game)

大部份的人將自己內在的衝突作相反的行爲表現，相反遊戲就是

要當事人做出有違平日習慣的行為，使當事人發現被自己隱藏、否認的部份，漸由接觸、欣賞而接受，進而將它統整於人格中。例如讓一位行為獨斷的女人表現溫柔友善的樣子。

(八)**預演遊戲 (The rehearsal)**

此法旨在強化當事人對自己的信心。皮爾斯認為許多思想都是經過反覆不斷地演練而來，人之社會角色的扮演亦是如此。在團體中，由當事人將自己的新想法及心中想講的話，不斷地複誦或多次預演，可增強自信心。例如預演一個求職的會談。

(九)**誇張遊戲 (The exaggeration game)**

這個方法是要當事人清楚地知覺自己肢體語言發出來的訊息。諮商員要求當事人誇張該肢體語言，並問該動作所代表的涵義是什麼？使當事人能對自己的非語言行為反省思索。例如：某丙談話中喜歡甩甩頭，諮商員會要求當事人誇張地甩甩頭，並問他「你甩頭是什麼意思呢？」

(十)**停留在這感覺裏 (Staying with the feeling)**

若當事人有不愉快的感覺或情緒而想逃避時，諮商員會要求他停留在這感覺裏，並鼓勵當事人更深入去體會和面對此一感覺，逐漸地會對這種感覺適然，緊張解除。例如說出緊張的感覺。

(土)**重歷夢境法 (The dream work)**

此法假定人是「日有所思，夜有所夢」。夢代表未完成、未被同化的情境，是我們現今存在的濃縮反映圖，夢中相反的部份是當事人矛盾的投影，如果夢中的內容能獲得了解與同化，問題、困擾即可迎双而解；所以完形治療法視夢為通往人格統整的道路，但不解釋或分析夢的內容，而是要當事人透過扮演，重歷一次夢境。

(圭)**研討會 (workshop)**

此種方法常用於團體諮商。諮商員集合當事人及有關人員共同參與，經由研討，促進參與者的知覺能力及人際關係。

伍、完形治療法的應用

以下分個別輔導、團體輔導，以及學校等三方面加以討論：

㈠個別輔導

當事人和諮商員可經由「對話」，或由諮商員引導當事人透過想像，「我負責」遊戲、「我有個秘密」遊戲、扮演投射的自己、「預演」遊戲、「誇張」遊戲、「停留在這感覺裏」及重歷夢境法，提高當事人知覺能力，突破困境。運用時要依當事人情況、需要及人格特質來取決。

㈡團體輔導

團體輔導可透過研討會和巡廻遊戲來實施。當事人提出問題或說出自我感受後，由團體中的成員給予回饋。

㈢在學校中的應用

完形治療法可直接應用到學校的個別和團體輔導。對於學生的強烈情緒，要讓學生有呈現的機會，但要指導學生以文明的方式來表達，並要求學生對自己的行為負責。

陸、評　價

完形治療是種強調此時此地知覺的實證治療法，其主要目的在培

養當事人自助自覺能力，俾生活更充實更完滿，而方法不外「親身體驗」，即培養當事人面對現實的勇氣。它的優點（或貢獻）有下述幾項：

1.鼓勵直接接觸和表達感受，不強調將問題抽象化、理性化。

2.強調此時此地，但對於過去影響目前的部份也不忽視，且將過去未完成的工作以「重現法」呈現出來。

3.重視當事人由身體語言及非語言行為所發出來的訊息。

4.拒絕接受自認無能的當事人，因這是他不能改變的藉口。

5.強調當事人的主動性：不論是諮商內容、諮商目標都由當事人自行決定，並且在諮商過程中，還需當事人的主動參與。

6.透過完形治療的各種技巧及方法，提高當事人的知覺能力，並對自己的行為負責。

7.完形治療係一種主動、積極而直接的治療取向。

8.強調人類行為的整體性，因此諮商的最大目標在於達到人格的統整。

9.重視當事人甚於諮商員，諮商員只是立於協助的立場。

10.特別重視人的價值和人的存在，因此主張人有能力為自己的行為負責，且有能力解決自己的問題。

同時，完形治療也具有以下幾個缺點和限制：

1.過於強調經驗，忽視認知的重要性。事實上，在諮商過程中，感覺和思考應該是一樣重要的。

2.沒有足夠的時間讓當事人將自己的感覺概念化。

3.諮商過程中諮商員以各種技巧操縱當事人，妨礙他的獨立，根本與「自助」的目標相逕庭，遑論要當事人學習自我負責的態度。

4.完形治療的有些技巧,會讓當事人感覺自己像傻瓜、瘋子一樣,

因而產生消極的反應。

5.祇強調對自我負責，忽視了培養對他人負責的態度。

6.有些諮商員不能够靈活運用各種技巧，一味重視技巧而忽視人的存在。

7.完形治療本身無堅強的理論基礎。

8.完形治療法對於民族性含蓄、保守的中國人，顯然要窒礙難行了。

完形治療和其他方法一樣，不可能適用於所有諮商員、當事人及問題。在運用時亦應考慮諮商員、當事人的人格特質、問題的性質，及文化背景，才不致使技巧機械化，抹殺諮商的功效。

【實　例】

「角色扮演」是完形治療最常用的方法，在此以角色扮演法說明諮商的過程。

華盛頓：我砍倒我爸爸心愛的櫻桃樹，我爸一定很生氣！

諮商員：你怎麼知道的？

華盛頓：我不曉得，不過我爸平常視這櫻桃樹像寶貝一樣，我想他一定會很生氣的。

諮商員：那你想你怎麼跟你爸說呢？而你以為他對於你的話會有什麼反應？你願意試一下嗎？

（華盛頓：嗯！）

華盛頓：爸爸……　對……　對不起……　因為我想試試斧頭利不利，沒想到一劈下去，……櫻桃樹……櫻桃樹就倒下來了……。

諮商員：你現在感覺怎麼樣？

華盛頓： 我全身在發抖，心都快跳出來了……。

諮商員： 你能說說你現在的感受嗎？

華盛頓： 我好害怕喔！不過說完以後，心裏輕鬆些。

諮商員： 好，現在你扮做你爸爸，就你所知，你爸會怎麼說？

華盛頓： 嗯……我本來是很生氣的，但我很高興我的兒子這麼
誠實，這麼勇敢。

諮商員： 那是種什麼樣的經驗？

華盛頓： 我不知道我爸爸是否會像我說的那樣，不過，我現在
體會到他愛我甚於他的櫻桃樹，我現在已有勇氣面對
他，向他說：「對不起！我砍倒了櫻桃樹。」

諮商員： 你是不是該做些事來補償你的失誤呢？

華盛頓： 對，我可以利用假日幫爸爸除花園裏的草。

柒、結　語

Perls 十分強調在滿足他自己的需求的同時，亦要尊重其他人的
需求。這種哲學可以用 Perls 的敍述來總結之：

「我做我的事，你做你的事。

我活在這世界上不是爲了你的期待。

而你活在這世界上亦不是爲了我的期待。

你是你，我是我。

如果在偶然的機會下我們發現對方，這是美好的。

如果沒有，那就算了。」

(I do my thing and you do your thing. I am not in

this world to live up to your expectitions. And you
are not in this world to live up to mine, you are you
and I am I. And if by chance we find each other,
it's beautiful. If not, then not.)

【參考書目】

1.宋湘玲等：學校輔導工作的理論與實施，文鶴，民六十八年二版。

2.宗亮東等：輔導學的回顧與展望，幼獅，民六十七年。

3.柯永河：臨床心理學——心理治療，大洋，民六十九年再版。

4.張老師主編：現代心理學治療理論，幼獅，民六十八年再版。

5.陳照明：諮商理論與技術要義，大洋，民六十九年再版。

6.游麗嘉譯：完形治療法，三一，民六十九年十二月。

7.劉焜輝著：諮商理論與技術，天馬，民六十五年九月。

8.劉焜輝譯：諮商與心理治療，漢文，民六十五年十月。

9.輔導月刊：第16卷第7、8期合刊，民六十九年六月。

10.Gerald Corey, *Theory and Practice of Counseling and Psychotherapy*, 1982, second edition.

第 7 章

意義治療法

意義治療原文為 Logotherapy。是存在心理學應用在治療心理疾病上所發展出來的一支諮商理論。Logos 在希臘原文中指「道」「意義」「眞理」等含義,與存在主義有密切關係,故又稱存在意義治療。其目的在使當事人體驗到自己存在的眞實性,協助當事人發展其潛能及力行實踐的心理朝向與態度。重點放在「現在」上,或者置於諮商者與當事人關係的實際情況上。諮商者的基本工作乃是進入當事人的世界並參與當事人的現實;在誠實的面對關係中設法了解當事人,協助其發現、欣賞、認同所處的世界,進而發現生活的意義。

壹、發展背景

㈠存在主義

自齊克果發展存在哲學以來,Heidderggers、Ncitzsche、Sartre、Jaspers、Camus 等存在哲學家均以「存在於世界上」的基本觀點,將個體分為「他和身軀」、「他和其他人」、「他和生物物質世界」三部分關係。由於存在本身不具意義,人對生命本身會產生一

種存在的虛無感和隔離感，因而引發存在的焦慮使生活頓失意義。

故存在主義針對人類求生存意義的事實，採取選擇自由與行動負責的觀點，幫助個體尋獲生活的目標和意義。

㈡存在心理學

受存在主義的影響，採用其人性觀與哲學觀的立論運用在心理學說上。存在心理學的產生在心理學上造成第三勢力。主要是針對Freud心理分析論過分強調內在意識及潛意識，以及行爲主義論過分強調外在行爲觀察，刺激反應模式決定論的偏頗，而提出的反動。存在心理學運用在心理治療上，所產生之哲學與技巧結合的意義治療法，其實用價值及影響力甚爲廣泛，成爲諮商學派的一支。

㈢創始人

法蘭克（Viktor E. Frankl)猶太人。爲奧地利維也納大學精神醫學專家。他所領導的精神醫療醫院被稱爲第三維也納學校。二次大戰期間被納粹德國拘禁於死亡集中營中長達七年。在此痛苦、絕望的經驗中，他發覺生存的意義在於個體的意志取向。他以爲生活最大的痛苦在於沒有意義（meaningless）。在集中營中，所有的一切都被剝奪，所剩下的僅有最後的選擇自由──選擇意義或無意義的自由。由此他導出人類生命的原動力在於人類追求意義的意志上（The will to meaning)。從集中營到存在主義，法蘭克創立意義治療法，影響美國治療學界甚劇。

㈣現　況

意義治療在歐陸、美國均成氣候，原因是其針對現代人的疏離及存在眞空感、知識份子的深度焦慮及虛無感，予以哲學性的解釋，並實際地診斷輔導。意義治療是哲學與技巧的結合，雖然到目前尚欠缺一整套的諮商技術，且猶未發展出一套系統的研究方法，但意義治療

仍與其他理論有別，自有其獨到的一面。

貳、幾個重要概念
及其在治療上的應用

意義治療不像其他的諮商理論有一整套的技術和方法。因為它牽涉到治療的目標、人性的本質等不確定、不一致的考慮因素，很難界定一套治療理論運用在實際輔導上，因此，我們只能從幾個基本概念去了解意義治療的情況。

㈠**自覺（self-awareness）；自我認同（self-identity）**

人類是會思索的動物。 人有意識自我和意識環境的能力。 在知覺自己與他人或物質世界的關係中找到自我， 建立眞實的自我（authentic self）。自我認同是經由與整個世界，尤其是與他人之間的互動而使我們了解自己所扮演的角色。人可以無限量的發展自我，超越自我。諮商員不但關切當事人的問題，而且盡可能了解與體驗當事人的存在， 進入並參與當事人的領域， 建立眞摯的展現（genuine presence）， 相互面對或體驗存在的意義。諮商員的工作是幫助當事人增進自覺的能力，在不斷自覺中不時的發現自我的價值和意義，以進一步採取行動，改變生活。

㈡**自由、選擇與責任**

人對自我知覺愈大，選擇的可能性愈大，自由便愈多。而自由愈多，所負的責任便愈大。因為我們有了自由選擇之後，便要對自己的選擇負責任才有意義。沙特指出「我們常在選擇自己成為怎麼樣的人時面對很多問題，我們是我們自己的選擇，但是要對自己負責任」。

諮商與治療的工作就是盡可能了解當事人的處境，並且鼓勵當事人負起作決策的責任。諮商員提供的人生觀只供當事人做參考而已，選擇之權還在當事人。

㈢存在的本質 (The essence of existence)

我們做了選擇之後，對自己的行為負責任便是真實的存在，真實的自我。人可以選擇孤立或合羣，因為人有保持獨特的需求，同時也有參與人羣活動的需求，端賴他自己的選擇而採取行動。諮商員最好幫助當事人接受孤獨感和合羣性的事實，有時候需要經驗單獨存在，有時候面臨團體生活。不真實的存在 (inauthentic existence) 是由於為了符合別人的要求而出賣自我，這不僅失去自我也離開人羣，因為他根本無法與別人維持真誠的關係。諮商的過程讓當事人面臨任何事自己做決定，自己負責任的態度，不管對或錯，存在的意義是因為我們做了我們自己。

㈣追求意義的意志 (The will to meaning) 與人生的意義

法蘭克在集中營中面臨極重大的壓力下，領悟到人類雖然失去外在的一切，但是人類尚能保持精神上的自由與獨立。他曾經做過研究，發現根據民意調查的結果：89％的人需要「某些東西」，為了它而活。61％的人承認他們可以為了某件事或某個人而死。也就是說，「追求意義的意志」是大多數人的信念，人的追求生活的意義是人類基本的原動力，這與佛洛依德心理分析論——尋求快樂的意志不同。諮商員應該幫助當事人建立自己的價值系統，信賴當事人具有積極過有意義生活的能力。

人生的意義因為價值取向的不同可分為三種：

1.創造價值 (by doing a deed)：藉着對人生的貢獻，尋到人生的意義，由此一價值取向，使我們在工作中找到意義，不會對工作

產生反感和失去信心。

2.經驗價值 (by experiencing a value)：藉着生活的經驗獲得世界中存有的一切美好和熱愛，如美感的經驗、愛的經驗。

3.態度價值 (by suffering)：人的責任在於實現各種價值，在此過程中，面對不可改變的命運或苦難時，一個人可經由對所處的情境所採取的態度中，找到生存的意義。

諮商員的工作是藉着自己豐富的經驗，增廣當事人的視野，了解意義和價值的全貌，選擇自己的方向，協助其力行實踐，獲得有意義的人生。

㈤**焦慮是一種生活的狀況不是疾病**

(Anxiety as a condition of life)

人在面臨選擇時常會遭遇挫折，法蘭克稱此為存在的挫折。很多存在的挫折只是精神上的受苦而不是精神疾病。焦慮是人遭遇挫折後，進一步要探取行動時所產生的緊張狀態，是一種存在的焦慮。緊張不是病態，是有助於心理健康的，一個健康的人所需做的不是不斷地消除緊張以得到平衡，而是維持一種精神的動力狀態。藉着這種精神的緊張力量，達到一個人所要完成的責任。諮商員在諮商過程中不要以為焦慮是不好的事情，相反地，某些程度的焦慮，反而轉變為忍受危機必需的力量，而對當事人有所幫助。意義治療的諮商員應該幫助當事人認同存在的焦慮是必要的，為了讓當事人離開治療過程回到自己的生活時，學習如何忍受生活當中各種不確定性，某些焦慮在諮商過程中產生反而是有幫助的事。

存在的虛無也會帶給人焦慮。虛無感是二十世紀人類常有的通病，那是一種極端無意義的狀態。叔本華說「人類命定的活在『不幸』與『無聊』兩個端點中」。事實上，虛空感帶給諮商員更多的問題要去

解決，而不是挫折感。諮商員要幫助當事人找到人生的意義和目標，這是意義治療最主要的目標。

意義治療的目的在於督促患者清楚地接受他對於自己的責任，藉着開放式的溝通，將人生觀與態度表示給當事人，在眞誠的「你和我」關係中幫助當事人決定自己的命運。人是自我決定、自我超越者，他會成爲自己命運的操縱者。

叁、官能症的分類及其治療的方法

法蘭克指出現代人類或多或少患有精神官能症，那是因爲現代人類在確定人生意義和目標上常感挫敗和徬徨的緣故。精神官能症可分爲兩大類，每一類用不同的治療方法。

㈠焦慮官能症 (anticipatory anxiety)

人類隱藏着對生、死、存在、未來的不安，對生命的罪惡感及對環境的懷疑，導致長期的精神不安、情緒不寧，以致行爲有所偏差。又分爲：

　1.心意官能症或靈魂失調症。

　2.集體官能症：代表現代人的四種心理特徵。

⑴缺乏長程的生活計劃，生活無目的感。

⑵對生命探宿命論的態度，產生無助感。

⑶集團思考而讓自己沉澱在羣衆，忽視自己的個性，產生迷失感。

⑷狂熱。

《實例》　有人患了長期失眠症而感到精神不安，長久下來患者

因為長期的焦慮而使生活失去平衡。他被預期性的焦慮所困而陷入焦慮情境，對生活採取逃離迴避的行為。

治療方法——矛盾意向法（paradoxical intention）：

讓患者不要刻意地想睡覺，相反地刻意地不睡覺，一旦長期的焦慮失眠消失了，患者很快地就會睡着。

此法在求患者意圖做他所害怕的事或採取相反的態度，如果能製造幽默的氣氛讓患者對自己的症狀採取客觀的態度，症狀就逐漸消失，不再受干擾。矛盾意向法用來治療焦慮性的官能症有效。

㈡強迫性官能症

患者對自己的某些心理現象給予過多的注意及強迫性的自我觀察。

《實例》 有個女人向諮商者訴說她自己的性冷感影響夫妻間的生活。她過分重視自己的無能以致於不能達到性生活的高潮。

治療方法——減反省法（De-reflection）：

讓患者停止思索自己的問題或鑽牛角尖，將注意力轉移到其他的對象上（如她的先生上），一旦患者忽視自己的問題或麻煩，進行性生活時自然而然會達高潮，而解決原先困擾的問題。

減反省法用來治療強迫性的官能症最有效。

肆、諮商的過程

諮商的過程像是一段旅行。諮商員與當事人必須互相信賴才可以達到目標。

㈠諮商的目標

督促患者接受自己的責任，對自己的選擇負責任同時幫助患者面
對焦慮接受現實，找到生活的意義。理想的諮商結果是患者找到了真
正的自己，了解自己是決定自己一生的主宰，藉着力行和實踐改變生
活的型態和生活經驗，最後擴大自我的認同，幫助自己或他人達成自
由選擇的目標。

㈡諮商者與當事人的關係

理想的關係具有下列特徵:

1.互相信賴，彼此幫助，像是一同旅遊。

2.真誠的「你和我」關係。

3.尊重彼此的選擇和自由。

4.坦誠的自我表白。

5.機動、有活力、有信心。

㈢諮商的步驟

1.建立良好的聯合關係，互助合作。

2.喚起患者的動機、強調自我知覺的重要性。幫助患者自我反
省、自我追尋。

3.在不斷的挫折阻力中共同努力，達到諮商的目標。

4.面對存在的焦慮、存在的危機。

5.支持患者的新發現和新生活，對自己的決定負責。

6.離開諮商的過程，時常保持聯繫。

在諮商的過程中，首要重在診斷患者生理、心理及精神各因素對
症狀形成的影響，諮商者可同時或相繼採用不同的方法，針對個人需
要予以治療。其次，幫助個案尋找人生的意義，助其發展各種潛能，
實現自己的責任。

1.生與死的意義: 找出一個屬於自己的特殊意義，然後為實現它

而活。死亡是人類必經的過程，人類的存在因其有限性及無法挽回性，更增加其意義。

　　2.受苦的意義：受苦可實現態度價值，經由受苦的經驗，使生活更充實。

　　3.工作的意義：可實現創造價值。工作的性質並不重要，重要的是一個人對工作的態度。失業官能症是現代人的通病之一，其症狀為冷漠感、空虛感、無助感。

　　4.愛的意義：可實現經驗價值，藉由愛得到幸福感。無報償的愛最幸福。

伍、諮商者的角色與功能

　　理想的諮商者像是一個眼科專家，增廣患者的視野，尋求人生的意義。他必須具備敏銳的觀察力和熟練的表達技巧、豐富的生活經驗，引導患者解決問題，找到生活的意義。

　　理想的諮商者是一個專業的輔導者，他需了解患者的問題核心和實際需要，幫助患者找到自我、認同自己所扮演的角色並全力地這麼做。

　　真實無偽的諮商關係是意義治療的基礎，唯有坦誠的面對患者，才會使受輔者坦誠的表露自己。除了坦誠的關係之外，輔導者還要客觀地觀察分析受輔者的問題所在，而不淪入複雜的情境之中。

　　總而言之，從事意義治療時諮商者的態度重於技術。

陸、受輔者在治療中的經驗

每一位受輔者在諮商過程的表現不同，經驗也就不同，具有個人的獨特性。但是有些經驗的獲得是意義治療的特殊所在，每個受輔者同樣感受到。

剛開始時，受輔者對未來的一切一無所知而感焦慮，他們無法認同諮商者的輔導。但是，經過雙方慢慢的溝通，坦誠表露之後，受輔者被鼓勵去探索自己的內在，發覺自己的想法和做法有何不同，而後開始信賴自己的生活經驗，找到了真實的自我。

而後，受輔者因為對自己的瞭解愈多，選擇的機會愈大，開始要對自己的選擇負責任。也許決策困難，無法自己做主，在面對各種挫敗時，受輔者要知道焦慮不安是難免的，它是行為的原動力，他依然要做決定，且要負責到底。由此受輔者發現，自信是成功的要素，他不再依賴外在的形勢做決定，轉而根據自己內在的需求決定一切的行為。也就是說，在整個諮商過程中，他們是主動的、積極的，雖然他們依然感到害怕、焦慮，這些害怕和焦慮同樣會被探討出來。這時受輔者已具有自我省察的能力了。

面對自己的問題而自己作選擇，是意義治療最主要的目標，受輔者後來發現自己能夠敞開大門去面臨各種生活的經驗，不管是悲是喜，勇敢地面對自我最重要。至此，受輔者發展出自己的人格價值觀等等，並進一步立下生活的計劃，過自己選擇的有意義的生活，不再對存在感到懷疑，而有信心面對未來。

柒、評　價

(一)特色及貢獻

1.意義治療爲諮商者與當事人提供一個眞誠互信的機會。

2.重視諮商者本身的自我甚於諮商技術。

3.針對現代社會的弊病，加以對症下藥，引導人類對生活的目的、生存的意義，加以探討及描述。

4.將哲學上的主題、人類的目的、價值與存在，列爲諮商的關係重點，並指出它們是人類心理衝突的根源。

5.強調人的自我意識與對自我的認定爲人類行爲的前提。

6.注重當事人的個別情況，彈性的應用諮商技術而不流於機械化。

(二)缺　失

1.輔導者缺乏系統性的諮商方法與技術，因之缺乏科學性。

2.所用的術語常不易理解，存在哲學晦澀難懂，甚至具神秘色彩。

3.過份偏向理性和知性的層面，忽略感性與情緒的層面，而有系統的意義模式尚未建立出來。

4.抽象的治療方法和態度不一定適用於任何對象，受輔者要有相當的智力才易理解。

5.輔導者要花很多的時間在受輔者身上。

捌、結　　論

　　追尋生活的意義是人類基本的需求，由於現代人在實現創造價值、經驗價值、態度價值常感挫敗焦慮，因而對人生問題感到疑惑。意義治療告訴我們在任何情境中（甚至在非常絕望的情境中）都可以找到生存的意義！「對自己的選擇負責」，是意義治療一再強調的態度。

　　如何在尋找意義時避免流於說敎、唱高調，是意義治療理論應當注意的問題。

　　總之，意義治療理論偏向於哲學性而非實證性，是一種態度的呈現，而非技術方法的指引，諮商者要根據個別情況，予以個別輔導。這套理論不夠完備之處，有待日後的探討和研究。

【參考書目】

1.柯永河：臨床心理學——心理治療（第二冊），大洋，民六十七年

2.陳照明：諮商理論與技術要義，大洋，民六十九年

3.陽琪譯：諮商與心理治療：技巧理論及練習，桂冠，民七十一年

4.何長珠主編：職業輔導論文彙編，大洋，民七十年

5.J.F.T. Bugental, *Psychotherapy and Process* 1978
　　(The foundamentals of An Existential Approach)

6.Viktor E. Frankl, *Man's Searching for Meaning*, New York:

Washington Square Press, 1963

7.Rollo May, *Existential Psychology*, 1969

8.Corey Gerald, *Theory and Practice of Counseling and Psychotherapy* 雙葉，1982

第 8 章

行爲治療法

壹、前 言

「行爲治療」(behavior therapy)一詞自1950年代卽被 Skinner、Solomon、Lindsley, 和 Richards 所引用。行爲治療憑藉的是行爲學派所持的人性哲學和所發展出來的學習理論。近年來，由於各種心理治療的蓬勃發展，行爲治療不再局限於學習理論和小技倆，而強調種種的概念、研究方法和治療技術以期改變人類的行爲。再也沒有單憑一些對行爲的假設能綜合現今的行爲治療的技術。

最近的行爲治療更是強調認知的層面，但行爲治療的測量、方法、概念和歷程仍是取自實驗心理學。要徹底了解行爲治療，除了介紹現今的趨勢外，亦必須兼論其傳統的特色。究竟現今的行爲治療，仍是植基在傳統的行爲治療之上。因此，在以下的各部份裏，我們將探討傳統的行爲治療，以期追本溯源，了解其淵源和主要特色，並附加說明現今趨勢，方能透徹明瞭行爲治療。

㈠定 義

「行爲治療」與「行爲改變」此二名詞，或謂之同義詞。但大體

而言。行為治療屬於臨床，是狹義的；而行為改變則泛指一切來自行為主義理論而發展出來的方法，是廣義的。

艾森克解釋為「依據現代學習理論，以改變人類行為和情緒，使成有利的態度。」渥波（Joseph Wolpe）則以為「行為治療的意義是學習原理和相關現象之試驗性的應用，以征服不適應的習慣。每種行為治療的設計，在應用學習過程的知識，以減弱或消滅不適應的習慣，而建立適應的習慣。」而所謂行為是由認知、運動與情緒反應所組成，包含外顯和內隱行為。馬奎士（J. Marquis）則以為「行為治療就像工程一樣，應用科學的知識，發現技術，解決問題。」

總而言之，行為治療植基在「心理實驗方法」、「個案的實驗研究」和「學習理論」，以期改變人類外顯和內隱的行為。

㈡歷　史

我們可以說行為治療有漫長的過去，但却只有短暫的歷史。欲探究行為治療的歷史，可就三大部份分別得知：

1.反應制約　巴夫洛夫（I. P. Pavlov）發表其所做的古典制約，傳入美國後，華森（J. B. Watson）發揚光大。其後霍爾（Clark Hull）調和 Skinner 的操作制約和巴夫洛夫的反應制約，並影響了渥波（Joseph Wolpe）和艾森克（Hans Eysenck）。

2.操作制約　Skinner 於 1938 年出版「個體行為」（The Behavior of Organisms）與其後陸續的研究指出增強的重要性。

3.折衷　班都拉（Bandura）創社會學習理論，Lindsley 提出精熟教學的概念，均是調和了反應制約和操作制約。

貳、行為治療的基本原理

㈠增強 (Reinforcement)

增強又可分正增強與負增強。在行為治療中，必須根據此項原理，例如教智能不足的兒童拼字，甚至其他如治療同性戀等亦必須根據此項原理。因為行為學派利用增強來說明行為的習得與去除。

1.正增強

(1)塑型 (Shaping)：利用依次地增強來強化行為。例如訓練自閉症的小孩說話，起初只要他發出任何聲音即可得到獎賞，而後，隨着他的進步，獎賞的時機就更有選擇性，一直到他能完全表達本身的意見為止。以這種漸進式的獎賞來塑造個體的行為謂之塑型。

(2)社會性增強 (Social Reinforcement)：利用口頭讚賞、支持、注意來強化個體行為。例如若要改變一個男孩的女性化行為，那麼我們訓練他的母親，叫她來強化小男孩的男性化行為，而忽視、不予讚賞他的女性化行為。

(3)代幣 (Tokens)：利用代幣——如獎章，或其他代替物，來強化個體行為。當然這種代幣累積之後可以交換原級增強物。

(4)其他的增強物：如表現的機會，或是特權等均屬之。

2.負增強

負增強乃指移去某種事物即可增加行為出現的機率。例如在治療自閉性的小孩，可能正增強對他並無多大效果，因此只得利用負增物（如電擊）。例如治療者要求他走向治療者，若他不肯則得到一電擊，若是移動了腳步則沒有電擊。因此他就能習得很快地走向治療者。而且，這種效果可以持續好幾個月呢！

㈡消弱 (Extinction)

前面所說的增強乃是如何建立一個新的行為；而消弱則是如何去除行為。例如治療一個對於皮件恐懼的婦人，治療者建議其家人不要過份關心她的反應，並且不要去嚐試對這位婦人加以解說和治療。隨

着這種增強效果的終止，也將使得她的恐懼症趨於減弱。另一種較爲有名的消弱是「系統減敏感法」將於以下部份專門敍述。

(三)處罰 (Punishment)

處罰乃利用令人不快的刺激來消除某種行爲。例如治療酒癮，受試被要求喝下六杯液體，其中二杯含有酒精，另四杯並無。當受試喝那含有酒精的兩杯時，卽給予電擊，經過追踪研究證實他們喝酒量的確減少許多。

(四)類化與辨別 (Generalization & Discrimination)

若某一刺激引起某種反應，那麼類似的刺激亦可能引起相同反應，刺激越相似越可能引起反應，卽所謂「類化」。對於不同的刺激加以辨認卽所謂「辨別」。在行爲治療上不僅要辨別各種刺激加以不同反應，亦應類化到眞正的生活情境中。

(五)交互抑制 (Reciprocal Inhibition)

人在同一時空中，只能存在一種行爲傾向，不可能有兩種行爲同時發生。例如在同一時空中，一個人不可能同時旣興奮又平靜。也就是說平靜與興奮交互抑制。因此治療者卽可利用各種方法來獲得平靜以期消除興奮。這就是渥波在1962年創立的行爲治療法。

叁、行爲治療的基本概念

(一)人性觀

在整個學習論或行爲觀對於人性有下列三項看法:

1.人類行爲是由許多聯結的建立而習得。

2.人基本上是享樂主義的。

3.行為基本上是受環境所決定。

人格結構亦不似心理分析所提出的本我、自我、超我的分法。最主要的結構單位便是反應。由單純的反射反應到複雜的行為片段，組合而成反應層系，構成習慣。

另一重要的結構是霍爾提出的驅慾（drive），由此驅慾促使個人反應。

現今的行為治療不再認為人類僅是社會文化的產物，而是認為人類是環境的製造者和產物。尤其是現今行為治療受到社會學習理論的影響，視人為主動的，會探抽象或認知的歷程來呈現事件，並與人溝通，有選擇和自我調適的能力。行為可由個人與環境因素二者的交互作用來解釋。

近年來，行為治療亦調和了人文主義對人性的看法，以致有下列三種趨勢：

1.治療採行動取向：個案不再只是被動反應而已，而是主動的對自己的問題加以改進，故整個治療不僅是談話而已，亦包含各種行動。

2.強調認知與再認知：行為不僅是受刺激加以反應，而是經過個體的認知，加以反應。因此治療亦著重個案的再認知。

3.強調個案對自己負責任：個案有能力自己改變他的生活，能對自己行為負責。

㈡**基本假定**

1.行為主要是學習而得：行為的習得根據古典制約、操作制約或是社會學習，均強調行為是學習而得。甚至不當的行為在某種程度上亦是學習而來。既然行為是學習的，那麼亦可再學習。也就是說透過治療過程而習得新的行為。

晚近的行為治療家亦逐漸重視不良行為的生物因素，而不再認為不良的行為只是來自不當的學習而已。

2.心理學上的原則，特別是學習原則可有效改變不當的行為：行為治療的基本原理，原就植基於行為學派的各種理論，尤其是學習理論。因此行為治療引用此學習原則而來改變不當的行為。

3.行為受環境的影響：行為主要是學習而得，也就是受環境的影響。不管是行為的消除或是再學習必有其環境因素。因此在治療時，必先察知影響行為的環境因素。

晚近的觀點逐漸調和環境因素與遺傳因素對行為的影響，但其重心仍是著重在環境因素。

4.行為改變是根據行為的後果：行為改變乃根據該行為發生時的環境因素，和引發的後果以及個人對該行為的過去經驗等三項因素加以操弄，以期改變行為。

㈢主要特色

1.針對行為本身而非潛在的假設原因：行為治療的症狀即行為本身，而非如心理分析針對之潛在因素。

2.治療的目標具體而又明確：各個治療階段的目標必須是明確界定而又具體的。

3.治療技術乃取自於基礎研究：行為治療所發展出來的各種治療技術乃得自其基本的研究，並非憑空想像所得，而是有研究可支持的。

4.拒絕古典的特質理論：行為治療反對將各種不良行為用特質來加以稱名和設限。

5.強調此時此地 (here & now)：行為治療強調的是此時此地的行為，即使是過去經驗，也僅是重視其對現今的影響。

6.治療方法因問題性質而異：針對各種不同性質的問題加以不同方法的處理。注意個別差異，以期有效改變行為。

7.治療效果可以客觀的評鑑：由於重視科學實驗性，因此其治療的效果必需能加以客觀的評定。

肆、治療過程

㈠治療目標

治療目標在行為治療中扮演了重要的角色。行為治療的目標是創造學習的新環境，因為不良行為是學習而來，因此也能透過學習而去除不良行為。

關於行為治療的目標有以下爭論：

1.行為治療只是去除行為的症狀，但是症狀消失後，新的症狀仍會出現。但是大部份行為治療者並不以為然。因為他們認為治療者的工作就是消除不良行為，並建立良好的行為。

2.治療目標是行為治療者強迫決定的。但是，現今行為治療的趨向乃由個案選擇目標，並建立良好的治療關係。

大致說來治療目標有三大功能：

⑴治療目標提供有意義的治療方向。

⑵治療目標可以當做提供治療策略的基礎。

⑶治療目標可以用以評鑑治療結果。

治療目標的選擇大約可依下列步驟：

⑴治療者說明目標的本質與目的。

⑵個案決定其改變的方向與目標。

⑶個案與治療者共同探討目標的可行性。

⑷個案與治療者討論可能需要冒的險。

⑸個案與治療者討論達到目標可能帶來的益處。

⑹完成上列步驟後，做一決定：開始治療或重新擬定治療目標或轉介。

㈡治療者的功能與角色

行爲治療強調與個案建立共同工作的關係。治療者有兩大功能：

1.在診斷上扮演專家的功能：行爲治療者指出個案不良行爲，並引導其建立良好行爲，正如同一位教師、指導者或訓練者。

2.在行爲塑造上扮演模倣的對象：治療者運用其人格影響力，以期影響個案之態度、價值觀與信念。

㈢個案在治療中的經驗

個案在治療過程中是主動參與的，不再像以前的行爲治療僅是被動而已。他必須選擇與決定治療目標，並有動機去合作以改變不良行爲和正常的在日常生活中運作。個案不僅只產生內心頓悟而已，且必須實際去冒險、去操作。

㈣治療者與個案的關係

有許多人批評在行爲治療中，個案與治療者的關係是呆板與機械化的。但是晚近幾年來，行爲治療者開始重視與個案發展良好的人際關係。但有一點要注意的是，行爲治療者雖也贊同一種溫暖和同理心，眞實與接受的關係，但他們並不認爲全心全力發展這種關係而妨害了其他治療是值得的。也就是，行爲治療者雖也盡量去發展好的治療關係，但並不認爲這種良好關係是必備的條件。

伍、治療方法

行為治療源於學習理論，但因受了理論的限制，使得治療方法無法發揮其效用。現今的行為治療逐漸多方引用科學研究，有效的運用在治療上，不再受限於學習理論。在這單元裏，將介紹各種治療方法。

㈠放鬆訓練及有關方法

在日常生活中，我們可能遭受各種肌肉酸痛或緊張，和心理的焦慮。放鬆訓練就是來幫助我們去除焦慮以及緊張。包括想像減敏感法、系統減敏感法、催眠、自我暗示、生理回饋、冥想等。在各種放鬆訓練的方法中，雖小有差異，但不外應用自我暗示來求得放鬆。以下將介紹幾種方法:

1.**肌肉放鬆法**　肌肉放鬆法主要透過各種指示來放鬆肌肉，消除各種肌肉酸痛，或緊張和焦慮。

首先，讓個案儘可能舒適的坐着或躺着，接着讓他去掉身上的一些束縛，如眼鏡、手錶、銅板等。然後就開始進行。

⑴手部: 先叫他握緊右手掌，再放鬆，如是數次，再換成左手掌，再一起來。然後是手指、手臂等。

⑵頸部: 同樣的拉緊、放鬆，以下接着可由頭部、臉部、眼睛、舌頭、嘴唇等。再過來是背部、腹部、脚部等等。

讓個案經由緊張—放鬆—緊張來使自己全身各部位儘量放鬆。

治療可透過錄音帶或親口指示，整個過程大約需20～30分鐘。不過，做過幾次之後，就不必每次用整套肌肉放鬆，而僅需利用手部或

其他部位即可達到放鬆的效果。

2.系統減敏感法　系統減敏感法是渥波以鬆弛法 (Relaxation) 作為反制約媒介的技巧，以消除焦慮。

它包括下列三個步驟：

(1)對於引起焦慮的刺激加以分析並排定其輕重順序：例如治療個案的口吃，首先我們對於會引起個案口吃的情境加以分析，並排定其順序：

　　①與家人談話。

　　②與朋友談話。

　　③與老師談話。

　　④與陌生人談話。

　　⑤公開發表意見。

(2)施以肌肉放鬆訓練：我們可用前述提及的肌肉放鬆訓練來使個案放鬆，但事實上，未必一定要進行這種訓練，只要能讓個案心理上得到鬆弛即可。

(3)肌肉放鬆與焦慮刺激想像的聯結：首先讓個案處於最放鬆的境界，然後從最輕微的焦慮刺激開始想像（如與家人談話），這種想像必然引起個案的不安，持續約五分鐘的想像後，治療者說：「停」，停止想像，而加以肌肉放鬆訓練，如此繼續不斷，逐次漸進，直至個案不再不安為止。

系統減敏感法在行為治療上扮演着很重要的角色。此法不僅可用於恐懼症，亦可用於人際溝通、焦慮、性反常等。

3.內爆法　內爆法是系統減敏感法的一種變形。它們均是利用想像來減低焦慮不安。但是內爆法却是直接讓個案去體驗最強烈的焦慮情境，且不加以肌肉放鬆。

　例如，有位個案擔心某天會突然心臟痲痹死亡，內爆法就是讓個案直接去想像當他突然心臟痲痹時將會發生什麼事情，並且叫他持續想像一段時間，事實上他將會發現並沒什麼好擔心的，那麼自然他的焦慮就會減低。

　這種方法的基礎是長期處於焦慮情境中，但並無恐怖的事情發生，自然地就減低或消失其焦慮。

　使用內爆法必先了解個案的心理狀態，且對於學習理論與心理分析要有相當認識，否則可能引起反效果，而非降低其焦慮了。

　4.洪水法　洪水法可透過想像或實際體驗來降低其焦慮，焦慮情境的安排是漸進的，但並無肌肉放鬆。

　洪水法可說是內爆法的一種變形。

　㈡嫌惡治療法

　所謂嫌惡治療法乃在不良行為發生當時或不久之後予以嫌惡刺激，使得此嫌惡刺激與不良行為發生制約，因此就使不良行為消失。此法常用於強迫性行為、同性戀、酗酒，或反社會行為，嫌惡法依其類型可分為下列數種：

　1.藥物嫌惡（Chemical aversion）　利用藥物當做嫌惡刺激，例如在治療酗酒時，可讓個案喝下含有催吐劑的酒。這將會引起他們反胃、噁心、嘔吐，但對身體並無大害。

　使用嫌惡法時必先告知個案將會引起的反應，並徵得其同意方可實施，否則個案將不肯合作。

　2.電擊　利用電擊亦可當做嫌惡刺激，將電極置於個案手的部位。此法用於自我毀滅者、行為違常、性失調者有很大功效。

　3.隱蔽嫌惡法（Covert aversion）　此法是一種口語的嫌惡法，使不良行為伴隨著不愉快的想像。例如讓一位酗酒的個案想像他

走入酒吧，叫了一杯酒並飲下，使得他嘔吐起來。

此法有三大優點：

(1)它僅用想像，可便於在日常生活中實施。

(2)它沒有其他如藥物或電擊的反效果、副作用，並可直接由個案的意思而終止實施。

(3)它可用錄音帶實施，節省時間。

4.隔離（time-out） 此法乃隔離個案受到正增強的機會，例如有一小孩子太吵鬧了，即可剝奪他的一些正增強，如娛樂的機會，或別人的注意與關心。把愛哭的小孩關在小房間內即是一種隔離。

此法較為溫和，但亦需妥善實施，否則易傷害到個案心理。

5.過度矯正（Overcorrection） 此法適用於小孩破壞性行為。首先當不良行為發生時，先使個案維持其未發生前的狀況，然後又施以刑罰。例如當一個小孩子把地板弄髒了，可使其打掃乾淨，再讓其清掃其他房間。

6.反應的代價（Reponse-cost） 當不良行為發生時，即刪掉某種正增強，作為不良行為的代價。例如，小孩每次擦燃一根火柴即扣掉十元零用金。

使用前述嫌惡法時，最重要的是要注意當使用此法時所引起的道德爭論。因此我們建議在使用嫌惡治療時要注意：

(1)必先徵得個案的同意。

(2)治療者必須是稱職的。

(3)必先使用不會引起痛苦的刺激。

㈢代幣經濟法（Token economies）

此法建立在增強與消弱的原則上，以次級增強物來換取原級增強物，謂之「代幣」。此法適用於各種團體，如班級、感化院或是個人

亦可。利用代幣再佐以塑型（Shaping）將更可改變個案的行為。

使用代幣，有以下優點：

1.代幣具有獎勵的價值。

2.使用代幣可使行為得到立即回饋。

3.代幣是種正增強。

4.個案可以自由決定如何使用其所賺得的代幣。

5.代幣可以增進個案的榮譽心與道德。

6.代幣物亦可用社會性增強。

㈣模做法

自 Bandura 提出社會學習理論後，模做學習一直就佔很重要的地位。據其所言，模做有三大效果：

1.觀察學習：未曾習得的行為可透過模做而習得。

2.壓抑與反壓抑效果：透過模做可能壓抑某種行為發生，亦可能使某種行為發生，此謂之壓抑與反壓抑效果。

3.促進反應效果：被模做的對象，其行為將會促使觀察者以前有過的行為再次出現或者增強反應。

模做的類型可分為真實模做（例如諮商員本身的言行）、符號模做（例如錄影帶或錄音設備影片等）和多重模做（例如團體諮商中的各種行為或技能等）。有效的模做必須是和觀察者類似的，且具有適度權威和稱職，並可提供溫暖情境以加速其行為改變。

使用模做法時必需注意下列幾點：

1.所使用的示範行為必須符合個案能力。

2.治療者應指導個案如何模做。

3.隨時給予正增強。

4.示範行為應由最易至難。

5.模倣的情境儘可能逼眞。

㈤行為治療中的認知趨向 。

現今行爲治療已逐漸重視認知的層面。認知治療有二大假設:

1.人類行爲靠認知來調節。

2.情緒失調乃認知有了缺陷。

人類透過自己對外在事件的解釋而造成各種心理問題,經由認知的再建構可以重新組合行爲,因此修正個案的認知,即可改善其情緒和行爲。

認知治療法中, 包括了艾里斯 (Ellis) 的理情治療, 貝克 (Beck) 的認知學習治療法,和麥肯堡 (Meichenbaum) 的自我指導法, 在此擬介紹麥肯堡的自我指導法, 並兼論一些有關技術。

1.自我指導法

(1)自我觀察: 首先讓個案觀察自己的行爲,因而可以提高個案對自己思想、情緒、心理反應的感受性。

(2)發展新的內在語言: 個案經過自我觀察後,治療者助其了解其內心不合理性的自我語言,接下來就要發展出一套新的、合理性的語言,重覆告訴自己, 以建立新的認知。

(3)學習新技術: 發展出新的內在語言之後,接下來就要個案在實際生活中去學習新的行爲。 在壓力情境中, 用新的內在語言加以對抗。

麥肯堡於1975年用自我指導法來提高大學生的創造力,其步驟如下:

(1)讓學生發現那些是抑制創造力思考的思考方式。

(2)訓練學生使用一些可引起創造性思考的內在語言, 加以覆述。

(3)用創造性思考方式對抗消極的思考方式。

　2.**停止思考法**　此法是渥波於1958年首先使用，但在今日認知治療中亦常常使用，以去除個案內心非理性思考或強迫性觀念。它的步驟如下：

　(1)引導個案談起非理性思考，治療者加以分析並說明。

　(2)治療者當個案在引用非理性思考時，大聲叫「停」。

　(3)經過數次之後，讓個案自己叫「停」。

　(4)讓個案學會自己默喊「停」。

　(5)治療者助其建立新的、合理性的內在語言。

　(6)利用家庭作業和追踪研究，讓個案有機會自己面對日常生活。

　㈥**自主訓練法**

　自主訓練法就是所謂的「社會技能訓練」、「人際關係訓練」。

　自主訓練可適於那些不知如何表達自己憤怒，不知如何拒絕他人，過度謙卑以致於讓別人佔便宜，不知如何表達自己的情意，和自認為自己沒有權利表達思想、信念、情感的人。

　自主訓練主張每個人都有權利自由表達其感受。其訓練過程大約如下：

　1.**指導**：告知個案那些行為是所期望達到的。

　2.**回饋**：治療者給予個案回饋。

　3.**模倣**：治療者展示給個案模倣。

　4.**預演**：個案在各種模擬情境中加以預演。

　5.**社會增強**：對個案的預演予以增強。

　6.**家庭作業**：指定作業以應用於日常生活中。

　㈦**自我管理與自我指導**

　晚近，由於人文主義的倡行，使得心理學不得不注重人類本有的尊嚴。因此在治療上，亦着重自我治療。自我管理與自我指導就是這

種趨勢的產物。

此法大都用於二類問題上：

1.自我擊敗 (Self-defeating) 或有害的行為：如貪吃、酗酒、抽煙過度等。

2.因行為發生次數太少而覺得困擾：如唸不下書、性無能。

至於其實施過程如下：

1.選擇目標：個案自己選擇一確切的治療目標。

2.再將目標換為具體可行的小目標行為。

3.自我監視：將自己的行為加以忠實記錄。

4.擬訂計劃：擬訂一個計劃來實施，以改變行為。

5.自我增強：利用自我酬賞和懲罰來強化行為改變。

6.自我訂約：和自己訂立契約，促使自己達成目標。

陸、評　價

㈠貢　獻

行為治療在心理治療上佔有極大的比例。它主要的貢獻可歸為下列幾項：

1.治療目標明確而具體：行為治療者反對籠統的治療目標，改採具體可行而又確切的目標。

2.重視科學研究：行為治療所發展出來的各種方法，均有科學研究加以證驗。

3.重視客觀與量化：不管是治療的目標或是治療效果均可科學的評估。

4.採用多樣的技術：行為治療已發展出各種技術，不再限於僅有的技巧。

5.應用範圍很廣：行為治療可應用在各種範圍，其效果亦良好。

6.治療技術簡單可行：行為治療發展出多樣技術，且其技術簡單可行。

㈡限　制

傳統行為治療因源於學習理論的限制，故仍有許多的批評，但現今行為治療已調和人文主義，故其缺失就益形減少。

對於傳統行為治療主要有下列批評：

1.行為治療只改變行為，而非情緒。

2.行為治療忽視治療關係。

3.行為治療未提供頓悟。

4.行為治療忽略行為症狀的原因。

5.行為治療只處理低層次的問題,不能處理複雜、高層次的問題。

6.行為治療否定人的意志。

7.行為治療太有效了，可能引起人類對心理治療的恐懼。

雖然有上述的批評，但現今行為治療法已大大地降低了這些限制。唯其某些限制仍是不可否認的，即缺少完整的理論架構，因為行為治療透過科學研究而發展，但至現今仍尚未發展出一套完整的理論架構，這是今日行為治療必先努力的方向。

且在運用行為治療時，亦須小心注意，否則將會使得個案心理受到傷害，因此我們建議以人文主義為本位，而以行為治療的技術為方法，將可成功的進行心理治療。

【參考書目】

1. 宗亮東等著：輔導學的回顧與展望，幼獅，臺北，民六十九。

2. 柯永河：臨床心理學——心理治療，基隆，大洋出版社，民六十九。

3. 張老師主編：現代心理學治療理論，臺北，幼獅，民六十七。

4. 劉焜輝：諮商理論與技術，臺北，天馬出版社，民六十六。

5. 黃正仁：行為矯治，臺北，大洋出版社，民六十八。

6. 陽琪譯：諮商與心理治療，臺北，桂冠，民七十一。

7. 沈順治：兩派輔導理論之應用與比較，臺北，幼獅，民七十。

8. Gerald Corey: *Theory & Practice of Counseling & Psychotherapy*, 2th. ed. California, Wadsworth Inc, 1982

9. Raymond Corsini : *Current Psychotherapies*, 臺北，成文，民64

10. David C. Rimm & John C. Masters: *Behavior Therapy*, N. Y. Academic Press Inc. 1979

11. K. Dariel O'Leary & G. Terence Wilson: *Behavior Therapy*, Prentice-Hall, Inc, 1975

12. J. Aubrey. Yates : *Behavior Therapy*, N. Y. John Wiley & Sons Inc. 1970.

13. John P. Houston: *Fundamentals of Learning*, 臺北，雙葉，民68

14. Ernest R. Hilgard : *Introduction to Psychology*, 7th. ed. 臺北，虹橋，民68

附錄一、問題範圍與治療技術

關於何種行為要用何種方法治療，Lazarus (1973) 整理出一套他自己的看法，提供予讀者參考。

表三　問題範圍與治療技術表 (對個別的病人)

形　　態	問　　　　題	可行的治療法 (處理法)
行　　為 (behavior)	1.不適當的退縮反應	自主訓練
	2.經常哭泣	不予增强
	3.衣冠不整	修飾指導
	4.過度進食	低卡洛里食物療法
	5.消極自我陳述	積極自我陳述的作業 (Positive self-talk assignments)
	6.說話語音模糊	語言投射練習
	7.逃避異性的情境	再教育及減敏感法
情　　感 (affect)	1.無法對外表現忿怒	角色扮演
	2.經常焦慮	鬆弛訓練及再保證
	3.缺乏熱心及持續性愉悅	積極想像
	4.驚慌失措 (常由於權威 人士的指責而引起)	減敏感法及自主訓練
	5.空虛和寂寞感	一般人際關係的建立

知 覺 (sensation)	1.胃痙攣 2.顎頭和頸部的緊張 3.內在的顫抖	腹腔呼吸及鬆弛 局部鬆弛 Gendin 的集中法
想 像 (imagery)	1.葬禮的令人不快情景 2.母親氣得大叫：你這個 　笨蛋的臉孔 3.一再夢到飛機爆炸	減敏感法 空椅子技巧 直觀想像以喚起安全感
認 知 (cognition)	1.不理性的自言自語： 　「我真罪惡」 　「性是髒的」 　「我真差勁」 2.過度類化 3.錯誤的性知識	提供理性思考及正確的自 我陳述 去除不理性的句子 性教育
人際關係 (interpersonal relationships)	1.孩子般的依賴 2.太莽撞或太順從 3.疑心病太重 4.間接的獲取父母的關懷	具體的自我滿足練習 自我訓練 誇張角色取替 向父母解釋增強的原則

附錄二、「靜坐」運用於輔導之可行性

一、前　言

　　「靜坐」確於何時開始，並無詳細之記載，但自禪宗始祖「達摩菩提」至中土傳道之後，「靜坐」成爲入禪的重要方法之一，也因而廣流中土，爲人認識而接受；不管佛家也好，道家也好，甚至宋明理學的儒家，都藉「靜坐」而各達所欲修之目的，因此，「靜坐」可說是爲中國人頗爲喜好的修養方式。於佛教徒而言，藉「靜坐」可達所謂「般若」智慧（大智大慧）的境界；於道家而言，「靜坐」可達長生不老的狀態；於儒家而言，藉「靜坐」而達明心見性的做學問功夫；於一般人而言，下則可強健身體，上則可體會「天人合一」的高妙境界。「靜坐」於是乎成爲東方文化特有的一環。再者，由於「靜坐」所帶來的結果，似乎不得不使人相信，「靜坐」除了具有生理上的恢復效用之外，還具有心理上的治療效用，雖然許多西方科學家對此深表懷疑，但也因而激起了「靜坐」科學研究，而慢慢地證實了「靜坐」確實具有其神奇的功用；但是「靜坐」運用於輔導的可能性如何？是否可適用於一般人？或可適用於某一特殊之對象？預期可產生那些效果？這是本文擬加以探究的。

二、有關「靜坐」的科學實證研究

　　在許多有關「靜坐」的研究中，最引人注目的是生理狀態的測量。在多次的測量了「禪師」、「瑜珈行者」，這些靜坐功夫達到爐

火純青境界的人，結果顯示：

——在呼吸方面：在「入定」（卽靜坐最極致的境界）後，呼吸由平常的每分鐘16次降爲 4 次，因此氧氣的消耗量，平均也降低了20％左右。

——在血液循環方面：脈搏跳動由每分鐘70次降至38次左右，血壓也降低了20％。

——在肌肉反應方面：由膚電反應中顯示，肌肉呈極度鬆弛狀態。

因此，由上面的結果，可歸納出：當靜坐到達某一程度時，新陳代謝率大量的降低，也因此保存了大量的人體能源，同時也達到完全的休息，據載，佛門的道安法師，卽以靜坐代替睡眠達16年之久，而健康如昔。從這個實證研究可以推論出：

——靜坐是一種身體放鬆的狀態，可具有鬆弛肌肉的效果。

——靜坐可以儲存人體能源，而且較睡眠節省精力，因而這些儲存的能量，可運用於更建設性的工作（包括精神上的運思及實際工作上的操作）。

如果上述兩項的推論屬實，則「靜坐」一法似可代替西方的「肌肉鬆弛法」，而成爲對抗焦慮的法寶之一。

另外，有關靜坐的腦波研究（E.E.G.）也有令人驚異的結果。一般人醒覺的狀態是以 β 波出現，在「靜坐」一段時間之後，會漸進入 α 波，保持平靜而警覺的狀態；在最近的研究中更顯示某些「入定」的禪師有 Q 波的出現，那是心智極端集中而且清醒的狀態。與平常狀態不同的，靜坐具有清醒的效果，由外在的任何刺激出現時，靜坐者感覺到它，却能很快的恢復到回來的腦波狀態，就有如一串美妙的音符由心裏流過，却留不下半點痕跡。因此，由這個研究資料，可以

推論出：

　　——靜坐是一種極度淸醒的心智狀態。

　　——靜坐是一種極度集中的心智狀態。

　　——靜坐是一種不易受干擾的心智狀態（此處的干擾乃指心神受刺激後的紛擾現象，並非指刺激本身）。

　　如果上述推論屬實，則「靜坐」應可運用於工作或學習時心神不易集中專心的人，甚至可爲治療「精神官能症」患者的方式之一。

三、「靜坐」的方法探究

　　其次，擬再探究「靜坐」的方法，以考慮其實用性。歷來相傳，靜坐共有96種之多，但以佛門的跏趺坐（卽雙盤坐法）應用最廣，本文玆以此爲主作探究。

　　在眞正開始「靜坐」之前，要先有一番預備的功夫：

　　㈠調節飲食：食量適中，量太多則脹氣難過，坐不住；量太少則體力不繼，無法長坐。

　　㈡調節睡眠：時間適中，睡太久易使神智不淸爽，無法進入情況，睡太少則易瞌睡，精神無法集中。

　　以上兩項，是在平常生活就需注意的，爲的是使整個身體保持最佳的狀況，以便能很愉快而有效的「靜坐」；實際上，以現代醫學眼光來看，此兩項準備功夫正符合「良好的生活習慣」的規律道理，無怪乎「靜坐」可達維持健康的要求。而在要「靜坐」之時，則必須同時預備下列功夫：

　　㈢調節身體：亦卽調整「靜坐」的姿勢。包括：

　　——雙腿盤起，單盤或雙盤皆可，臀部加墊以維持身體重心平穩。

——雙手自然垂下，兩手掌相疊，拇指相抵，置於腹下腿上。

——身骨直立，但不必刻意挺直，使鼻端與肚臍相齊，成一垂直線，雙肩自然放肩，絕不可高聳。

——頭部放正，下顎稍內收，舌頭輕輕抵住上腭。

——目光微張，可隨意定在面前某一物上。

因此，此一姿勢，使上半身呈現極度的鬆弛狀態，下半身則稍呈緊張的狀態，因而，靜坐者必須保持專注而清醒的意識，才能維持整個身子的衡定，這也是使靜坐者易於「入定」的最佳姿勢。

㈣調節呼吸：此項功夫，具有兩大功用，其一是藉着韻律而深長的呼吸狀態，調節整個身體的輕鬆狀態，其二是藉數息（卽數呼出的氣或吸入的氣）來集中神志。而佛家所強調的腹式呼吸法，則在生理上，維持肺部有着充分的氧氣有關，亦有益於健康。

㈤調節心思：在開始「靜坐」之後，初學者的心思不易把握得住，不是紛飛散漫，如脫韁的野馬般胡思亂想，就是因心神過度集中，枯躁而流於昏睡狀況；因此要調節心思，使心不沈不浮，平靜清明，才能有「靜坐」的效果。而調節心思有二個具體的方法：「止」與「觀」。

所謂「止」就是止息心中動來動去的念頭，然後將精神集中起來，所謂「觀」就是跳出自己，觀看留神於念頭的出處，而不要止於一處，因此，「止」可以說是「觀」的基礎，先要能集中精神，心無旁騖，然後才能以平靜而仔細的神志去冥想念頭的來龍去脈。

「止」的實際步驟有：

——繫緣止：卽將心思固定在某一處，如繫在心頂上，繫在髮際、鼻端、臍下、地上等皆可。

——制心止：卽當念頭出來時，馬上加以制止，不再想下去。

——體眞止：卽細心體會心中的一切念頭，其實全是虛妄，世界並未因心中的念頭而多一分或少一分，因此，旣然念頭皆是虛無的，何必去制止它，祇讓它如冷泉一般流過心首，而不執着於念頭。

至於「觀」的實際步驟，則多半繫於宗敎思考，如佛門提倡：「空觀」，亦卽返回自身，仔細體會心中的許多念頭，以及事件的存在，是由於許多機緣巧合碰撞在一起而產生的，並非實體的永遠存在那裏，因此實則念頭、事件本身皆是空的，旣是如此，何必固執於念頭或事件本身？又如瑜珈看法是：觀「三摩地」，亦卽人的超潛能發揮。經過靜坐的修鍊，喚醒位於脊椎尾端的「潛能中心」，而使能發揮近乎神能的潛能。當然，在未來實際科學研究之前，我們無法承認也無法否定這些宗敎的看法，雖然，宗敎運用得宜，有大益於人類，但若運用不當，徒增反感，因此，在此「靜坐」的「觀」，實則可代之以輔導者的目標，如觀「強迫行為」，觀「生存焦慮」……等。

四、「靜坐」於輔導之可行性

綜合上面的推論，「靜坐」法可運用於輔導上的可行性，似有下列幾端：

——解除焦慮，進而面對困難。

——集中心志，發揮潛能。

——增加挫折忍受力。

——達到身體眞正鬆弛狀態。

——治療某些症狀的「精神官能症」患者。

玆分別說明於下：

(一)以「靜坐」法來取代「肌肉鬆弛法」

不管是由靜坐的姿勢，或是靜坐的調息法，都有使個體「由動

入靜」的功能，同時達到肌肉極度放鬆的狀態。依照行為治療學家 Wolpe 的「交互抑制」理論，在放鬆的行為產生時，其相對的焦慮行為必無從發生，因此以「肌肉鬆弛法」來對抗焦慮行為。因此，假設靜坐眞能如研究資料所顯示的鬆弛功能，則應可代替「肌肉鬆弛法」，而成為對抗焦慮行為的治療方法。是否可行，有待實證性的研究來證明。

㈡藉「靜坐」提高學習效果

由研究報告中提到，靜坐到某一程度，會使心神專一，而且有創新的概念出現，而實際上，在一些主觀的感受報告中也提到，靜坐之後，可以使意志集中而提高學習或工作效果。可以理解的是：靜坐實際上是身體的完全大休息，因此，對於身體過份疲勞的人而言，具有恢復精力的效用，當然工作效率會好；而在精神上，藉由「止」的修行方式，不斷地訓練自己集中精神，在此一歷程中，就是一種集中精神的鍛鍊。因此，最主要的不在「靜坐」能達到那一境界，能否頓悟，而是在「靜坐」的過程中所獲得的集中精神的訓練。類似此種集中精神的鍛鍊方式至任何事物上，可能有超乎往常的效果出現。

在實際輔導工作中，協助沒有辦法專心念書的學生或做事常被分心者，應該是可運用的範圍。

㈢藉靜坐法中的「止觀」來解決困難

依行為治療學派的看法，任何事件之所以會成為個體的困難，必定是此事件發生的結果，對個體而言，有很不好的影響，因此當個體碰到類似的情境時，會因先前的經驗，產生焦慮，而無法面對此一事件，當然也就無法解決此困難，愈是如此，更使得個體焦慮，而形成惡性循環，當然也是個體一個不易打開的死結了，因此，行為學派主張解除個體的焦慮狀態，打破惡性循環，即可協助個體面對困難，一

且敢面對困難，則易解決困難。而在「靜坐」的冥想過程中，就是要求靜坐者澄清心中的雜慮，以平靜的心情，來看看自己念頭的起處，亦即藉着「靜坐」產生的寧靜情緒，不帶焦慮的，好好看看到底自己的困難起處在那裏，如果個體能眞正地面對困難，不去逃避，問題自然迎双而解。

再依心理分析學派的看法，個體的許多困擾皆是起自潛意識中的衝突，因此，如能將潛意識中的衝突加以滌濾，困擾自然消失。而據「靜坐」達到極致的禪師的主觀感受報告中提到，「入定」時彷彿進了另一個境界，因此，他可以「看到」自己坐禪，可以感受到自己與整體環境是一體的喜悅感受，許多學者認爲這就是「潛意識」的部份，藉着「靜坐」達到這個部份的意識，並以清明的意識加以解析衝突，困擾自然因而消失。

㈣藉「靜坐」增加挫折忍受力

靜坐中的一個理念是：眞實與虛妄乃是一體的兩面，也就是一件事情的發生，是所謂「好或壞」，端視你如何去解釋它。實則，事件本身並無所謂的「對或錯」「好或壞」，而人的存在，也是介於兩者之間的連續存在。因此，事件的變化之所以會造成個體的挫折感，也由於個體將事件做了是非的判斷。藉由「靜坐」，對於事件的存在，能有較大寬容的態度，挫折忍受閾自然提高。

㈤治療某些「精神官能症」患者

如藉冥想，了解到生存的意義，可解除某些生存焦慮的人；又如強迫思考或行爲，藉由「體眞止」的修行方式，使患者不固著於某一思考或行爲……等。

五、運用上的限制及修正

雖然「靜坐」似可運用於輔導的許多情況，但由於其先天上的缺點，勢必經過修正才可真正的運用，如：

　1.輔導員本身必須具有相當的「靜坐」基礎及體驗，否則無法督促當事者用心學習。

　2.「靜坐」的方式五花八門，極爲繁瑣，又不似國外的「肌肉鬆弛法」或「自律訓練」的有系統，因此，必須整理出有系統的方式，才可能爲人所用。

　3.對某些宗教信仰過於熱誠者，似不宜再以此法輔導，否則易有其他的症狀出現（如妄想等）。

【參考書目】

1.冥想健康法，桐山靖雄，暖流出版社。

2.自律健康法，飯田宏，明德書局。

3.禪與藝術，劉大悲譯，天華書局。

4.禪的訓練，徐進夫譯，天華書局。

5.禪海，南懷瑾著，先知出版社。

6.靜坐與長生不老，南懷瑾著，老古文化事業。

7.密宗，靜坐。瑜珈，李匡正譯，中國瑜珈出版社。

8.靜坐與健康，席長安譯，星光出版社。

9.靜坐須知，蘇芬，象山出版社。

10.靜坐法輯要，南海普陀山慧濟寺。

11.佛與心理學，柳無花，心靈雜誌第六期。

12.Possibilities of Zen Therapy Yuji Sasaki Psychological Studies of Zen.

附錄三、自我肯定訓練

一、如何肯定自己

　　人的行爲類型，一般可分爲三種，非自我肯定、攻擊性和自我肯定。

　　非自我肯定者個性上的幾個特點是，他們常常否定自己的價值，即自卑感重，只看到自己缺點，很少看到自己的優點。

　　非自我肯定的人常常會壓抑內心眞實的感受，不敢表明態度、感受，處處忍讓，不敢動怒，他時常感覺受到傷害，以爲別人經常說他的壞話，懷疑別人不喜歡他，當別人意見和他不一樣時，他覺得受到傷害，因爲他常覺得受到傷害，所以他經常睡不着覺。各種焦慮、緊張、自責，更是家常便飯，他信心弱，遇事坐立不安，如果這種人當主管，對人對事會經常嘮叨。

　　許多事情他不敢做決定，沒有主見，沒有原則，沒有決斷力，最好別人能替他做主，他可能是想負責又不敢負責，經常你可以聽到他說「我沒有意見」。

　　一個非肯定的人，很少能達到期望的目標，他只是想，但很難達到。

　　攻擊性的人個性上的幾個特點是:

　　1.支配別人提高自我價值，他尤其喜歡支配非肯定的人，這種人講究手段，態度較不誠實。

　　2.表現自己，輕視別人，自負且固執己見，不尊重別人也有不同

觀念和生活方式的權力，排斥異己。

3.常想控制情況，主觀性非常強，不能容納異己，當別人話還沒有講完，他已經幫別人講完，這種人在開會時，常要別人照着他的模式，很難和人溝通，由於他的主觀性太強，這種人常常陷入攻擊性而不自知。

4.替別人做決定，在各種場合裏，他很容易表現這出個特質。

5.自我防衞非常強，一再爲自己辯護，不承認缺點，思想少有彈性，很少主動去了解別人的表達模式。

6.爲了達成目的而傷害別人，比如譏諷、漫罵、陷害。

一般講，攻擊性行爲有語言化和非語言化的分別，語言化的攻擊性如：口不擇言、批評等態度。非語言化的攻擊性如：賭氣、繃臉、生氣、輕蔑等態度。

自我肯定的人個性上的幾個特點是：

1.具有自我價值感，他能適度的欣賞自己。

2.尊重別人，他尊重別人的思想價值、生活體系、宗教方式，他雖然不贊成別人的意見，但他認爲別人有資格發表言論。

3.能够坦白、公開、自由的表達內心的眞實感受和意見，他不會壓抑自己的觀點。

4.對自己很滿意，能够接受自己的缺點和優點，有勇氣去改變可以改變的，而能够去接受不能改變的事實。

5.能替自己做決定，信心強，抉擇力強。

6.不一定要求達到目的，但過程中能經常表示自己的看法，他逢事會考慮，但不會優柔寡斷。

自我肯定訓練就是在透過「肯定訓練」去幫助人建立自己，突破自己，並處理人際關係；這種訓練，在美國非常盛行，新近在臺灣，

這個訓練逐漸被重視、推廣。

臨床心理學家艾里斯，發展了一套「理性治療法」，認為一個人的情緒困擾是因為受到「不合理性的自我語言」所支配，因此只有改變個人的「不合理性的觀念」，一個人才能去控制自己的情緒。馬偕協談中心所做的自我肯定訓練，就是應用了八個「不合理性的觀念」和七個「我該有的基本權利」，透過實際的練習，達到使非肯定性、攻擊性的人趨向肯定性。

經常困擾情緒的八個「不合理性的觀念」是：

1.我必須十全十美：要求自己十全十美是不可能的，當做這種自我要求而無法達到時，會自責、焦慮不安、不滿足。

2.我必須被每一個人所喜歡和稱讚：如果不是這樣，他常常會陷入煩惱、沮喪，而趨使他去奉承別人，結果變成他不是自己的主人。

3.如果我說出內心真實的感受會對我不利：一個能夠適度表達自己意見觀點的人，比較容易去處理各種事物，也較能得到他人的信任，一個壓抑自己的感受觀點，不敢表達，生怕說出來會有不好結果的人，不易和人溝通博取他人的信任。

4.過去的事一再影響我，且將決定我的一生：如果一個人沉入這種情緒，將永遠難於突破，他會有很多理由停頓在現況，會有很多理由抱怨，而無法積極雄心的站立起來。

5.每一件事都必須照我所期待或喜歡的方式發生：這種心態導致他時常的痛苦，他必須去接受事實——不是每件事都可以如此。

6.我沒辦法改變我自己的個性：永遠都被這種觀念控制，於是永遠都在陷井裏而跳不出來。

7.逃避困難(改變)比面對問題容易：這種心態只有使問題惡化，勇敢的面對事實問題，才能處理問題。

8.我沒辦法控制我的憂愁和煩惱：這種心態將使他永遠憂愁下去，肯定訓練就是在強調個人可以控制煩惱，對情緒負責。

自我肯定訓練就是針對這些不合理的觀念，設計一套觀念和技巧，讓接受訓練者了解他該具備有什麼觀念，可以運用什麼技巧使人能更清楚的剖析自己的缺失，而去改善。

七個「我的基本權利」的觀念要具備：

1.我有權利去做我要做的事，而不必去說明理由——例如：你去買衣服，店員殷勤的說很適合你，一付強迫你去買的姿態，你並不願意或三心二意，結果却捺不住他的說詞，或者不好意思而買了自己不喜歡或不適合的物品，變成店員操縱你去買，而非你自己選擇。

要記得你有權利說與不說，做與不做。

2.我有權利改變我的主意：有些人改變主意會難過，其實這是不必要的，因你有這個權利，切莫因為不好意思而違背自己。但是，如果你事先和別人做了約定而改變了主意，雖然你有權利，但你應承認「改變」的錯誤。

3.我有權利不在乎別人對我的看法：如果你很在乎別人的看法，就永遠無法做自己的主人，常覺得別人不喜歡你，當別人眉頭一揚就覺得不安，也很難去表現自己的觀點，但是這個訓練並不是要你錯誤了還死硬到底不承認，不是要你驕傲、不誠實的掩飾自己的缺點。

4.我有「犯錯」的權利，但我需對我的錯誤負責：人，當然會犯錯，但要有勇氣去承認錯誤、去道歉，對自己的錯誤負責不逃避，可是不需要一再的自責，不原諒自己，或者一錯再錯。

5.我有權利說「不」：很多人忘記自己有權利說「不」，而事後才懊惱自己答應了別人（如借錢），說「不」並不是非肯定，而是一種選擇。

6.我有權利說「我不知道」：以誠實的態度去看自己，不要死要面子，遷就別人，或者自我防衛，要有勇氣去承認「我不知道」，這不是羞恥丟臉的事。

7.我有權利說「我很滿意」：在心態上要去建立「我有權利對自己滿意」，但不是指你不去更正錯誤，對自己滿意是去建立你對自我的肯定。

當你具備了這些觀念後，自我肯定訓練要教你許多技巧，幫助你成為一個肯定的人。

1.告訴你對於人的三種行為類型——攻擊性、非自我肯定性、肯定性的基本認識。

2.如何拒絕別人——教導破唱片的技巧，反覆演練，以自我強化作用達到說「不」的效果。說不時，聲音是堅定的、明確的，態度是真實的、直接的。

3.如何表達肯定的感受——注意聲音、態度、臉部、身體的表情，確實把感受表達出來。表達感受時，要簡單、誠實、適當、直接，眼睛注視對方，學習稱讚別人。

4.如何表達消極的感受：

(1)自我憤怒的處理：去察知在那種情況下最容易激起你的憤怒，要了解三點：沒有一個人能逃避憤怒，憤怒不是罪惡，憤怒的表達要合理。

(2)其他感受的表達：攻擊性者的表達常是非理性的，如：你沒長眼睛、去你的、滾蛋……之類，非肯定性者的表達常常心理所想和表達不一樣，肯定性者的表達，會注意態度、聲音的平穩，表達方式常是「你如此說，我覺得……」。

(3)自我放鬆的技巧：教導你深呼吸的方法（用鼻子慢慢吸氣，用

嘴慢慢呼氣，屬於腹式呼吸），另外還有全身放鬆的技巧，這些都有助於處理自己本身的情緒。

5.霧的技巧：當別人挑剔你、操縱你時，不必為自己辯論，也不是去反擊，而是用贊同的語氣去反應對方語言上惡意的攻擊、挑剔、責難，例：有人說：「你穿的衣服很花，你這個人一定很花」，你可以回答：「有可能喔！」；有人說：「你做事怎麼老是慢吞吞的」，你可以回答：「是的，我做事有時是慢吞吞」。

這個技巧是教你不須要讓對方攻擊得逞，如同早晨的霧，摸不到也打不着。

運用這個技巧，減少個人的自我防衞，使得自己面對批評時可以減少焦慮，而不必去辯護和生氣。

肯定訓練是一輩子的事，當你每一次不够肯定時，不要責備自己，肯定訓練強調從每一個現在開始，強調鼓勵別人去肯定，而不是去操縱那些非肯定的人。

二、自我肯定的原則

㈠自我肯定行為要記住的一些觀念

1.肯定的行為時常和侵略性的行為混淆，肯定不牽涉到傷害對方，不管是身體的或是情感的。

2.肯定的行為是使力量平等，不是藉打擊對方或是使他無助，來贏得一場勝戰。

3.肯定的行為包含了表達你自己，身為一個個體合法的權利，你有權利表達你自己的需要、慾望、情感、意念。

4.記住：其他人有權利根據他們的需要、慾望、情感、意念來反應你的自我肯定。

5.藉自我肯定，你打開了誠實與人相處的道路。

6.肯定行為不僅與你說什麼有關，而且和你如何說有關。

7.肯定的話，伴隨着適當的肯定的「身體語言」，使你自己的意思更清楚。

8.肯定的身體語言包括下列幾種：

(1)維持直接眼光接觸。

(2)維持直立的姿勢。

(3)說話清晰而可聽見。

(4)確信你對你自己的聲音沒有哀憐乞求的感覺。

(5)利用臉部的表情和姿勢來強調你自己的話。

9.肯定行為是一種能藉經常的練習而學會並維持的一種技巧。

㈡要求別人改變行為的要點

1.你有權利讓其他人知道他們的行為干擾到你，你也有權利要求他們改變他們的行為。

2.當你不運用這種權利時你否定了自己的重要性，以及你和別人的關係。

3.遵照下面四個重要步驟：

(1)形容你所看到或聽到別人的行為，你要利用描述語句而不可用標名的方式。例如：你把髒衣服散置了整個房間，而不說你是一個不顧別人的髒鬼。

(2)表達出別人的行為使你經歷的感覺，如：我感到生氣和憤恨，當你把髒衣服堆得滿房間時。

(3)要求一個行為的特定改變，如：我要你把髒衣服放在櫃子裏，你願意做嗎？

(4)萬一對方不聽從你的要求，你要說出一個特定而合理的後果，

如： 如果你繼續將髒衣服散置在房間，我將把它通通掃到你床下。

4.記得表達出肯定的身體語言。

(1)維持直接的眼光接觸。

(2)維持一個直立的姿勢。

(3)清晰可聽見的說話。

(4)不要低哀抱怨。

(5)利用姿勢和臉部的表情來強調。

5.給別人一個直接的訊息，關於他們的行爲如何影響到你，是一個可以學得到的技巧。

㈢拒絕請求

1.你有權利說不。

2.說是的，其實你的本意是不時，你便否認了自己的重要性。

3.說不並不表示你拒絕任何一個人，只不過是拒絕一個請求罷了。

4.說不，直接、簡潔、切合重點是相當重要的。

5.如果你想說不，就不要被辯護、乞求、引誘、恭維，或其他的操縱所動搖。

6.你可以說出你拒絕的理由，但不要用太多的藉口。

7.簡短的道歉是適切的，過度反而帶來不快。

8.表明肯定的身體語言。

9.說不的技巧是可以習得的。

10.說不而沒有罪惡感，會變成一種習慣，一種有助於你的成長的習慣。

㈣表達積極的情感的要點

1.讓別人知道你積極的感情，最好的方法是把它說出來。

2.壓抑了你所要表達的情感時，你就否定了你的重要性。

3.儘管人們不知道如何優雅的反應，但他們喜歡聽有關自己的好事。

4.簡潔是溝通積極情感的關鍵，務必直接、簡潔。

5.積極情感的表達，最好用第一人稱。例：我喜歡你所說的。

6.避免使你的積極情感表達有附帶條件。

7.利用肯定的身體語言。

8.積極情感的表達是可以經由不斷練習而維持的。

三、 自我肯定團體訓練計畫

㈠目的：重新建立自我的價值，增長自己做決定與表達自己感覺的能力。

㈡方式：以小團體的方式進行，約八至十人一組。

㈢對象：以因非自我肯定行爲或攻擊行爲而感困擾者爲對象經面談或測驗後決定者。

㈣時數：六週，每週兩小時，合計十二小時。

㈤材料：每人講義一份。

㈥過程：

1.自我介紹：

(1)可以參加自我肯定團體？

(2)在此團體中有何感覺？

(3)希望從團體中得到什麼？改變什麼？

2.講義說明：

(1)行爲的三種類型。

(2)基本的人權。

(3)訓練的目標。

(4)肯定行為的生理因素。

3.作業: 請每個成員書面寫下: 在何種情境中, 經常因為非自我肯定或攻擊性行為而感到困擾? 並希望在團體中加以處理。第二次團體聚會時交給催化員。

4.活動一: 你去做, 我不要。

(1)兩人一組練習。甲: 「你去做」, 乙: 「我不要」。

(2)聲音愈來愈大。

(3)逐漸加進尾語。如: 「你去替我佔位子。」

(4)討論: 體會要求和拒絕的感覺。

5.活動二: 借與不借千萬難?

(1)三至四人一組。

(2)每個人想一件最不願出借的東西 (如: 相機、筆記), 其他人用盡方法借到為止。

(3)討論: 體會拒絕和要求的感覺。

6.活動三: 基本人權的喪失和獲得

(1)請成員先從基本人權中選出一個對自己最有意義的一項。

(2)然後, 大家把眼睛閉上, 想像在某一情境, 自己失去那個權利時, 有什麼感覺?

(3)再想像在某一情境中, 自己擁有那個權利時的感覺。

(4)比較二種情境, 何者較易想像? 認識自己在平常生活中是否容易使用該權利?

7.活動四: 破唱片法

(1)釋義: 在衝突的情境中, 如要有效的表達意見, 就要堅持自己的立場。對自己的說詞不需要說出理由, 藉口或解釋, 更無需有罪惡感。

(2)作法: 練習像一張破唱片那樣說法,以一種平靜而重複的聲音,一直說自己需要或不需要的事情,直到對方答應自己的要求,或同意一種妥協為止。 使用破唱片法時, 聲調要肯定、 明確, 眼睛正視對方,注意臉上表情,態度是真誠的。

(3)練習: 兩人一組練習。

(4)討論: 拒絕別人有無困難? 做此練習有何感覺?

8.活動五: DESC技巧

(1)釋義:

①Describe 描述對方所做的侵犯。

②Express 描述自己情緒的感覺。

③Specify 指出自己的需要或要求。

④Consequence 指出對方若不怎麽做,則會有什麽後果。

(2)範例: 搭公車時, 拉了鈴, 却過站不停, 此時, 你可向司機說:

「我拉了鈴,怎麽不讓我下車」 L→D

「你讓我趕不上上課,我感到很生氣」 L→E

「你現在讓我下車」 L→S

「你若不讓我下車,我要到公車處告你」 L→C

(3)練習: 團體以角色扮演進入情境練習。

(4)討論: 一般人用D、E、S即可,攻擊性的人才用到C。

9.活動六: 攻擊者的雄像

(1)兩人一組。

(2)甲擺出攻擊姿勢,乙加以調整。

(3)角色互換。

(4)討論:

①這個動作對自己有什麼意義?

②調整別人容易或被調整容易?

③平常生活中是否常表達這些情緒?

10.活動七: 角色扮演

(1)請每個人提出他生活中無法自我肯定的行為或情境（可參考成員第一週的作業）。

(2)說明當時用什麼方式來處理。

(3)利用角色扮演當時的情形。

(4)討論研究後，再演一次改正後的自我肯定行為。

(5)討論。

11.活動八: 讚美的藝術

(1)說明如何讚美別人與接受別人的讚美。

(2)團體輪流對某一個成員讚美，成員並練習反應。

(3)討論。

12.活動九: 結束與評估

(1)成員敍述自己有何收獲? 有何改變? （與作業對照）

(2)澄清成員的疑問，團體並給予回饋。

(3)填寫評量表。

四、摘　要

㈠自我肯定行為的定義: 透過直接、誠實與合適的行為，維護自己的權利而不侵害到他人。

㈡自我肯定訓練的目標:

1.能夠維護你自己的基本人權。

2.對你所擁有的權利，發展出一套信念，並且能夠辨認何時權利

受到侵犯。

　3.能够區辨合適的肯定行爲，順從或攻擊行爲。

　4.發展出並練習特殊的肯定技巧。

㈢每個人，無論男或女都有：基本的人權

　1.有權去拒絕別人的要求而沒有罪惡感或自私的感覺。

　2.有權去感覺和表示生氣。

　3.有感覺和表示健康的競爭心和成就動機的權利。

　4.有透過正當方式，以自己的能力和興趣，來追求自我實現的**權**
利。

　5.有權利去決定和判斷對自己重要的需要。

　6.有犯錯的權利。

　7.有自己的意見和別人的意見同樣被重視的權利。

　8.有權被視爲是有能力的成人，而不被小看。

　9.有自己的需要和別人的需要同樣重要的權利。

10.有獨立自主的權利。

㈣自我肯定行爲的生理因素：

　1.聲調：肯定、信心且適當的聲音能表現出自我肯定。

　2.眼神的接觸：當你說話時要注視着對方。

　3.身體的表現：說話時可略帶點手勢。

　4.臉部的表情：適當的表現你的感覺或說話的表情

　──當你在批評別人或生氣時，可不要笑。

　──當你在讚美或表示喜歡別人時不要用仇恨的表情。

五、自我肯定的評量

下面是評量自我肯定的一些題目，提供給你參考：

1. 當你在排隊時有人插隊，你會請他按次序排隊嗎?
2. 當你已決定和某一位異性朋友分手時，你會覺得難以向他啓口嗎?
3. 當你買回的貨品有瑕疵時，你會拿回店裏去換嗎?
4. 如果你因志趣不合想轉系，而你父母不同意你轉，你敢提出這項要求嗎?
5. 你會傾向於過度道歉嗎?
6. 當你在念書時，你的室友卻在製造太多的噪音，你會要求對方停止嗎?
7. 讚美別人對你來說會很困難嗎?
8. 假如你生父母的氣，你敢告訴他們嗎?
9. 你會堅持你的室友應分擔他份內的清潔工作嗎?
10. 假如你發現自己開始喜歡某位熟悉的異性朋友，你敢表示你的感覺嗎?
11. 假如你的朋友向你借過三百元，卻忘了還，你會提醒他嗎?
12. 你會過分擔心傷害他人的感情嗎?
13. 當你父母不喜歡你的一位好友，又常常批評他，你敢告訴他們你不同意他們的看法，且說出你朋友的優點嗎?
14. 你想請朋友幫忙時，會覺得難以啓口嗎?
15. 假如在餐館吃飯時，發現食物不合你意，你敢向侍者抱怨嗎?
16. 如果你的室友未經允許，吃掉你收藏的食物，你會向他表示你的不高興嗎?
17. 假如一位推銷員不厭其煩的向你展示你覺得不太合宜的貨品時，你會覺得不買不好意思嗎?
18. 你常常心中有意見而不敢表達嗎?

19. 如果你的朋友在你想讀書的時候來訪，你會請他換個方便的時間再來嗎？

20. 你能對你喜歡的人表達你的關心和喜愛嗎？

21. 如果你參加一個小型研習會時發現教授所講某事不正確，你敢提出質疑嗎？

22. 假如有一個你心儀已久的異性朋友在聚會中不斷地注意你並向你微笑，你敢主動的去和他聊天嗎？

23. 假如有一個你素來敬仰的人說出你不敢苟同的意見，你會勇敢的表達出你自己的看法嗎？

24. 你常息事寧人嗎？

25. 假如有一位朋友穿了件新衣服，令你很喜歡，你會向他說你喜歡嗎？

26. 如果離開店舖後才發現少找了零錢，你會回去要求找回少找的錢嗎？

27. 當你的朋友向你提出無理的要求時你會拒絕嗎？

28. 若一位你尊崇的親戚使你不快時，你寧願壓抑你的情緒而不表達出來嗎？

29. 若你的父母希望你能回家度週末，但你已有了更重要的計劃，你會告訴他們你的打算嗎？

30. 當你有理由對一位異性感到生氣與不快，你會表達出來嗎？

31. 若朋友替你跑腿，你會告訴他你很感激他嗎？

32. 當某人做事非常不公平，你會告訴他嗎？

33. 你會因怕做錯事或說錯話，而避免和別人作社交上的接觸嗎？

34. 若朋友辜負你對他的信任，你會向他表示你的惱怒嗎？

35. 當店員先招待在你之後進店的顧客，你會向店員表示你的不滿嗎？

36. 某人交好運時，你為他慶幸，你會向他表達出來嗎？

37. 你敢向你的好朋友借錢嗎？

38. 若某人向你開玩笑到非常過份時，你會向他表示你的不高興嗎？

39. 聽演講遲到時，你會站着而不坐到前排座位，免得引人注視嗎？

40. 假如你的男（女）朋友在週末約會時間前十五分鐘打電話給你，說他必須準備一項重要功課無法赴約，你會向他表示你的不高興嗎？

41. 若某人在電影院不斷踢你的椅背你會叫他不要踢嗎？

42. 在一次重要的談話中，某人中途插嘴，你會要那人先讓你把話說完嗎？

43. 在課堂討論中，你主動提供消息或意見嗎？

44. 向一位不認識的異性講話，會使你感到猶豫嗎？

45. 若你的房東已答應某些必要的修理，却遲遲沒做，你會要求他嗎？

46. 若你的父母要求你在某特定時間回家，而你覺得這時間定得不合理，你會和他們商量重定時間嗎？

47. 你覺得維護自我權利很困難嗎？

48. 若朋友不公平地批評你，你會當場表示你的憤慨嗎？

49. 你會向他人表達你的感情嗎？

50. 你會因怕難為情而不敢在課堂上發問嗎？

第 9 章

家族治療

壹、鳥　瞰

　　家族治療(family therapy)，顧名思義，就是將家族視爲一個整體，予以治療。它是一種以整個家族系統爲中心，而非以個人爲中心的治療方法。家族治療的基本假設是：「家族是一個整體，即使對成員做個別治療，還是不能够解決根本上的問題。」因此，在實施家族治療時，應該要求所有的家人出席，並且明示每個成員對於家庭的貢獻和重要性，並非只有「被認定的病人」(Identified Patient 或簡寫爲 I. P.）才需要接受治療而與其他成員無關。

　　由於家族治療的重心是整個家族的成員而非 I. P.，因此家族治療要比一般的個別治療要來得合理、迅速、經濟而有效。此外，家族治療者的工作是改變家庭溝通和互動關係，以使得癥候的行爲(symptomatic behavior) 消失於無形。因此，爲了達到上述的目的，家族治療者即根據不同的理論，發展出不同的策略與技術，來促使家庭中所有的成員（包括所謂的 I. P.）獲得更爲良好的適應生活。

一、基本概念

家族治療可以被廣泛的定義爲：「嘗試去改變家族中的關係以促使家族和諧的一種治療方法。」而一個家族可以被視爲一個開放系統（open system），由結合的三角關係（interlocking triangles）所組成，並且經由回饋（feedback）的方式來維持或改變整個的家族系統。因此，在家族治療中有三個基本的概念，此即：系統、三角關係與回饋。

㈠系　統

一個系統雖是由幾組不同的部份所組成，却有兩個相同的特點：第一，部份與部份之間是彼此相連，有着因果關係的相互依賴與影響。第二，每一個部份與其他部份，雖然經過一段時間以後，仍然維持一種穩定的關係。而一個系統如果允許它的成員不斷地進出，那麼此一系統即爲一個開放的系統，反之，即爲一個閉鎖的系統（closed system）（Von Bertalanffy, 1974）。而如果以一個開放系統的觀點來看家族，那麼家族有下列三個重要的特性：

1.整體性（wholeness）　整體性是指系統不僅僅只是不同部份的總合而已，還包括了部份與部份之間的交互作用。而從治療的觀點來看，整體性所代表的意義是指對於來談者，必須要了解他整個生活的內涵，尤其是他與家人的關係。因此，所謂整體性可以說是系統中部份與部份之間的相互依賴性，亦即完形心理學（Gestalt psychology）最重要的概念：「全部不等於部份的總合」。故而，由此觀點看來，家族是由家族中的成員與成員之間的互動關係所共同組成的。

2.關係（relationship）　是指一個系統考慮「部份與部份之間

正在發生什麼以及他們之間的互動關係」這樣的一個問題。它所強調的是正在發生什麼（what is happening）而不是爲什麼它正在發生（why it is happening），亦卽它所強調是發生在「此時此地」（here and now）的現象，而不在於探討歷史的原因。因此，如果家庭此時此地的溝通與互動關係能够被瞭解，並且獲得調整和改善，那麼家族治療的成效卽可看出。

3.**等最終性**（equifinality）或稱爲結構的自我不朽性（the self-perpetuation of structures），是指開放系統由於不受初始狀況的影響與限制，因此，此時此地的介入（intervention）將可以促使系統的改變。由於一個系統沒有「記憶」（memory），故而，在系統中的一個及時的改變將能够去除系統中的困難問題，而不論這個原先的問題是個什麼樣的問題。而這也就是 Arieti（1969）所建議的：避免涉及過去的歷史，以避免發生謬誤（genetic fallacy）的產生。換言之，家族治療不像心理動力論那麼般地著重於過去的歷史，認爲眞正的問題是植基於過去的歷史。家族治療者，雖然並不否認過去歷史的重要性，但是它所強調與重視的是此時此地家庭系統中的互動關係。因此，等最終性的意義在於家庭開放系統不受初始狀況的影響，治療者此時此地的介入將能够促使家庭系統的改變，而最終的目的則在於改變此時此地的家庭溝通和互動關係，進而造成一個和諧而幸福的家庭。

（二）**三角關係**

一連串的結合的三角關係是家族關係系統的基本構成要素（Bowen, 1971）。Bowen 認爲三角關係是指存在於祖父母、父母與子女三代之間的關係（Liebman, et al., 1976）。而 Minuchin（1974）以及結構學家則認爲三角關係是指存在於父親、母親，以及子

女三者之間的關係。雖然此二位學者對於三角關係的解釋有所不同，但是分析在一個系統中不同的三角關係，並進行介入以促使系統的改變，則是他們以及家族治療者的主要工作之一。

㈢回　饋

在系統理論中，回饋是指一個系統用來調整它本身的歷程。消極的回饋（negative feedback）可以促使一個系統的脫軌重新納入正軌而恢復到先前的平衡狀態。至於積極的回饋（positive feedback）則破壞系統，迫使系統改變，並且不允許它回復到原先的狀態。運用消極回饋來進行家族治療常見的一個例子是「學校恐懼症」（school phobic）。而積極的回饋，Whitaker（1975）則將之描述爲「Pisa斜塔」（leaning tower of Pisa）的取向，亦卽一個治療者不去矯治一個症狀，相反地，讓這個症狀盆加的混亂，以致於自行毀滅。而對於家族治療者來說，積極的回饋是一個不可或缺的臨床工具，也是在心理治療中運用矛盾來治療的一個很好的例子。

此外，家族治療的重要基本概念尙有：

㈣家庭副體系（familial subsystem）

就系統論的觀點，我們可以說一個人的行爲正是他家庭的反映。因此，如果將它視爲家庭的信號燈，經由這個警報系統，我們可能對家庭有某種程度的認識。

家庭系統理論是社會系統理論的延伸。家庭旣是社會體系的副體系，又是由五個副體系組合而成。這五個副體系分別是生活價值、關係組合、權力運作、生活規則，以及氣氛等等。

以三個人的小家庭而言：價值觀是指他們對人、事、物的看法和想法。而家庭關係則是指父親對孩子的感覺，小孩對父親的看法；母親對孩子的觀感，加上孩子對母親的觀感；以及夫妻之間相互想法的

總合。

此外，我們可由家庭內事情的決定過程上，發覺他們之間的權力分配方式。至於生活規則是指家裏的一些不成文規定，成員們彼此心照不宣。這些規矩都不為外人所知，只有生長在這家裏的人才清楚。

而無論何時走進這個家裏，都會感受到一股很重的火藥味，似乎有隨時爆發大戰的氣息，則此即為這個家所獨有的家庭氣氛。

家庭雖然分為五個副體系，但是它們並不是各自獨立、互不相干的五個單位。事實上，每個副體系之間，是互相連鎖，不可分割的。

總之，每個家庭都是由無數獨特的氣氛、價值觀、溝通和關係的組合，權力分配方式，以及生活規則綜合成一體系。若想認識家庭則必然得經由每一極小事件，極細微的狀況，加上系統觀點的分析，如此才能使我們對於家庭的認識比較能採取整體性的看法，而避免因果論的偏誤（吳就君，民72）。

㈤自動調適（homeostasis）

當家庭中的某一個人有了問題，便會出現一些症狀，家族裏所有的成員對這個問題也會有相同的感受，而影響到家族的氣氛，這一個人即是所謂的 I. P.。

很多的研究顯示家族的行動有如一個獨立的單位。Jackson（1954）把這種情形稱為「家族自動調適」（family homeostasis）。根據家族自動調適的概念，家族的一舉一動，似乎在達成平衡的關係。而成員們大都希望能共同維持這種平衡的關係。家族裏反覆不已的溝通，即顯示了這種平衡。

而當家族自動調適不穩定時，成員們會極力去維持它的平衡，而 I. P. 的症狀其實便是家族不平衡的一種求救的信號。

以上所介紹的為家族治療的正確基本概念；然而，一般人對於家

族治療則有以下幾點共同的錯誤概念 (common misconception)，吾人特予以澄清如下：

㈠家庭的結構是核心而非外延，亦即家庭與配偶的家庭無關：事實上，任何一個家庭的影響力都是外延的，亦即你要娶（嫁）的人是那個人的全家，因此，在婚嫁之時，便應考慮到對方的家庭結構。

㈡家庭是封閉的系統：實際上，家庭中會時時引進新的關係，產生新的組織與聯合陣線，因此，正確的概念應該是：家庭是一個開放的系統 (open system) 而不是封閉的系統。

㈢家庭抗拒改革，想要維持現狀：事實上，每個家庭都希望家庭快樂、和諧，而家庭本身都會想要改革，以適應環境的變遷。在諮商過程中重要的工作之一即是幫助家庭改革，不過，仍應同時考慮情境與自我概念的交互作用，而不能一味地要求急遽的改革。

㈣家庭制瀕臨解體的狀態：有關的研究資料顯示，知識程度愈高的女子，結婚率愈低，似乎支持此種看法。然而，亦有資料顯示，離婚的女子中，再婚者達三分之二，似乎又反對此種看法。而實際上，家庭制並未解體。

㈤最穩定的關係是一對一的關係：由於家族治療是邀請家族中的所有成員一起來接受治療，而非只要求所謂的 I.P. 前來接受治療，因此，事實上，一對一的關係不見得是最穩定的關係。

㈥兩個人之間的關係有一固定的模式可循：事實上，此一模式是不存在的。

㈦你可以透過另一個人的眼光，來了解一個人：事實上，以此種方法來了解別人，可能會產生極大的誤差。

㈧家庭中的某一成員就是病人：一般人認爲 I.P. 就是家庭中的

問題，然而，實際上，I. P. 往往是家庭問題的產物，亦是家庭中的代罪羔羊。

㈨有問題的那個家庭成員才需要幫助：事實上，家族治療是以整個的家族爲治療的對象，而家庭成員之所以出了問題，乃是由於整個家族有了問題，因此，爲求根治問題，則應爲整個家族進行治療，而非單單針對那個有問題的家庭成員。

至於家族治療所探討的重點則包括：⑴家庭問題的解決方式，⑵情感表達的方式，⑶溝通，⑷角色行爲，⑸家庭成員的自己性，⑹行爲抗制的方式，⑺個人所表現出來的困難以及可能的結果(呂勝瑛，民72)。

二、家族治療與其他心理治療的比較

㈠心理分析 (Freud, 1933)

心理分析，特別強調轉移理論 (theory of transference)，它故意引發病人，將態度、感覺、觀念轉移到治療者或對病人具有重要性的人物身上，而治療者讓病人覺知到他這種情感的轉移，同時藉着這種覺知、頓悟，使病人改變。然而心理分析學家認爲家人的投入將會有礙於轉移的發展，因此，多是由治療者單獨爲病人進行治療。而家族治療却是將家庭中的所有成員都納入治療的體系之中，此即爲二者最大的差別所在。

㈡阿德勒的心理治療理論 (Adler, 1935)

阿德勒的心理治療理論與家族治療有許多共同之處，例如強調家庭結構 (family constellation)，皆爲整體的取向，以及矛盾的運用 (the use of paradox) 等等 (Mozdzierz, Macchitelli, & Lisiecki, 1976)；此外尚有強調意識(conscious)、此時(present)，以及臨時而作的自由 (the freedom to improvise) 等亦爲二者

相同的地方。二者唯一稍微有點不同的地方則是，雖然 Adler 以系統的觀念來進行治療，但是却不如家族治療者那麼般地強調。因此，就整體而言，家族治療與阿德勒的心理治療理論實在有很深的淵源關係 (Christensen, 1971)。

㈢**來談者中心治療**

(Client-centered therapy, Rogers, 1942)

與家族治療相似的地方是，強調此時此地 (here-and-now)，將行爲的責任加諸個人的身上，以整體的方式來看人。然而二者所不同的地方是，來談者中心治療的對象完全針對個人，以「同理心」(empathy)、「無條件的尊重」(unconditional positive regard) 以及「誠摯」(genuineness) 來幫助病人發揮自我導向 (self-direction) 的能力，而這與運用系統的觀念來進行治療的家族治療的模式是有所不同的。

㈣**理情治療 (Ellis, 1955)**

Ellis認爲人的情緒大部份是與某種想法或思考方式有關，因此，一個人可以經由想法的改變來控制他的情緒。而理情治療所強調的即是：情感的發抒、理性的認知與行爲的改變。它與家族治療的相似之處是：強調此時此地與擔負責任；而二者最大的不同在於：理情治療強調徹底的個人主義 (rugged individualism) 與過分地強調認知的層面，然而家族治療則致力於促使「獨立的自我」與「保持和家人的關係」二者之間取得一個平衡，此即爲二者的不同所在。

㈤**行爲治療 (Wolpe, 1958)**

Wolpe 所發展完成的行爲治療是對治療「精神官能症」(neurosis) 患者的方法之一。Wolpe 認爲精神官能症是經由正常的學習過程中所學到的不適應行爲。因此，治療的目標就是要修正不適應的

刺激——反應的聯結。行為治療的特色在於使用科學方法來評價其結果，並指出治療過程中的問題所在。而行為治療也已經被一些家族治療者所使用 (Lieberman, 1976; Engeln et al., 1976) ，最常被運用的技術是所謂的「指定症狀」(prescribing the symptom); 然而二者的不同在於: 行為治療將帶有症狀的來談者視為問題，而家族治療則認為問題所代表的意義是家庭系統中出了毛病; 此外，行為治療強調個人，家族治療強調系統，此亦為二者不同所在。

㈥**完形治療 (Perls, 1951)**

完形治療，是把困擾的行為視為心理過程中不和諧的對立所發出的訊號; 這種不和諧可能來自於個人內在的心理機構，也可能來自人際關係。而治療的目的就在把二個不協調的對立狀態引出來，成為表面化、白熱化的衝突，當個人自覺到這種對立之後，將會尋求解決的方法，以期達到心理上的整合。完形治療著重處理立即的、當前的行為，而不追究行為的成因及過去的歷史。因此，「自覺自己的存在狀態」是導致完形治療的最早的哲學基礎。此外，完形治療著重於提供當事人一個「自我發現」 (self-discovering) 的機會，認為如果當事人在諮商過程中能夠改變其觀點和意識內容的話，那麼就能改變其行為。完形治療與家族治療共同之處是: 關心此時，強調行為以及治療者的主動參與。而不同的地方在於: 完形治療比大部份的家族治療者要更強調情感 (feelings) 以及面質 (confrontation) 的重要性(Kempler, 1974) 。

㈦**現實治療 (Glasser, 1950)**

在一九五〇年代， Glasser 發展出一套理論性原則， 它所應用的範圍包括行為及情緒上的問題，同時也能幫助個體達到追求「自我認同」的目標。在治療的過程中，治療者所致力的，乃是傾力於「現

在」和「行爲」的層面上，他引導個體，在不傷害自己和別人的原則
之下，去看清自己，去面對現實，去努力實現自己的需要。現實治療
理論的主要關鍵，在於如何使一個人對自己的行爲負責，如此才算是
心理健康的表現。而現實治療與家族治療的共同點是：強調責任與現
在；二者最大的不同在於現實治療強調個人與認知，而家族治療則是
以系統的觀點來看整個的家庭而進行治療。

㈧溝通分析卽 T. A. (Berne, 1950)

是一種溝通性的心理治療，爲 Berne 所倡導，Berne 把人類行
爲分成三種自我，分別是父母、成人及兒童 (parent-adult-child,
i.e., P. A. C.) 自我，其並認爲每一個人，自出生以後，受到了父
母、環境的影響，自幼就已寫定了自己未來一生中的「生命脚本」(
life script) ，而 T. A. 的目的主要是一種「覺知」(awareness)，
讓病人能够藉着 T. A. 對自己未來的行爲和生命歷程，做新的闡釋和
抉擇。T. A. 與家族治療共同之處是：強調三角關係的重要性，並且
相信症狀是控制別人行爲的一種策略 (Steiner, 1971)。然而，T. A.
却很少以家庭爲治療的單位，而多半以個人或團體的方式來進行治療，
此爲與家庭治療的不同所在。

㈨心理劇 (Moreno, 1934)

心理劇是「在心理治療中一種自發性戲劇演出的形式」。在心理
劇中，非語言的溝通方式經常出現，例如姿勢、臉部表情、沉默等等一
樣可以表達基本的感覺。創始人 Moreno 認爲心理劇的原則是：除非
重視個人的人際關係和人格動力，否則問題是不可能解決的。因此，
我們必須了解個人的社交結構之後，才能了解他的特殊問題。而心理
劇治療的目的卽在於嘗試幫助個人了解他自己獨特的人際關係和人格
結構。然而，心理劇可以說是戲劇的一種，不過它是一種不必經過排演

的即興表演，沒有固定的劇本，也不需要特殊的舞台限制，只要有那麼一個空間，它就可以隨心所欲地表現某一幕情節；此外，心理劇也是心理治療的方法之一，它是一種發洩、一種投射，以及一種心靈的淨化（catharsis）。心理劇是所謂的「家庭雕塑」（family sculpting）技術的基礎，此種技術可以看出在一個家庭中所經驗到的親密或疏離的程度，因而為家族治療者所廣泛的使用。然而此種技術與心理劇的不同在於：心理劇是被用來減輕或解決一個事件；但是，家庭雕塑則較關心親密與空間的關係，以做為了解情緒涉入的方法之一（Papp, Silverstein, & Carter, 1973）。而此種技術亦稱為「角色呈現」（role presentation）。

(十)團體治療（Group therapy, Pratt, 1970）

團體治療與家族治療有一些類似的地方，例如他們考慮他人的重要性。然而，二者也有幾個最大的不同；第一，團體沒有歷史，它沒有過去也沒有未來，亦即團體通常由一批沒有關聯的兒童、青年或成人一齊參與治療，且此團體經過一段時期之後，即予以解散，因此有其時間性。相反的，家庭是由一羣有血緣關係之個人所組成，它既有過去也有未來，因此沒有時間的限制。第二，家庭係由一羣不同年齡、性別、個性，並且互相依賴之個人所組成，因此異質性較高；然而，在一般的團體治療中，成員的同質性則較高。第三，一般團體內角色的安排可以自由選擇，而在家庭中成員的角色多半是固定的（依傳統之社會規範）。第四，在團體治療中，治療者的角色是催化員（facilitator）（Yalom, 1975），而在家族治療中，治療者扮演一個比催化員更積極的角色而做為一個模範或是一個導師。

表一、列出家族治療與其他心理治療的比較摘要表，以供參考。

表1 家族治療與其他

比較項目 心理治療學派	目　　　的	基　本　概　念
家　族　治　療	改變家庭溝通和互動關係，以使得癥候的行為消失於無形。	包括開放系統、結合的三角關係、回饋，以及家庭副體系和自動調適等等。
心　理　分　析	使得無意識的層面變為意識，重新建立基本的人格，幫助來談者去除早期不愉快的經驗和壓抑的衝突。	包括心理性發展階段、本我、自我、超我、潛意識、自由聯想、闡釋、以及轉移等等。
阿德勒的心理治療	教導家庭成員辨認其他成員的需求，以及如何滿足其需求，並在平等關係下家人合作無間，以增進良好的家庭關係。	包括家庭排行、矛盾的運用、意識、此時、臨時而作的自由。
來談者中心治療	促使來談者開放的經驗，更加地信任自己，以發揮自我導向的能力。	包括此時此地、同理心、無條件的尊重以及誠摯等。
理　情　治　療	幫助來談者獲得一個更為寬容的、理性的生活。	包括理念與情緒、情緒困擾的理論，以及十個非理性觀念。
行　為　治　療	去除來談者不良適應的行為，進而幫助他們學習建設性的行為。	包括學習理論、正常的行為，以及不正常的行為等等。
完　形　治　療	把不協調的對立狀態引出來，以使個人自覺，尋求解決的方法，進而達到心理上的整合。	包括個人的責任、未完成的事情、經驗，以及此時的知覺等等。
現　實　治　療	引導個體在不傷害自己和別人的原則之下，去看清自己、面對現實，努力實現自己的需要。	包括價值判斷以及道德責任等等。
溝　通　分　析	讓病人對自己未來的行為和生命歷程做新的闡釋和抉擇。	包括 P.A.C 的自我、生命計劃等等。
心　理　劇	幫助病人瞭解他自己獨特的人際關係和人格結構。	包括淨化、心電感應、轉移等等。
團　體　治　療	經由團體的互動，而促使病人擁有更為良好的生活。	團體治療法是多種心理治療法的總稱，如分心團體、家族治療、遊戲治療、心理劇等都是以團體方式進行。

心理治療的比較一覽表

治療者的角色	治療技術	適用對象
一個模範或是導師	包括重新扮演、家庭作業、家庭雕塑、行為改變技術，以及多重家族治療等等。	家庭中的所有成員
轉移的對象	包括闡釋、夢的解析、自由聯想，以及轉移等等。	單獨的病人
做為導師	包括矛盾的運用、溝通的技巧（同理心、肯定表達、重整角色）。	家庭成員與婚姻
以來談者為中心，而由治療者提供無條件的支持、面談、尊重以及誠摯等等。	其強調治療者的態度，傾聽專注、分享、支持、澄清，則為其常見的技術。	個人與團體
治療者做為導師，而病人則為一個學生。	包括閱讀、家庭作業、問題解決等等。	個人
治療者做為一個導師，主動而指導病人學習更為有效的行為。	包括描述問題、行為強化、模倣、自我主張訓練、處罰、消除、系統減敏感法等多種技術。	個人、團體、學校、機構，以及其他學習的情境。
治療者並不為病人闡釋，而幫助病人發展自己闡釋的方法。	包括面質、角色扮演等技術。	個人與團體
治療者幫助並鼓勵病人去面對現實，並對其目前的行為做一價值的判斷。	它通常使用合同，當合同完成，治療也就結束。	個人、團體與婚姻。
治療者與來談者二者立於平等的地位。	問卷、檢核表、診斷、面質、合同等皆為常用的技術。	個人、團體、親子關係與婚姻。
治療者為整個劇場的導演，以幫助主角去探究他本身的問題所在。	包括角色互換、對抗、獨白、治療性獨白、自我表達、未來投射、象徵性實體化、替身、多重替身以及分析心理劇等等。	團體
催化員	綜合運用	團體

貳、歷史背景

一、先驅者

家族治療主要受佛洛伊德（Freud）、阿德勒（Adler）以及沙利文（Sullivan）等三位學者的影響。尤其是阿德勒，其對於家族治療的影響有：阿德勒認為要了解一個人，必須要同時考慮他所生活的環境，並且認為人主要不是一個本能的感性動物，而是一個社會的、有目的的動物。他並認為即使不管個人的過去歷史，而強調此時此地，亦可造成個體的改變。此外，Adler並強調家庭排行的重要性，不只重視父母與子女之間的互動，並且更重視兄弟姊妹之間的互動關係。其並強調意識、積極與個人改變的能力；凡此，皆深深地影響了家族治療。而 Christensen（1971）指出「Adler 將會視行為為動作（movement）、溝通（commuication）與朝向他人的動作（movement toward others），以及歸屬的需求──一種參與的需求。」此即為家族治療的描述。

而 Sullivan 對於家族治療的貢獻則在於其對於精神分裂症（schizophrenia）的調查工作。Sullivan 發現早期的母子關係對於精神分裂症而言特別重要。由此，Sullivan 將早先的生物性的、個人內在心理的（intrapsychic）觀念轉移到心理的以及人際間的觀念，也就因此而產生了系統概念的治療方法，其對於家庭系統的概念影響亦極為深遠。

二、開拓期

現代的家族治療運動開始於一九五〇年代中期，並且大部份著重於精神分裂症的研究之中。由此，而產生了一系列核心的重要概念。

㈠雙重束縛 (the double bind)

是指一個人處於一種進退維谷的情境之下，無論他做何種選擇，都無法被人接受。做也不是，不做也不是；然而在這種雙重束縛之下的受難者，却並不覺知到他的左右為難。而此種現象最常見於精神分裂症的家庭的溝通之中，常見的例子是口頭上說我很愛你，但在行動上却表現得很冷漠。處在這種情境下的個體容易產生迷惑與退縮，久而久之，卽造成異常行為的產生。

㈡如膠似漆 (stuck-togetherness)

Bowen (1971) 以此一術語代表家庭中的不同成員，關係密切到其中沒有一個人有一種獨立個體、眞正自我的感覺。家庭中成員彼此間的界限模糊不清，而沒有個人獨特的個性。結果，家庭中的成員旣無法獲得眞正的親密關係，也無法與其他成員分開而成為獨立的個體，他們如膠似漆地黏在一塊兒，沒有任何的自由，也沒有選擇分開的餘地。

㈢分立與偏態 (schism and skew)

Lidz, Cornelison, Fleck, & Terry (1957) 在耶魯大學研究時發現，在家庭中特別有兩個歷程。一個是所謂的「偏態」，是指一個優勢的 (dominant)配偶控制彼此之間的關係，亦卽婚姻的關係處於一種不平衡的狀態。另一種是指在婚姻關係中，丈夫與妻子無法獲得角色的互惠關係 (role reciprocity)，以致於產生對娘家或婆家過度的依戀 (attachment)，此卽所謂的「婚姻的分立」。

㈣貌合神離 (pseudomutuality)

Wynne, Ryckoff, Day, & Hirsch (1958) 以「貌合神離」

來描述他們在精神分裂症家庭中所觀察到的一種虛假的親蜜關係。成員與成員之間沒有真正的親蜜關係，而只有一種虛假的愛與關懷，結果限制了成員行動的自由，而造成了彼此的依賴。

(五)神秘化 (mystification)

Laing (1965) 將神秘化定義為：「為了他個人自身的安全，一個人企圖誘導他人做某些改變。」Laing 經由觀察住院的一些十幾歲的精神分裂症的女孩，結果認為，通常這些被父母以及他人認定為病人的女孩，事實上，往往是家庭中最為健康的成員。

(六)糾纏的病態 (interlocking pathologies)

Ackerman (1956) 認為如果我們無法獲得一些有關病人的家庭環境以及動力的訊息的話，那麼我們簡直就無法了解這個病人；亦卽在治療的過程中，如果將家庭中的其他成員排除掉的話，那麼這個病人的問題將無法被了解並進而予以解決。

三、現階段的發展

Foley (1974) 將現階段的家族治療，因其所強調的治療過程的不同，而分為四個學派。

(一)對象關係 (object relations)

此一學派強調「自我心理學」(ego psychology) ，創始者 Fairbairn 認為如果一個人無法與他先前的家庭保有良好的關係，則其惡果將會延續污染到他所新成立的家庭系統中的配偶以及子女間的關係。Nagy (1965) 認為病態家庭是「一個特殊的多人組織，他們彼此分享幻想與互補的需求滿足形態，其維持的目的是為了要處理過去個體喪失的經驗。」由此，所謂的 I. P. 通常被視為是其他家族成員的不被接受之衝動的傳達者 (Stewart et al., 1975)。因此，在治療

之中，大部份的時間將花在如何處理先前的關係上。

㈡家庭系統 (family system)

又稱爲 Bowen 系統理論 (Bowen system theory)，此乃因爲此一學派深受 Bowen 的影響之故。而此一學派的目的在於教導人們對他們的系統主動的反應而不僅僅只是被動的回應。而所謂反應是指個體考慮家庭的需求，但是，是以理性來做選擇而不是付諸感情的衝動。然而所謂回應卻是以情感做爲行動的基礎而不是以理性爲基礎，因而容易造成憤怒或者是罪惡感的產生。而 Bowen 理論的目的即在於能夠使得一個人變成一個從家庭系統中分化出來的實體的自我，但是卻仍然與此一系統保持着密切的連繫。

㈢結構家庭治療 (structural family therapy)

此一觀點是由學者 Minuchin (1967, 1974) 所提出，並爲 Wynne (1961) 所介紹的一個概念——「合作與分裂」(alignments and splits) 所發展而來。其之所以稱爲結構家庭治療，是因爲它嘗試去改變家庭中的結構，亦卽改變家庭中的合作與分裂。結構家庭治療者影響家庭副系統之間的界限，並且強調父母與孩童之間的界限。如此的取向同樣強調三角關係的觀念，但是卻比較著重於父母與子女之間的關係，而不是如 Bowen 所倡導的三代之間關係的分析。

㈣策略的介入 (strategic intervention)

此一學派主要源自於 Jackson 的觀念。而其主要的概念是：(1)所呈現的症狀就是問題所在；(2)如此的問題是由錯誤的生活調節所造成，特別是在一些例如出生與死亡的關鍵時刻；(3)由於個體嘗試解決問題，結果僅僅擴大問題，問題仍然存在；(4)治療的方法，卻往往在問題的擴大中尋得 (Weakland et al., 1974) 。策略介入治療的目的卽在於發展策略以迫使人們的行爲改變。而在其中，「指定症狀」（

prescribing the symptom）的策略經常被使用，亦即要求來談者仍然繼續他的生活，以致於使得症狀更加地惡化。然而，此時他的行為是在治療者的控制之下，而不在處於一種不知不覺的狀態之下；最後，則經由治療者的策略介入，而促使來談者行為的改變。

上述這四個學派的相同之處在於：他們皆同意困擾的、症狀的行為是由於家庭系統中的互動功能失調（dysfunction）的結果。然而學派 1 與學派 2 則相信，為了要理清過去歷史的關係，因此要花費較多的時間與更多的精力來探討行為的原因；至於學派 3 與學派 4 則強調等最終性，認為如果目前的系統能够改變，那麼便沒有必要去探究行為的原因與過去的歷史。至於各個學派所強調的層面則如下圖所示：

圖 1　四個家族治療學派的分野

而今年（1983）的二月份，在中國心理衞生協會的力邀之下，家族治療大師 Virginia M. Satir 在國內舉行了兩場「家之生工作坊」。Virginia M. Satir 於1951 年開始創設家族治療，於1964年出了她第一本書——「*Family Therapy*」。 其治療過程， 可分為四個步驟：第一是建立信任感。第二是將家庭帶入新的希望裏。第三是給予成員一些前所未有的嶄新經驗。最後， 便是使每個人對家人及自己產生新的認識及瞭解。因此， 其除了強調以人為本的自我價值 （self-worth）之外，也運用心理劇的技巧、行為改變的方法，以及 Rogers 的來談者中心治療法等等來從事家族治療工作。至於一般人對其批評

則有二點:一是做法不够科學化,無法在實驗室中驗證出來。另一則認為並不是所有的人都具有和她相同的人格特質。

叁、心理治療

一、心理治療理論

治療的重心在於改變行為。哲學家將人類的行為分為三個領域:包括情感、認知,以及意志力。相對的,治療者也根據這個模式而探討情感、思考,以及行動。而在家族治療中的改變,基本上是促使行為的改變,以及互動關係的改變。一個人的情感以及思考固然重要,然而除非將這些付諸行動,否則一切都是枉然。而家族治療者認為治療的不同層面有着不同程度的重要性。這些層面有:

(一)歷 史

對象關係理論與家族系統理論認為探討家庭過去的歷史對於了解目前家庭的結構將是十分的重要。目前的家族系統被視為在此時此地運作的一個轉移似的歷程以及過去結構的一種反映。而結構家庭以及策略介入的治療者則相信重要的層面為現在的結構,而此一結構却是可以在不涉及家庭歷史的分析之下予以改變,換言之,它不去探索行為的原因與過去的歷史,而專注在目前的結構的改變。

(二)診 斷

由於缺乏一套精確的診斷分類系統,因此在家族治療中比傳統的治療較不著重於診斷的層面。然而Ogden與Zevi所提出的家庭診斷的基本架構却是相當值得參考的:他將家庭功能的診斷分成(1)家庭能力(包括溝通能力、問題解決能力、家庭自尊,以及成長的可能性。)

(2)負性機轉（包括錯誤、抱怨、自我侷限、否認、打屁股、貶人、下命令、假裝同意等等。）(3)家庭動態（包括代罪羔羊、小聯盟、憤怒、恐懼、溫暖與情緒的支持等等。）

(三)情　感

大部份的家族治療者認為情感是行為的結果，因此，並未予以情感相當的重視。然而 Minuchin (1974) 却運用情感做為改變家庭互動關係的一種技術。例如，他將會對一個允許孩子沒大沒小的父親大發雷霆，以促使這位父親對於他的父子關係做一些改變。

(四)學習的角色

或多或少，幾乎所有的治療者都運用學習的技術。然而問題通常是如何使得來談者或者家庭知覺到學習的歷程，而對象關係理論的目的之一即是教導家庭中的成員學習新的互動方法。然而此一學習的歷程，則是在意識與深思熟慮之下所進行的。同樣的，家庭系統治療者也自認為是在教導當事人區分出自我（self-differentiation），並且強調學習新而有效的互動方法的重要性。至於其他的家族治療者則企圖貶低學習的意識層面，認為強調此一認知的歷程，將會減緩改變的速率。

(五)轉移與無意識

在心理分析中，強調轉移現象的產生；然而，在家族治療中，則強調結構本身以及重新建立家庭系統。轉移似的現象有時的確出現在治療者與家庭之間，但是並沒有真正的轉移現象發展開來，此乃因為治療的媒介不在於他們之間的關係，而在於治療者介入的衝激，亦即回饋影響的大小。Bowen (1971) & Jackson & Haley (1968) 堅稱轉移現象的產生不是家族治療的一個必要的部份。然而對象關係理論則關心在家庭歷程中無意識所扮演的角色。此外，對於其他的家族

治療者而言，轉移的問題並不是十分的重要。

㈥治療者做為導師與模範

家族治療者一般皆同意，認為改變的媒介是治療者做為一個導師或模範，而不是做為一個轉移的對象。治療者既是溝通的模範，也是個別化的導師。結果家庭中的成員學習到新的解決問題的方法，並且學習到避免走進死胡同式的討論。最後，行為被分析、重新標示而予以改變。

二、心理治療的歷程

由於治療目的的不同，心理治療的歷程也會有所不同。例如對象關係與家族系統的目的在於促使互動關係的深層改變，因此心理治療的歷程較為長久。至於結構以及策略介入的家族治療，由於比較將問題視為症狀導向，因此治療的時間將要短得多。至於心理治療的歷程，可以分為下列幾點來看：

㈠初始的晤談

這是一個最重要的過程，因為它可以說是治療的基礎，尤其是，它將決定誰會控制晤談的歷程。而這樣的晤談主要有兩個目的：第一，重新將呈現的問題予以標記；第二，參與家庭，進行治療工作。

㈡階　段

假設治療者已經將家族中的所有成員都聚集起來，並進行初起的晤談。那麼接着他便要在治療的歷程中進行下列一系列的階段。

1.熱身　治療者讓家庭中的成員隨心所欲地坐在任何地方。而從坐的位置以及距離的遠近，治療者將可以從中看出潛在的問題所在，以及存在於家庭中的合作與分裂的情形。而在開始的時候，治療者最好先向父母問好，以了解婚姻副系統的情形；接下來，他可以向家族

中的其他成員問好，以了解兄弟姐妹副系統的關係。第一次的家庭會議是一個熱身的層面，它之所以重要，有兩個理由：第一，它向家庭成員顯示治療者的人格，在此之前，家庭中的每一個成員只好利用想像的方式來想像治療者會是怎麼樣的一個人；但是在熱身之後，將可以減低「治療的神秘性」；第二，它間接地說明了「家庭問題」不是在家庭生活中唯一的問題或事實。

2.**重新標示問題** 在此一階段，治療者開始時會對來談的父母說：「你是否能够告訴我是什麼原因，促使你來見我？」治療者問這樣的一個問題將能够促使來談的父母將問題更加地明確定義或具體化。之後，再與家庭中的成員共同討論，以重新標示或重新定義家庭中的問題。

3.**擴展問題** 經由指出問題可以用不同的方式來加以定義而提高家庭中的衝突。

4.**改變的需求** 當治療者詢問家族中的成員，對於處理家族中的問題，在過去，曾經嘗試過些什麼樣的解決方法，第四個階段於是開始了。此一階段主要是促使家庭中的成員將焦點集中在改變的歷程方面。治療者可以問：「關於這個問題，你曾經做過些什麼？」與「關於這個問題，你是不是曾經做過任何的努力？」之類的問題，以激發家庭中的成員尋求改變的需求，或者是發展出新的技術，以解決家庭中的問題。

5.**改變的途徑** 當治療者開始經由建議的方式對家庭進行介入的時候，開始階段五；亦即，在此一階段，治療者以介入的方式，開始嘗試去改變家庭溝通與互動關係的途徑。

㈢**技術的運用**

家族治療者常用的技術有下列幾項：

1.重新扮演　重新扮演明顯的好處是治療者可以親自看清家庭中所發生的問題所在，而不必依賴家庭成員的口頭報告。重新扮演是一個有效的技術，Moreno 將之稱爲「在原位置的心理劇」（psycho-drama in situ）。而如果一個問題能夠在治療的期間被重新扮演，那麼治療者通常會要求家庭中的成員對於他們的問題或衝突重新來過一次，以看清家庭的問題所在。

2.家庭作業　是指治療者要求家庭中的成員帶回來去做的一些活動。它使得家庭中的成員了解：假如他們改變他們的行爲，那麼同樣地，他們也可以改變他們的情感與想法。此一家庭作業經由建立合作與改變家庭成員間的親密與疏離程度的方式而重新地將家庭予以結構起來。

3.家庭雕塑　是指以一種非語言的方式檢視家庭中親密與權力層面的一種歷程。例如，一個父親被要求以運用空間的方式，而不以語言的方式來描述他的父母以及他在家庭中的地位。此種技術的優點在於對於家庭的結構，我們可以清楚看出它的情感所在。

4.家世圖　所謂家世圖是指「一個家庭三代關係系統的一種結構的圖形，此種圖形是家庭關係系統的一個途徑的地圖。」（Guenn & Pendagast, 1976, P. 452）。經由此種技術，我們可以更加明確具體地瞭解家庭關係的系統。而此種技術除了爲一般的學派使用之外，特別爲 Bowen 系統的跟隨者所廣泛的採用。

5.行爲改變技術　有一些家族治療學家也使用行爲改變技術；然而，一般而言，家族治療者與行爲改變治療者對於處理的方式在概念上有所不同；亦卽，家族治療者可能使用行爲改變的技術來處理家庭問題，但是對於處理上仍然不排除其他可能的方法，亦卽，對於問題的處理上仍然留有餘地，而行爲治療者則無法如此。

6.**多重家族治療**　此一技術為同時包括幾個家族一起進行治療，此種治療方式有兩個優點：第一，它提供了家族中的成員一瞥其他家族的機會，並且允許他們去了解問題的相似性，進而能夠促使家族中的成員去認同他人；第二，經由允許其他的人去參與一個準治療者的角色（quasi-therapist role），以致於減低了治療者的權威性，而這有時可能對治療相當有利。

㈣治療的期限

如上所述，一般而言，結構以及策略介入要比對象關係與家族系統治療的時間來得短。Zuk（1975）認為治療的長短視目的的不同而有所不同。如果它的主要目的是去減低家庭中的緊張氣氛，那麼將需要1～6次的晤談。如果是想要減低症狀，那麼將需要10～15次的會談。如果想要改善家庭溝通，那麼將需要6～8個月的25～30次的會談。如果想要重新結構家庭系統以使得家庭成員有較為良好的分化的話，那麼將需要超過40次以上的會談，並且可能要經過一段較長的時間。Zuk 並認為治療的目的與長短和社經地位與語言能力有關。一般而言，教育水準較高，語言能力較強，以及經濟狀況比較好的人，將會比那些沒有擁有這些資產的人進行較為長久的治療。

㈤良好指標與不良指標

Wynne（1965）建議：類似青少年分離的問題，與結合三角關係的問題，以及那些家族中的成員相信如果沒有他人的協助將無法解決問題等等的問題，都可以做為要求家族治療需求的良好指標。一般而言，發生在家族中的妄想狂（paranoia）問題將被視為進行族家治療的一個比較不良的指標。

肆、家庭溝通

Foley(1979)認為：在他實際從事臨床心理學的工作二十年來，愈來愈相信改善家庭關係的秘訣 —— 也是增進一般心理健康的秘訣 ——是在於「溝通」。「多數的家庭問題歸根起來，可能都是溝通上的問題，都可以用改善溝通的方法，來加以解決。」由此可見，家庭溝通重要之一般。而在家族治療中，如何改善家庭的溝通，亦為家族治療者的重要工作之一。

一、溝　　通

溝通乃兩個人之間的互動，他們互相交會，並設法從這關係着兩人的交會中尋出意義（無意義的互動，如遊戲、操縱等不可稱之為溝通）。

溝通提供改變的機會，每個人以自己內在的、獨一的感情、經驗來與對方溝通，由於彼此的經驗、生活、調適都不相同，我有機會可以學得新的方法來看你、了解你，也可以由此學得新的處理問題（或生活）的方式，因此，我們彼此都會有成長的經驗。

溝通提供一個強化及擴展的機會，我視你為一個獨立而不同於我的個體，你的想法、感覺、行為、看事情的方式都與我不同，我以真正的自己來表達我的感情（或感覺），　而不是以你對我的期望來表達；同時，我把你的話當作是關於你自己的敍述，或你對這個世界的看法，而不是對我批評及評價。你表現你自己，可能幫助我確定我自己的感情。

總而言之，溝通提供一個擴展自己內在世界的機會。藉着溝通，我們彼此分擔、分享最深層的感情，而不必擔心會失去自尊及獨立的自我認同，這可能促使我們能够一致地成長，並增進彼此的關係。

二、家庭溝通模式

㈠喧囂的家庭系統

他們看起來是蠻有活力、充滿生氣的，他們彼此之間都是負向的接觸（negative contact），他們害怕親密，因爲在這方面他們從未有過正向的情感（positive feeling）；他們不敢表現出自己的內在害怕與眷戀，因此，好像武裝完備的士兵，時時防衞着他人的攻擊。

㈡壓抑的家庭系統

每個人似乎都很明理、體貼；他們都以他們所聽到的、讀過的、所被教導的是非、善惡來運作，而不表現出真正的感情；這種家庭系統常常會有心因性疾病（psychosomatic）或退縮行爲的產生。

㈢消沉的家庭系統

家庭中的氣氛是沉重的、死氣沉沉的，此家庭所送出的訊息是無望的、無助的、罪惡的，此種家庭體系所顯示出的症狀是自殺的企圖，以及酗酒、吸毒的自殺行爲。

㈣精神分裂的家庭系統

此並不意味着任何家庭成員真有精神分裂，而是指家庭中的溝通模式毫無組織，而且非常不明朗。他們做不出任何決定，除非已經累得靠在牆壁而像小孩一般隨便的反應；他們從來不做出任何袒護感情的行動，除非出於痛苦或挫折。

㈤「懷柔者──責備者」的家庭系統

在此家庭系統中，某成員是經常遭受攻擊的，某成員則是經常從

中調和的，除了此種方式之外，他們別無其他的溝通方式。他們期待着別人爲他們負責、使他們快樂，結果這種代罪羔羊的結構使得他們不敢正視自己，而爲憂傷、抑鬱、生氣所苦。這種家庭多半由被嚴重剝奪過的份子所組成，而且他們也從來不把這種被剝奪的感受開放地表達出來。

三、家庭溝通的原則

1.行動往往「說」得比言語更大聲，非語言的溝通比語言的溝通更有力。

2.重要的，就強調；不重要的，就忽略。

3.儘可能表達好而確實的溝通。

4.溝通時要清楚而具體。

5.言辭要切實際、要合理。

6.以言語表達來驗證每一個假設；在做之前要得到對方的同意。

7.承認每一件事都可以有多方面的看法。

8.承認家人對你的觀察入微。

9.不要讓好言的討論變成惡言的爭吵。

10.坦誠面對自己的感受，只要是有意義的問題就提出來，不要怕煩擾了對方。

11.不要用不當的溝通技巧，不要陷入惡劣的吵架。

12.溝通造成的效果比本意重要。

13.接受一切感覺並試着去了解，不要接受一切行爲，但要試着去了解。

14.要委婉、體貼而有禮地尊重對方和他的感受。

15.不要說教或訓話，最好用發問的方式。

16.不要找藉口。

17.不要嘮叨、叫罵、發牢騷。

18.得幽默時且幽默，當嚴肅時要嚴肅，不要以取笑他人爲樂。

19.學會傾聽。

20.不要玩惡意的遊戲。

上述的溝通原則，其目的不外乎在增進家庭溝通。改善了溝通，進而能促進「心理健康」(mental health)，則是溝通的終極目標。

四、心理健康的特質

家庭溝通的目的在於促進家庭成員的心理健康，而「心理健康」是一個相對的概念，有程度的不同。沒有人能夠達到完全的心理健康，每個人或多或少都有短處和缺點；同樣地，也沒有人心理不健康到無可救藥的地步。從史懷哲的一端到殺人狂的另一端，中間有種種不同程度的心理健康與心理疾病；因此，我們最好把「心理健康」看成一個人可以朝它前進的一個理想境界。如此，我們的目的即不在於眞正達到這個境界，而是在於每天不斷地努力朝它邁進，至於心理健康的特質有下面幾個：

1.一個心理健康的人非但不用語言和動作傷害自己或他人，甚且用語言和動作幫助自己和他人。

2.一個心理健康的人擁有抉擇的自由。

3.一個心理健康的人內心有高度的安全感，而少有心理防衞。

4.一個心理健康的人是能夠延宕他需要的滿足。

5.一個心理成熟的人是能夠評估情緒的眞實面，調合自己與他人的感覺。

6.一個心理健康的人，在親密的關係裏，他向對方表達愛心與體

貼，但不要求對方也如此回報。

　　7.一個心理健康的人是有彈性的，他願意而且能夠從經驗中去**學習**。

　　8.一個心理健康的人熱衷於生活中富於建設性、挑戰性的事情，他積極而熱切。

　　9.心理健康的人能夠接受全人類。

　　10.一個心理健康的人有遠大的希望，他有信心。

【附　　註】

註:　本文主要參考Foley, V. D. *Family Therapy*. In R. J.
Corsini and Contributors Current Psychotherapies.
臺北市，雙葉書廊，2nd. ed. 1979, P460-500.

【參考書目】

1.王桂花：維妮的花園——家族治療大師的生命歷程。張老師月刊，第十一卷，第三期，民七十二年三月，頁十六～二十。

2.呂勝瑛：家庭診斷與輔導。臺北市市民講座，民七十二年。

3.李新鏘：溝通分析輔導法。載於中國青年反共救國團青少年輔導中心——張老師主編：現代心理治療理論。臺北市，幼獅文化事業公司，民七十一年，頁一五一。

4.李新鏘：會心團體。前揭書，頁七十四。

5.余義瑛、陳宏仁：現實治療法。前揭書，頁三〇七。

6. 余德慧：家庭診斷的技術。載於張老師月刊社主編：家庭與婚姻諮商。臺北市，張老師月刊雜誌社，民七十一年，頁一三九～一五五。

7. 林美惠：行爲治療法。前揭書，頁一七九。

8. 林家興譯：爲什麼要做家族治療。前揭書，頁一九～二十四。

9. 吳就君等：家庭是一個系統。張老師月刊，第十一卷，第二期，民七十二年二月，頁五二～五三。

10. 陳宏仁：心理劇。前揭書，頁一一一～一二六。

11. 陳宏仁：溝通分析概論。前揭書，頁一三七～一五〇。

12. 陳秉華：完形治療法。前揭書，頁四九～七二。

13. 張幸雄：理性——情緒治療法緒論。前揭書，頁二四九～二六二。

14. 程玲玲：受輔者中心治療法。前揭書，頁三～三〇。

15. 黃淑珍：溝通分析。前揭書，頁三一。

16. 黃國彥、李良哲、黃世琤編：心理學（下）。臺北市，華視文化事業股份有限公司，民六十九年，頁一二八～一三八。

17. 黃惠玲：爲夫妻解開心結——介紹阿德勒婚姻諮商。張老師月刊，第十一卷，第四期，民七十二年四月，頁二六～二九。

18. 鄭慧玲譯：家庭溝通。臺北市，獅谷出版有限公司，民七十一年。

19. Corey, Gerald. *Theory and Practice of Counseling and Psychotherapy*, 臺北市，雙葉書廊，2nd. ed., 1982.

20. Foley, V. D. *Family Therapy* In R.J. Corsini and Contributors Current Psychotherapies, 臺北市，雙葉書廊，2nd. ed., 1979, P.460~500.

國家圖書館出版品預行編目資料

諮商理論與技術／呂勝瑛編著.
--初版.—臺北市：五南，1984〔民73〕
面； 公分
ISBN 978-957-11-0261-0（平裝）
1.諮商　　2.心理治療
178　　　　　　　　81000408

1136
諮商理論與技術

作　　者 ─ 呂勝瑛

發 行 人 ─ 楊榮川

總 經 理 ─ 楊士清

總 編 輯 ─ 楊秀麗

副總編輯 ─ 王俐文

責任編輯 ─ 許子萱

出 版 者 ─ 五南圖書出版股份有限公司

地　　址：106台北市大安區和平東路二段339號4樓

電　　話：(02)2705-5066　傳　　真：(02)2706-6100

網　　址：http://www.wunan.com.tw

電子郵件：wunan@wunan.com.tw

劃撥帳號：01068953

戶　　名：五南圖書出版股份有限公司

法律顧問　林勝安律師事務所　林勝安律師

出版日期　1984年 6 月初版　一　刷
　　　　　2019年 7 月初版二十六刷

定　　價　新臺幣330元

經典永恆・名著常在

五十週年的獻禮 —— 經典名著文庫

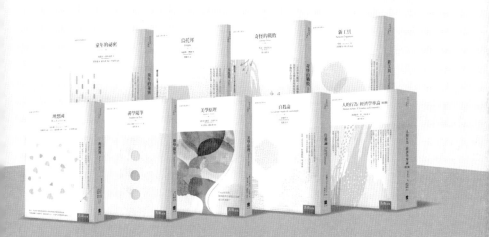

五南，五十年了，半個世紀，人生旅程的一大半，走過來了。
思索著，邁向百年的未來歷程，能為知識界、文化學術界作些什麼？
在速食文化的生態下，有什麼值得讓人雋永品味的？

歷代經典・當今名著，經過時間的洗禮，千錘百鍊，流傳至今，光芒耀人；
不僅使我們能領悟前人的智慧，同時也增深加廣我們思考的深度與視野。
我們決心投入巨資，有計畫的系統梳選，成立「經典名著文庫」，
希望收入古今中外思想性的、充滿睿智與獨見的經典、名著。
這是一項理想性的、永續性的巨大出版工程。
不在意讀者的眾寡，只考慮它的學術價值，力求完整展現先哲思想的軌跡；
為知識界開啟一片智慧之窗，營造一座百花綻放的世界文明公園，
任君遨遊、取菁吸蜜、嘉惠學子！